U0591649

宏观经济周期与资本市场研究

RECREATE RELATIVE EQUILIBRIUMS

再创均衡

陈雳★著

SPM
南方出版传媒
广东人民出版社
·广州·

图书在版编目（CIP）数据

再创均衡/陈雳著. —广州：广东人民出版社，2020.9
（宏观经济周期与资本市场研究）
ISBN 978-7-218-14359-0

Ⅰ. ①再… Ⅱ. ①陈… Ⅲ. ①中国经济—经济发展—均衡论—研究 Ⅳ. ①F124

中国版本图书馆 CIP 数据核字（2020）第 106109 号

ZAICHUANG JUNHENG
再 创 均 衡
陈 雳 著

出 版 人：肖风华

责任编辑：赵瑞艳
责任技编：吴彦斌
封面设计：张建民
出版发行：广东人民出版社
地　　址：广东省广州市海珠区新港西路 204 号 2 号楼（邮政编码：510300）
电　　话：（020）85716809（总编室）
传　　真：（020）85716872
网　　址：http：//www.gdpph.com
印　　刷：广东信源彩色印务有限公司
开　　本：890mm×1240mm 1/32
印　　张：11.75　　**字　数**：250 千
版　　次：2020 年 9 月第 1 版
印　　次：2020 年 9 月第 1 次印刷
定　　价：69.00 元

如发现印装质量问题，影响阅读，请与出版社（020-85716849）**联系调换。**
售书热线：（020）85716826

序言

当前，中国经济发展存在三大结构性失衡问题。一是实体经济结构性供需失衡，供给体系产能虽然十分强大，但是大多数只能满足中低端、低质量、低价格的需求，难以满足公众日益升级的多层次、高品质、多样化的消费需求，出现部分产业产能过剩、部分行业供给不足的矛盾。二是金融和实体经济失衡，存在着资金脱实向虚的现象，大量资金在金融体系内自我循环，不仅加大了金融体系的风险，还进一步加重了实体经济的融资困难。三是房地产和实体经济失衡，资金涌入房地产市场，带动了房价过快上涨，推高了实体经济发展的成本。化解这三大结构性失衡问题，必须在供给侧上下功夫，从结构优化上找出路，在经济体制改革上想办法，提高供给侧体系的质量、效率，实现供求关系新的动态均衡。

陈雳博士在资本市场上耕耘多年，是证券市场及行业周期研究领域的专家，既熟悉宏观经济和产业经济运行，又了解资本市场运作。他全面系统地对当前中国经济结构性失衡问题进行了深入思考，《再创均衡》一书就是他研究如何破解失衡问题寻求解决办法的成果。

“再创均衡”有三层含义，也是本书的亮点所在。一是中国经济已由快速发展阶段开始转入高质量发展阶段，需要各行各业加强结构调整，由重数量向重质量转变，书中系统全面地对钢铁、煤炭、有色、电力等几大领域进行了梳理，对这些行业的发展转型提出建议。二是传统过剩行业经过供给侧结构性改革调整，供过于求的矛盾得到缓解，但仍需借鉴国内外经验，在体制机制和产业规划上改进完善。三是提出金融、科技对我国经济再创均衡的重要作用。

新兴产业是经济动能新旧转换的主要驱动力，能够使国家的工业发生根本性的改变。中国在全球工业体系中占有重要地位，发展新兴产业的战略意义不言而喻。在科技创新时代，自动化、智能化已成为制造业发展的主流趋势，更高的科技附加值需要前期更高的研发投入，巨大的资金需求需要更加完善的资本市场，因此需要更加深入的优化金融资源供给，如推出“科创板”，进行“注册制”改革，推行“新基建”建设。

金融供给侧结构性改革旨在激发我国经济发展的创造力，解放生产力，让资本市场能够向新兴产业提供精准的金融支持，推动我国战略产业的健康持续发展。书中用了相当大的篇幅对金融供给侧结构性改革进行了重点阐述，讨论了如何打通金融向实业的传导机制，提出在深化金融供给侧结构性改革的过程中，要防止重大金融风险，发挥中小企业的作用，这也是要素市场化配置改革不可或缺的一环。

《再创均衡》从实际出发，对中国经济发展提供有针对性的思考及解决方案，是一本理论与实践经验结合的佳作，推荐阅读。

祝宝良
国家信息中心经济预测部首席经济师

则更为激进，他将个人利益置于公共利益之上，提出要限制国家权力，第一次阐释了国家分权学说，解放人性、探求人性、重建人道主义成为这一时代摆脱封建统治的思想核心。哈奇森作为启蒙运动中著名的道德哲学家，他的思想直接影响着亚当·斯密，他认为人具有上升到精神层面的道德感受，会因外在感受而内生出对善恶的评价，人的伦理道德是一种自然而然的感情，是判断他人行为与自身行为的标准。他不仅强调人的自然情感，将这种情感基于人的理性之上，而且同人的幸福联系起来，亚当·斯密和大卫·休谟在此基础之上建构了以同情为基础的道德情感主义哲学而不同于唯理主义学派。但是亚当·斯密在强调同情、仁慈的同时，也发现了合乎情感理性的利己主义，这也为“看不见的手”理论奠定了思想基础，使亚当·斯密的经济观与伦理观巧妙结合起来。

荷兰经济学家和哲学家伯纳德·曼德维尔，于18世纪出版《蜜蜂的寓言——私人的恶德、公众的利益》一书，引起了人们的广泛关注，但更多的遭到了嘲讽与批评。在书中，他将人类社会比作蜂巢，起初每只蜜蜂都是出于对自身欲望的追求，因奢侈挥霍、炫耀自豪使得这个社会处在繁华并生机勃勃的情形中，“恶德就这样养育了机智精明，它随着时代及勤勉一同前行，并且给生活带来了种种方便，它是真正的快乐、舒适和安然。”然而一些“蜜蜂”认为这样的状态并不能促进社会的进步，于是他们改变了原有的习惯，放弃奢华，变为节俭朴素地生活，却最终导致这个国家商业萧条、民生凋敝。曼德维尔通过这样一个例子阐述了个人恶德带来了社会的繁荣，他从极端的人性自私出发，认为人类的所作所为都是为了谋取一己私利，

目录

第一章　客观的“平衡”与主观的“均衡”

第三章 寻求“均衡”：供需、产业升级与贸易摩擦

第四章 在不断打破中重塑：政策与创新双轮驱动视角

第五章　预见未来：“均衡”研究框架对证券研究的后续思考

1

第一章 客观的“平衡”与主观的“均衡”

第一节 “看不见的手”体现的经济自由主义

一、“看不见的手”诞生的历史背景

经济运行中，总有一只“看不见的手”如影随形，时刻影响着社会、经济的发展，也称市场经济“无形之手”，其发展历史悠远。

重商主义，也称作“商业本位”，是欧洲封建国家最初进行原始积累的一种经济政策，也是欧洲封建社会向资本主义社会过渡时期，政治、经济、文化领域发生一系列变化的产物，以国家财富的增加为研究对象，其主要理论包括财富观、对外贸易政策、国家干预经济等内容。

重商主义者视金银为唯一的财富形态，他们认为经济活动必须基于金银的增加。一国财富的真正增加应当表现为金银储备持续增长，因此金银也就成为了衡量国家富裕程度的唯一标准。

重商主义者认为只有大力发展国际贸易才能真正使一国财富增加。国内的商贸活动只不过是金银转移的过程，并不能使金银从本质上得到增长，买卖活动只能增加或者减少一方的财富，只有将本国产品输出国外，换回金银财富才是经济活动的根本出发点。因此，重商主义者格外重视发展对外贸易，并认为这是增加一国财富的唯一途径，必须减少进口、增加出口，才能保障金银源源不断地流入国内，这在某种程度上阻碍了自由贸易的进行。

国家干预经济活动是重商主义的主要观点之一，社会的发展需要国家制定一系列政策来保障，从而加大、激励国内的工业生产。正是靠着重商主义的理念，英国、法国、荷兰等多个西欧国家在长达两个世纪的时间里赚取了巨额财富，实现了资本的原始积累。

17 世纪中叶，即第一次工业革命前夕，工场手工业已经成为英国工业生产的主要形式，并在许多行业内迅速展开；农业也成为商品性农业，农村资本主义生产关系得到了改善；这一时期，英国从对外贸易中获取了巨大利益，这些都为资本主义的发展提供了丰厚的资本积累。进入 18 世纪中叶，从英国发起的第一次工业革命，推动了工业、农业、商业的进一步发展，促进了英国商品经济迅速崛起，使英国成为当时世界上工业最发达以及对外贸易最为兴盛的国家。之后，伴随着殖民扩张，英国逐渐成为世界上最强大的国家，国内生产力达到顶峰，这时候就需要更大、更开放的市场来消化它国内旺盛的生产力。显然，重商主义关于提高国内生产力的观点已经不符合当时英国的实际情况，其主导的经济体系显然已经制约了英国经济的自由发展。

英国学者埃里克·罗尔指出：“以新技术发明为基础的新的生产方式向人们表明，旧的经济关系已经不适应新的生产力。

蒸汽机、动力织机以及珍妮纺织机的出现，要求更广泛、更自由和更灵活的社会、经济（最终还有政治）结构，如果人们想充分利用这些新机器的潜力的话。”由此，英国工业革命的迅速发展为亚当·斯密“看不见的手”的经济自由理论提供了现实的土壤。

此外，由于资产阶级迅速崛起，其与地主阶级的矛盾也成为当时社会的主要矛盾，当时资产阶级统治力量还较为薄弱，为保证资本主义经济的顺利进行，必须扫清封建残余势力，扫除重商主义的种种限制政策，在这一经济背景下，“看不见的手”理论应运而生。

二、“看不见的手”理论的文化背景

“看不见的手”理论深受启蒙运动的影响。启蒙运动是文艺复兴之后欧洲人民的第二次思想解放运动，它兴起于17—18世纪，其核心思想是“理性崇拜”，主要是由新兴资产阶级兴起的。英国也参与了启蒙运动，并走在欧洲的前列。在启蒙运动中，人们开始了对人类自身本性的思考，并将中世纪以来封建神权至上的观点转向了以强调社会美德、道德情感等至上的哲学思想，人性本身的欲望、需求和权利不再被压抑。在这一时期，培根提出了“人是自然界的仆役和解释者，因此他所能做的和所能了解的，就是他在事实上和思想上，对于自然过程所见到的那么多”，从而开启了人本主义思想的大门。

霍布斯提出人的本性是利己的，社会是个人的总和，社会组织的存在是为个人服务的。被称为“自由主义之父”的洛克即使有助于他人也是出于自身利益的考虑。他把这种自私称为个人恶德，它成为现代社会繁荣的基础，各人都谋求自己的幸福，必定能使整个社会的幸福增加，假若没有这种私利，社会将难以维持。于是，“如果从道德的角度看，受自利驱策的商业社会是应该受到谴责的；但如果想以公共精神为基础而建立起一种充满美德的繁荣社会，那纯粹是一种浪漫奇想。”这就是著名的“曼德维尔悖论”，即无论在怎样的条件下美德和商业社会都有不可调和的矛盾。

亚当·斯密在《道德情操论》中用一节的内容批判了曼德维尔的学说，并称其为放荡不羁的体系。亚当·斯密认为曼德维尔混淆了美德与恶德的概念，个人出于本性而追求自身利益并不能称其为恶德，“把每种激情，不管其程度如何以及作用对象是什么，统统说成是邪恶的，这是曼德维尔那本书的大谬所在。”

事实上，亚当·斯密是在批判曼德维尔理论的基础上提出“看不见的手”理论的，旨在说明对个人利益的追求有助于促进社会利益。只不过和曼德维尔相比，亚当·斯密的观点比较温和。尤其在经济领域，合理利用自利的本性，调动人们的积极性投入到经济活动当中，对个人利益的追求也就促进了社会的整体利益，在这一意义上，个人自利也可以算是一种美德。

三、“看不见的手”作用的前提条件

“看不见的手”能正常发挥作用的前提条件：一是有赖于自由竞争的市场；二是有赖于个人自身的道德修养；三是需要公平正义的法律制度。

（一）自由竞争的市场

在自由竞争的市场中，人人享有平等追求自身利益的权利。自由竞争的市场要求人们公平竞争，遵纪守法，一旦有破坏市场规律的违法行为出现，必将受到规则的束缚和惩罚。尊重每一个市场参与者的合法权益，在利益分配中寻求公平公正，对市场参与者、竞争者之间的利益关系进行适当调整，使其在履行义务的前提下获得相应的利益，最终实现生产与分配之间的合理均衡。因此，自由竞争的市场机制保证了经济秩序的稳定发展，是约束“看不见的手”发挥作用的机制之一。

自由竞争是指，“在商品经济中不受到任何国家的限制，其必要条件是众多的生产者面对众多的消费者，以致没有任何一个人可以支配市场，操纵价格。”亚当·斯密之所以强调自由竞争的重要性，主要基于三方面原因。一是归于长久以来他深信不疑的自然秩序学说，而自由竞争的市场最为接近他所认为的自然秩序，遵循这一秩序必然不能有过多的人为干预。二是亚当·斯密认为“看不见的手”作用的发挥使得市场能够自然达到均衡的状态，这一过程如有人为干预反而会有损社会利益。三是从经济发展的角度来讲，亚当·斯密认为国家财富的增长有两条途径。一方面是通过提高劳动生产率。劳动生产率的提高建立于分工的基础上，而分工从根本上说是因为人类本身特有的交换倾向而自由发展的结果，这一自由发展无需任何人为因素的干预。另一方面是增加生产者的人数，扩大生产规模。这一条件的实现必然是出于资本的积累，资本的增加则是因为人们在经济过程中的节俭而产生的，相反，当时政府和教会充当的是奢侈与妄为的角色，这样的行为恰恰有损于社会财富的增加，为了避免影响社会经济的发展，就必须实行自由放任的竞争原则。基于此，亚当·斯密提出："一种事业若对社会有益，就应当任其自由、广其竞争。竞争越自由普遍，事业将越有利于社会。"

（二）个人自身的道德修养水平

作为公正旁观的内心监督，道德条件的重要性也在逐步增强。市场经济中如果每个人都从自身利益最大化出发，丝毫不考虑他人的合法利益，不仅市场秩序难以维持，社会发展也会停滞不前。因此，亚当·斯密提出了基于情感共鸣的个人对自身行为的道德评判标准，即"看不见的手"作用的发挥有赖于个人自身的道德修养水平。这也成为"看不见的手"发挥作用的基本条件之一。

亚当·斯密在对自身行为标准进行评判时，引入了同情理论。而对他人的道德行为进行评判时，则是基于是否与公正旁观者的感情相宜这一机制。对于现实生活中的人来讲，生活中往往离不开与他人打交道。在对自身行为做出评价时，人们喜欢先参考别人的看法。因为对于大多数人来讲，都是在意他人的眼光，喜欢得到别人的称赞而害怕被别人厌恶。因此，我们会通过别人的看法来衡量自身的行为是否正确合适。

亚当·斯密指出，借助于别人的赞扬或者批评有时候是不可靠的，这只能作为一审的评判，最终的评判还需要借助于高级法庭，也就是我们内心的那个公正的人。因为真正值得我们被赞扬或被批评与我们实际受到的赞扬或批评有时候是不同的。

有些人出于奉承或者虚伪而对我们进行高度赞扬，这种赞扬通常不会引起我们对自身的满意，这时我们需要求助于内心的人来告诉我们是否应该受到赞扬以及如何对待这种不值得的评价。“如果外部那个人为了我们并未做出的行为或者并没有影响我们的动机而称赞我们，内心的那个人就会告诉我们。由于我们知道自己不应该得到这种称赞，所以接受它们就会使自己变成可悲的人，从而立即压抑住这种没有理由的喝彩可能产生的自满和振奋的心情。”同样，受到不公正的诋毁时，我们也会产生愤怒的感情，也需要求助于内心那个人来帮助我们纠正所产生的错误，从而给予自己公正的评价。只有具有高尚品质的人才会对人们不公正的赞扬或批评表现出正确的态度，并能够对自身行为做出正确的评价。

亚当·斯密认为，正是人本性中存在自身的欺骗性才使得人们往往难以对自身行为做出公正的评价，这时候需要我们求助于内心那个公正而有理性的人，也就是通常所说的良心。

亚当·斯密对良心的论述是在调和利己与利他的矛盾，这也正是“看不见的手”发挥作用所遇到的障碍之一。虽然“看不见的手”在客观上调和了个人与社会的利益，但是如果人人在追求自身利益的同时侵害他人利益，它将不能正常运行。亚当·斯密认为在社会生活中由于天性使然，人们往往看重自身利益而忽视他人利益，这会使得我们为了私欲而不顾他人利益，这时内心的法官便会做出公正的评判，良心的作用得到发挥。

（三）公平正义的法律制度

“看不见的手”的第三个保障要素即正义的法律。既然人们在自由竞争的环境中受到公正旁观者的监督，自然也会顾及到他人的利益，经济秩序的运行也会达到理想的状态，那么为何还需要正义的法律保障呢？主要有以下几个原因。第一，理想的经济制度所向往的并非仁慈，而是公平。在经济领域中仅仅依靠仁慈是不行的，它不具有强制性，而且仁慈的人不一定能做到正义。第二，合作和协作本身并不能保证公平游戏。人们常常在经济活动中互相勾结。第三，根据亚当·斯密的看法，一般而言，人都是短视的，并非总是理性的行动。也就是说，由于自私的激情常常使人们重视个人利益而做出违反法律的事情，所以正义的法律对于维护“看不见的手”的运行是必不可少的。

对于亚当·斯密而言，他认为社会生活中，必须要有公平正义的法律来保障人民的合法权益不受到侵害。具体而言，可以分为三个方面的权益。第一，自身的生命安全应该得到保障，同时个人的自由不应该受到侵犯和限制；第二，人格尊严应该受到尊重，不能把他人看作愤懑或责罚的适当对象；第三，一个人的财产安全应当得到保障，这种权利包含了物权和人权。因此，亚当·斯密也对法律的制定提出了自己的建议，他指出：“最神圣的正义法律就是那些保护我们邻居的生活和人身安全的法律；其次是那些保护个人财产和所有权的法律；最后是那些保护所谓个人权利或别人允诺归还他的东西的法律。”总而言之，亚当·斯密提出的建议主要围绕经济领域内法律应对个人权利和个人财产所作的保护措施，提出建立保护财产权、监督各经济主体所建立契约的履行、调节债权人与债务人的权利与义务关系的法律。法律的强制性保障是经济秩序合理运行的坚强后盾，这也是商品经济得以维持的必要条件。

法国经济学家彼得·迈克菲认为，在市场经济中，“看不见的手”可以作为“公正的旁观者”，当市场出现不合理分配时，“看不见的手”就可以参与其中对其进行调节。美国经济学家帕特里夏·沃哈恩则认为，彼得·迈克菲的观点对“看不见的手”的概括不全面，因为“看不见的手”本身不具有能动性，它是在各经济环节的协调下自发产生的结果，通过各经济环节的配合来调节财富分配，通过经济规律对市场具有一定的管制作用。因此，市场机制具有一定的复杂性。单单只靠“看不见的手”的作用来进行自动调节，是远远不够的，还需要制定法律法规对“看不见的手”进行辅助，从而在两者共同作用下对市场进行公正的调节。

四、“看不见的手”的现实意义

（一）“看不见的手”理论有利于发挥人的主体性和能动性

18 世纪中叶，随着第一次工业革命在英国的兴起，英国正处于由传统的自然经济向资本主义市场经济转型的关键时期。这时候新兴资产阶级作为英国新崛起的势力，却拥有社会上巨额的财富，其自身的权益急需得到保障。但是当时英国国内仍处于重商主义时期的政策之下，对新兴资产阶级有着种种限制，而封建贵族及教会的统治又阻碍经济的发展。一些特权阶级妄图继续靠着占有广大中下层阶级的生产资料来累积自己的财富，同时以传统的禁欲思想来压榨着普通百姓，杜绝其追求自身权益。而亚当·斯密认为，“处在当时社会背景下的英国，只有在

‘中等和低等的阶层’那里，个人‘取得财富的道路’才同‘社会取得美德的道路’一致。”社会财富的创造需要靠着广大劳动人民的辛勤劳动，而不是靠着特权阶级的浪费和腐败。为使社会经济持续向前发展与人民大众的权利得到保障，亚当·斯密公然提出正当追求私人利益，在“看不见的手”的协调下自然会达到社会财富的增加与资源的合理配置。新兴资产阶级自身的求利活动通过“看不见的手”的作用，推动了经济的发展，同时也保障了这一阶层拥有自由平等地追求个人利益的权利。这是对中世纪封建教会传统思想的挑战，对特权阶级可以公然求利却不允许广大百姓捍卫个人利益的有力批判，这也证明了资本主义经济的发展必然会冲破一切旧的生产关系和道德上的种种束缚。

“看不见的手”理论的提出从这一意义上来说无疑是对人主体性和能动性作用发挥得最好诠释，具有道德价值和深刻的历史意义。

（二）“看不见的手”通过交换机制协调社会资源分配，实现每个独立的经济个体由自利向互利转变

亚当·斯密在《国富论》中指出：“他在文明社会中，随时都要依赖多数人的协力和援助，但他毕生亦难博得几个人的好感。就几乎一切其他的动物来说达到壮年期的个体就是完全独立的，在自然的状态下，不必要仰仗其他动物的帮助。但人几乎总是需要却得不到这种协助。”亚当·斯密虽然将自利作为经济活动中最原始的驱动力，但是他不认为自利是唯一的因素，而且不可能成为唯一的因素发挥作用。在社会生活中，人不能

仅仅出于他人仁慈的恩惠而得到帮助；这种情形在商品经济下尤为明显，个人利益的实现必定需要以他人利益的实现为基础。“看不见的手”将人们由自利心而产生的结果自然进行调和，使人们在追求自利的过程中不自觉实现了互利。市场只有同时具备这两个因素才能运转，“看不见的手”作用的发挥是通过市场机制中各个具体环节的运转得以实现的。

亚当·斯密在《道德情操论》中提到：“他有大部分的欲望，须用自己消费不了的剩余劳动生产物，交换自己所需要别人劳动所生产的剩余物品来满足。于是，一切人都要依赖交换而生活。”这表明“看不见的手”往往通过交换机制来协调社会资源的分配。例如：富人们可以通过利用自己消费不了的物品雇佣工人，而工人则可以通过自身的劳动换取所需要的物资。

在商品经济条件下，经济主体出于自身利益的需要将剩余物品通过交换分给别人，在个人利益得到满足的同时也满足了他人的需要，每个人作为独立的经济个体实现由自利向互利的转变。亚当·斯密认为，人们出于天性不断地为自身生活愿望的实现努力创造，而改变自身生活过程最基本的方式是通过与他人的交换得以完成的。在这一经济过程中每个人都是独立平等的，各人都遵守着交换的准则达成自愿的合作，而不是不自愿和强制性的商品交换。通过商品交换不仅个人的需求得到满足，社会资源也得到了有效的配置。在这里，利己心自动转向了利他，实现了互利的结果。

随着市场交换机制与竞争机制的不断成熟和完善，商人出于自身利益的考虑，不得不在经营策略中顾及到他人的利益，从而使人们从主观上形成一种观念，即由起初的自利观念逐渐转变为理性的经营理念。这样，“看不见的手”从主观上使人们逐渐由利己转向了互利，也只有秉持互利的原则才能使市场秩序得以维护。

（三）“看不见的手”促使人们实现个人利益与社会利益的互利共赢

我们可以发现，《国富论》与《道德情操论》的共通之处，就是它们的核心观点都是个人利益的发展会在一定程度上促进社会利益的发展。它们就个人利益与社会利益的发展关系提出了以下几点思考：“如果每个人都从自身利益出发，这对于整个社会来说将是一个巨大的离心力，但是整个社会是怎样不受到离心力的影响而运转呢？使个人的活动与团体的需要相一致的力量又是什么？在既没有中枢的计划权威，又没有悠久的传统这一稳固力量下，社会是怎样使它存在所必需的那些事物得以安排就绪的？正是‘看不见的手’所发挥的作用将人们的利益和爱好导向最适合于全社会的利益方面。”从客观上讲，虽然在社会经济活动中“看不见的手”发挥作用以个人自利为核心，出于自身利益考虑的个人必然以最有利于实现这一目的的方法进入市场，通过自身利益这一中介将个人与社会连接起来，而商人出于自身利益考虑了解市场的供需情况，将资本投向社会所需的领域，从而使自身获利，如果仅仅出于自身利益的考虑而忽视市场需求这些客观因素，商人往往需要承担很大的风险，不仅自身利益得不到满足，对社会财富也会造成极大的损失。

亚当·斯密始终认为个人利益与社会利益是高度相关的，人们在追求个人利益的同时，也愿意为社会发展做出自己的贡献。他在《道德情操论》中提到：“据说，人天生具有一种对社会的热爱，希望人类为了自身的缘故而保持团结，即使他自己没有从中得到好处。对他来说，有秩序的、兴旺发达的社会状况是令人愉快的。”只有在社会繁荣发展时，个人的利益才能得到保障，同时个人的发展也离不开社会的繁荣。以交换为机制的商品经济中，个体不可能脱离群体单独存在，个人利益也必定与社会利益密切相关。由此，个人活动不自觉地与社会利益挂钩，在“看不见的手”的作用下，促进了社会的团结，使市场经济得以稳固地发展。

（四）“看不见的手”具有深刻的道德价值

以“看不见的手”为代表的经济自由主义原则的提出，使得以自利为驱动力的人们的热情得到最大程度的激发，生产力的发展带来了物质产品的极大丰富，这无疑具有深刻的道德价值。社会的精神文明与道德文明的发展是以物质文明为基础的，当人类处于原始社会和奴隶社会时期，为了基本的物质生活而不择手段地占有、抢夺等不道德现象比比皆是，极端贫困的状况会给人与人、人与社会的和谐关系带来极大的威胁，最基本的物质生活得不到满足，道德文明就无从谈起。随着资本主义市场经济的不断发展，逐渐走向了全面竞争的市场环境，与此相适应的国家法律政策与法规也趋于成熟，使得伦理型的商业社会渐渐形成。随着财富的增加，人们对物质欲望的追求淡化，转而追求更高层次的精神文明与道德文明，虽然物质财富不是道德发展的必然因素，但是在道德水平提高的过程中，物质的基本保障是必不可少的。

（五）“看不见的手”推动了人类社会发展的文明程度

“看不见的手”使劳动人民在为自己生活而忙忙碌碌时形成了勤劳勇敢、诚实守信、勤俭节约等品质，在追求自身利益的同时兼顾他人利益。与以往奴隶社会和封建社会相比，资本主义市场经济下个人权益的保障有了明显的进步，“看不见的手”无疑将人类社会带入到了文明的商业社会。

“看不见的手”围绕以自利为基础的社会财富的增加与分配问题发挥作用，其理论基础自然秩序学说与自利始终强调发挥人的主动性，即保障人的主体平等与自由，强调了人的主权。在“看不见的手”发挥作用的过程中，各经济环节也在运行中实现了人与人之间由自利向互利的转变，并最终达到了个人利益与社会利益的一致。综上所述，“看不见的手”在经济发展过程中是具有一定伦理价值的，而且对当今市场经济的发展仍具有一定的借鉴意义。

第一节 “看得见的手”下的政府干预

一、关于政府干预作用的争论

（一）什么是政府干预

在经济发展过程中，虽然各国都在实施政府干预措施，但除公共物品外，关于政府干预的边界并没有形成统一的标准。一种观点认为，市场失灵处即为政府干预的边界；另一种观点认为政府干预应基于短期需求，凯恩斯主义便是一种基于短期需求的政府干预理论；也有观点认为政府干预的边界取决于政府干预的效率；还有观点从交易费用的角度出发，认为市场在配置资源和政府的干预活动都是有成本的，当市场的交易费用大于政府干预的成本时，就应该依靠政府干预来调节经济。

虽然关于什么是政府干预并没有统一的标准，但是梳理已有研究我们发现，关于政府干预的争论主要集中在政府对经济领域的直接干预，这也是自古典自由主义开始便不断调整政府干预强度的主要领域。

（二）政府干预的种类

政府干预可分为对非经济领域的干预和对经济领域的干预。

其中非经济领域主要包括国防、立法和司法。对经济领域的干预包括对经济的间接干预和直接干预。

其中，间接干预主要包括制定长期经济政策，保持本国在国际市场上的竞争优势。如根据科技和经济形态的演进趋势，制定长期的经济发展战略；引导社会资源投向战略性部门和领域，形成国际竞争的比较优势。政府对经济增长的间接干预主要集中于长期发展，无论是从政府干预效率还是从交易成本的角度出发，政府干预都要优于市场的自我调节。政府对经济的直接干预包括但不限于公共物品、外部性、垄断和破坏性竞争。基于对新古典主义的思考，这些因素会导致市场失灵，从而阻碍经济的发展。如果市场失灵处即为政府干预的边界，那么这些导致市场失灵的领域就应由政府来进行直接干预。除此之外，政府还应该对经济发展中的哪些领域进行直接干预，便是一直存在争议的地方，从重商主义开始便围绕这些领域不断进行政府干预的调整。

二、政府干预的促进作用

（一）维持社会稳定

政府干预是维持社会稳定的有效手段。一方面，在市场化程度不高时，市场对供需的调节具有滞后性和盲目性，导致经济频繁小幅波动，供需结构失衡。同时，公共物品的非竞争性和非排他性导致其具有高投资低收益的特征，从而无法依靠市场实现有效供给。在这时候，地方政府就承担着维持社会稳定、促进经济发展、保障就业、减少财政赤字等责任。另一方面，市场经济在进行资源配置时遵循“效率优先”原则，会扩大社会贫富差距，降低社会的整体福利水平。因此，地方政府有动力干预辖区内企业的经营，以尽可能维持供需平衡、降低社会失业率、维护社会稳定。

（二）合理分配资源

在市场制度不健全的情况下，政府干预是市场调节的有效手段。在市场化进程中，市场无法解决公共资源的外部性问题，也很难在初期阶段提供生产性服务，更无法自发解决市场扭曲问题。

（三）促进经济增长

政府作为市场调节的基本手段，能够有效解决这些问题，进而促进经济增长。虽然中国现在提出简政放权的政策，但早期大政府的发展模式，不仅有利于促进经济增长，还推动了改革进程与体制完善，从而对经济的内生增长产生了积极影响。另一方面，政府干预过程同时也是向市场传递信号的过程。政府干预在企业投入和产出过程中具有明显的信号传递效应，并且有助于引导外部投资的增加。

（四）优化企业经营活动

在外部环境不利于企业发展的情况下，政府干预可以改善企业环境。从资金角度看，资金通常会更愿意流向有政府扶持和政策优惠的地区，投资有政府扶持的企业，降低企业的融资难度。从就业角度看，政府干预会增强企业的守法程度，提高职工的福利待遇，从而改善就业环境。从企业自身经营角度看，民营企业可以通过政治关联突破各项限制，获取政府在融资、土地等资源上的政策倾斜。

三、政府干预的抑制作用

（一）政府干预缺乏降本增效的利益驱动

政府干预与市场机制不同，首先具有不完全以盈利为目的的公共性。政府为弥补市场缺陷而直接干预的行业或者领域，往往是那些投资金额较大、收益相对较慢的公共产品，因而政府不能通过明确价格的交换从供给对象那里直接收取费用，而主要是依靠财政支出维持其生产和经营，很难仔细计算其成本，因此，缺乏降成本增效的利益驱动。

（二）政府干预具有一定的垄断性

政府所处的对公共产品（例如国防、轨道交通等领域）的垄断供给者的地位决定着只有政府才拥有从外部对市场的整体运行进行干预或调控的职权。政府干预还需要具有高度的协调性。政府实施调控的组织体系是由政府众多机构或部门组成的，这些机构部门间的职权划分、利益协调都影响着调控体系的运转效率。

政府干预应该作为社会公共利益的代表，对市场运行进行公正无私的调控。社会主义国家在理论上不能完全排除政府机构“内在效应”的可能性。在现实中，个别政府官员贪污腐败的行为时有发生。在这种政府部门追求私利的“内在效应”影响下，资源仍然不能得到最优的分配。正好比市场失灵时，“内在效应”也是引起政府干预缺陷的主要原因。

（三）市场信息掌握不充分，增加了政府正确决策的难度

政府对社会经济活动的干预，实际上是一个复杂的决策过程。正确的决策必须以充分可靠的市场信息为依据。但由于这种信息是在无数分散的个体行为者之间发生和传递的，政府很难完全占有，加之现代社会化市场经济活动的复杂性和多变性，增加了政府对信息的全面掌握和分析处理的难度。此种情况很容易导致政府决策的失误，并必然对市场经济的运作产生难以挽回的负面影响。

此外，正确的决策还需要决策者具备很高的素质。政府进行宏观调控，必须基于对市场运行状况的准确判断，制定调控政策，采取必要手段，这在实践中是相当难的。即使判断准确，政策工具选择和搭配适当，干预力度也很难确定。而干预不足与干预过度，均会造成政府干预的缺陷。需要重点强调的是，现实中的一些官员如不具备上述决策素质和能力，必然影响政府干预的效率和效果。

四、“看不见的手”在现代市场经济中的局限性

（一）“看不见的手”不能有效调节财富再分配

“看不见的手”强调从自身利益出发，其先决条件是不影响他人利益，而在现代市场经济中，利益的界限是很难划分清楚的，尤其在经济领域，由于产权不清等问题所引起的经济纠

纷使我们认识到，在复杂的市场机制下很难正确划分自身与他人的利益。况且，每个人出于天性都会放大自己的利益而忽视他人利益，这就会产生一些为了满足自身欲望而导致的不道德行为。

“看不见的手”虽然在一定程度上将自身利益与社会利益相调和，但亚当·斯密生活的年代处于资本主义刚刚起步的阶段，市场规模小、层次简单，还没有形成大的垄断集团组织。而当今社会市场机制日益复杂，个人利益在转向社会利益的过程中要受到法制、个人意识和道德修养等因素的影响，这使得两者之间还存在着一定的距离，因此“看不见的手”在将个人利益转向社会利益的过程中发挥的力量是非常微小的。

从这两方面来看，“看不见的手”在利益协调这一点上无法令人满意，同时因利益问题导致了社会问题的激化。“看不见的手”虽然在一定程度上调节了财富再分配，但始终不能作为资源配置的唯一因素。

（二）“看不见的手”缺乏道德、法律上的约束

卢梭在《论人类不平等的起源》中将不平等分为两类：“人类在进入社会参与竞争时各种条件的不平等，称为起点的不平等；在竞争过程中各人主客观条件的不平等，则称为终点不平等。”后世学者也多持此观点。如果起点不平等，各人在此基础上也会发挥不同的主观能动性，然而这是无法改变的客观事实，也必然会造成结果的不同。

有学者指出：“‘看不见的手’理论缺乏伦理道德的约束性内容。”人类社会的发展是一个漫长的过程，亚当·斯密只是论

述了其中的一个阶段，即资本主义经济发展初期的市民社会，“看不见的手”维护了最初的社会秩序稳定，它所缺乏的不是伦理因素，而是一种价值观的升华。

我们不要求“看不见的手”做到绝对的结果上的平等，也不能将竞争规则看成是造成财富不均的源泉。米尔顿·弗里德曼在《自由选择》一书中指出，要求结果上的公平本身就是不道德的，对社会也是不利的，就像在一场赌博的游戏中，结束后要求个人把赢得的钱归还，这一做法会使游戏本身失去意义。在现代市场经济下，如果要求结果绝对公平，就会使人们丧失创造财富的热情。由于先天条件的种种限制，从一开始就或多或少地造成竞争起点与结果的不公平，从而必定划分出不同的社会阶层，这是不能避免的客观事实。

亚当·斯密所描述的是一个能够维持财富增长与提高人民物质生活水平的社会，但这个社会阶段缺乏人与人之间友善、仁慈等美德因素。在这样的环境下，人们的幸福感不会有大幅度的提升，因此“看不见的手”本身缺乏道德、法律上的约束。

（三）“看不见的手”缺少对穷人和弱势群体的关注

马尔萨斯在《人口原理》一书中指出：“一般说来，有助于增加一国财富的因素，也有助于增加下层阶级的幸福。但是，亚当·斯密博士也许把这两者的关系看得过于紧密了，至少他未注意到另外一些情况，即有时社会财富（就他给财富下的定义而言）的增加，丝毫无助于增加劳动阶级的幸福。我并不想从哲学上考察构成人类幸福的各种要素，而只想考察其中两个得到公认的要素，即健康和对生活必需品和便利品的支配权。”富人在竞争的过程中分得的利润远远比穷人分得的利润多，但是我们不能强迫他们把财富分给穷人。各人的付出和收获常常不能成正比，长此以往必将导致贫富差距加大和两极分化严重的社会问题。由此，“看不见的手”并不是财富调节的唯一手段，还需要政府这只“看得见的手”来加强对社会底层以及弱势群体的关注。

五、“看得见的手”该如何更好地发挥作用

一般而言，“看得见的手”指的是政府通过各种政策手段对经济进行宏观调控，往往也叫作“有形之手”。政府对经济进行宏观调控的方法多样。通常来讲，首先需要制订相应的计划，明确经济发展的任务目标；其次，对经济活动的参与者进行法律约束，制定相应的规章制度；最后，可以采取相关行政措施，直接精准地对经济活动进行干预。当“看不见的手”即市场失灵时，“看得见的手”可以进行相应的调节来对冲其失灵带来的风险。相反，如果政府不遵循市场规律，过度干预经济，也会带来不好的影响甚至是较大的风险。因此，政府干预经济是一把双刃剑，如何在适当的时间用好，值得我们研究。

（一）建立良好的价格体制机制，保护市场规则制度的完善和市场的有效运行

党的十八届三中全会通过的《中共中央关于全面深化改革

若干重大问题的决定》中提出：紧紧围绕使市场在资源配置中起决定性作用深化经济体制改革，坚持和完善基本经济制度，加快完善现代市场体系、宏观调控体系、开放型经济体系，加快转变经济发展方式，加快建设创新型国家，推动经济更有效率、更加公平、更可持续发展。

市场在资源配置中起决定性作用，而商品价格则是市场配置资源的引导者。因此，要充分发挥市场作用，就必须建立一个良好的价格体制机制。只有良好的价格体制机制才能引导市场供给与需求，达成一个相对“平衡”的状态。另一方面，建立一个良好的价格体制机制也可以减轻政府的压力。过去这些年，由于价格体系的不完善，导致政府对很多市场都有一定的干预，而由于这些干预导致市场运行效率不能达到最优，不利于社会的发展与进步，例如对于某些领域，可以允许商品在一定价格波动范围内，尽可能让市场定价，减少政府的参与。同时，根据当前形势，制定相应的价格、相关的法律法规，维护市场秩序。

（二）制定合理的宏观调控政策，引导资源合理配置，保护参与市场竞争的各类主体

当一个市场被垄断时，这市场就失去了“均衡”。由于垄断地位，价格也不能引导供给与需求的平衡，垄断者可以根据自身的需要制定相应的价格和往市场投放的商品数量。这时候，市场往往需要竞争来打破垄断。一方面应当鼓励社会各类主体积极踊跃参与到市场中来，另一方面应对垄断企业对新进入者做出的恶意打压进行管制，保护好每一个参与市场竞争的主体。

竞争市场一旦形成，供给与需求将再一次达到“均衡”，资源将得到合理的分配。

市场可以通过商品和劳务供给与需求的矛盾运动来协调、合理引导社会资源朝着最有效的地方配置，从而促进经济发展。在供给与需求的矛盾运动中，往往是需求牵引着供给，需求给供给指明资源需要分配的方向。因此，在运用供求规律促进经济发展的过程中，往往需要更多地关注需求、创造需求，以需求引导供给和生产，最终实现资源的有效配置。以我国当前的实际情况为例，我国东部沿海地区和西部地区、贫困农村与城市之间的收入存在较大的差距，因此其消费需求也不完全一样。对于东部沿海地区，其收入水平达到了发达国家或地区的收入水平，相比物质需求，精神文化商品更受到其青睐；对于西部地区及贫困农村地区而言，相比中高档消费品和精神文化商品，基本的物质需求通常放在首位，衣食住行等基本日常生活需求商品，是其消费的主要内容。

政府不直接参与市场，但在市场化道路上起着至关重要的作用。市场虽然起着决定性的作用，但要是缺少政府参与，可能会出现“市场失灵”“市场垄断”等恶劣现象。在市场化道路中，政府可以充分利用自己的职能和优势，当市场出现失灵时采用宏观调控的方法去疏通；当市场出现恶意竞争者时，采用市场监督的方式对违法行为进行及时制止。另一方面，政府也需要培育市场公共竞争环境，制定科学合理的市场规则和标准，保护市场规则制度的完善和市场的有效运行。

第三节 如何认知当前经济发展前景与挑战

前两节提到，“看不见的手”与“看得见的手”之间达到完美的“均衡”时，生产效率会达到最优，当然这个“均衡”是动态的。

一、劳动力红利向工程师红利转变

（一）劳动力红利向工程师红利转变是我国经济发展的需要

近年来，我国国民经济的发展基调已经从高速发展转向高质量发展；科学技术在中国制造业中所占的权重越来越高，先进制造支撑投资、生产平稳增长。这时候，相应的政策也需要优化。未来，经济增长将从高端制造领域结构延续升级优化；基建补短板、扩内需及区域经济遍地开花实现“稳增长”。同时我国经济发展的劳动力、资本要素也需要及时优化，与时俱进。

（二）劳动力增速的下滑倒逼经济由追求高速发展转向追求高质量发展

在此前经济发展过程中，我国劳动力红利已逐步消退，工程师红利正在蓄势待发。我国作为第一人口大国，较为低廉的劳动力红利似乎一直是“特色”。但是回归到经典经济增长理论中，我们可以知道，实体经济潜在增速取决于劳动力增长速度、资本存量的增长速度和全要素增长率的提升。尽管丰富的劳动力资源曾是支撑我国经济长期高速发展的重要动力源，但是目前我国人口增速中枢已经出现明显下滑，比照此前国家统计局的统计结果，我国劳动力人口在2012年起出现拐点，截至2020年已数年延续下滑。

依据世界部分权威机构预测统计，2015—2050年我国人口将整体处于-10%左右的增长区间，整体而言，低于同时间段美国人口增速，仅能大致与欧洲、俄罗斯等国水平相当。而从人口结构来看，我国人口老龄化加深的态势将要延续，按照世界部分权威机构预测数据，到2050年我国人口年龄众数将超过60岁，2017年人口整体仍以20—50岁劳动年龄范围内为主。

劳动力在经济发展中地位卓著，因此，人口是经济发展的重要长周期要素，其拐点一旦形成，短时间内便难以产生逆转。而我国经济增长对低廉劳动力的依赖程度也越来越低，我国廉价劳动力红利的时代已接近尾声。从经济增长的理论角度来看，劳动力供给减少必将对经济发展潜力造成威胁，劳动力供给不足将会限制劳动密集型产业的发展。当前我国老龄化进程仍在继续，人口出生率也已进入了1970年以来的新低。2000年起，我国65岁及以上人口占比就达到7.0%的老龄化社会水平，影响劳动力供给，并降低生产总量。此外，生育率的下降也将在中长期拉低全社会的储蓄及投资，并可能导致居民工资以及物价的抬升。消费结构的改变，低生育率及老龄化将降低汽车、地产的购置需求，同时也将增加医疗保健支出负担。

（三）劳动力人口整体文化素质的快速提升为我国经济发展由重数量转向重质量提供了人才保证

从经济的新兴增长点来看，在人口红利逐步消退的当下，我国劳动力人口的整体文化素质也在快速提升。国内高校毕业生人数持续增多，且增速远超世界上其他经济体，越来越多的高学历人才流入城镇制造业。从人才的专业结构分布看，理工科人才在我国高校毕业生中占比较大，工科毕业生、高级技工等专业人才人数、增速均明显高于其他主要经济体，未来我国劳动力的优势将从数量转向质量，人口红利有望逐步转向工程师红利，高素质人才将是维持我国劳动力优势的重要部分。

二、资本发展要素由总量转向结构优化

（一）我国资本发展要素的现状

近年来，我国经济发展面临着资本要素总量、效率双承压的困局，在国家促进经济发展的操作中，加紧金融供给侧结构性改革，并将之引为重要路径。资本要素作为经济增长的另一重要推动力，早年间曾是限制我国经济发展的重要因素之一。在我国经济发展的初期，曾出现过较为短期的资本要素短缺。

但是从近年资本的动态趋势看，我国资本要素的发展路径已从总量增长转为结构优化。无论是我国的非金融企业杠杆率水平还是政府部门杠杆率水平，均已呈现出比较明显的增长态势。而从静态绝对水平看，我国非金融企业杠杆率水平均已超

过160%，企业杠杆水平远远高于国际上主要经济体的债务平均水平。2008年金融危机后，我国影子银行规模迅速膨胀，表外、非标业务快速发展，积累了大量金融风险。为有效化解金融风险，监管机构发力整治影子银行，使其扩张势头受到了抑制。

（二）我国资本发展要素面临的局限性

金融实体两个层面的去杠杆直接压制了投资水平，融资量的减少在一定程度上造成了投资总量的扩张速度下行。在融资总量扩张受限的同时，资本要素的投资效率也出现了明显削弱。宏观上，投资乘数逐级下滑，投资对于我国经济增长的拉动作用逐渐减弱；反映到微观层面，工业企业的整体收入水平出现下降，ROE（净资产收益率）水平自2008年起逐步下滑，工业增速进入较为缓慢区间。

因此，在经济的结构性增长方面，单纯依赖债务资本投入拉动经济增长的模式在我国已接近尾声。在此前金融资源的配置上，供给端效率低下、“产能”过剩的问题比较常见，如何在总量收缩的背景下提高资金要素的使用效率，金融供给侧结构性改革是未来的重要路径之一。近年来我国资本市场改革不断提速，也是在一定程度促进我国经济增长的资本要素。

（三）我国资本发展要素由总量转向结构优化是时代需要

通过金融供给侧结构性改革，助力国内产业结构优化，从而实现我国经济的高质量发展，是当前时代赋予整个金融体系的命题。改革开放至今，我国经济发展大步迈进，监管政策、资本市场乃至整个国家金融体系逐渐走向成熟，习近平总书记指明的深化金融供给侧结构性改革道路，将进一步推动我国金融体系“脱虚向实”。在当前实体经济需求多样、银行贷款等间接融资不能完全满足需求的前提下，金融供给侧结构性改革能够通过完善资本市场体制，实现不同的资金供求方有效对接。

三、技术进步是经济增长的重要动力源

（一）技术提升既是战略需要，也是我国下阶段供给侧结构性改革的重点

金融危机后，在劳动力和资本要素增长受限的背景下，技术进步已经是经济增长的动力源头。当前，我国要素生产率整体仍然较低，简言之就是性价比仍然较低，所以，技术提升在我国的战略意义更为重要，也因此，提升我国要素生产率就成为了供给侧结构性改革下阶段的重点。一方面，人口红利逐步消退，供给侧优化逐步由金融层面走向实体，劳动密集型和资本密集型产业给环境带来的压力不容忽视。且从产业的发展周期看，依赖要素累积的旧有发展模式也即将被时代淘汰。近年来企业研发投入明显升高，在政策的助推下，去产能和去杠杆的宏观经济政策实质上为新经济成长创造了空间，产业、资本也将更加高效地奔赴新经济产业。

（二）政府为推动企业技术进步进行了有效的制度创新，设立科创板

为有效满足技术变革中企业日渐增长的研发投入需求，近年来国家致力于拓宽企业的融资渠道和能力，并创造性地将资

本要素与技术革新相结合，科创板应运而生。

21 世纪以来，我国新兴制造业发展迅猛，在市场信息不对称的情况下，一些融资困难的企业反而正代表未来经济高质量发展的方向。高额的研发费用需要资本支付，而有效的制度则是实现资本市场成功引流灌溉的前提。

在我国资本市场建设的初期，上市高门槛、盈利严要求，是保护投资者的必然之举，科创板的设立也是资本市场走向成熟的标志。新兴产业在我国经济中所占的权重呈上升趋势，其发展模式、运行特征均已完全不同于传统领域——高投入、长周期、高增长及其盈利的不确定性给新兴产业打上了“碎钞机”的标签。科创板出现以前，这些企业融资难是不争的事实。科创板实施差异化上市标准，强调了上市企业的科创属性，将研发投入等成长性指标列入考核，从而弥补了我国多元化资本市场的短板，为成长中的高科技企业提供了融资与上市的平台，更具针对性地满足了新兴企业的资金需求，通过资本市场实现国家产业结构的升级，实现了金融进一步服务实体。当然，这种创造性的制度变革力度很大，在内容乃至意识形态上与现行制度有一定的冲突，因此科创板初期仍处于试验阶段，在开展制度创新供给的同时，为当下的制度和主流市场提供了缓冲空间。

资本市场是经济发展资本要素运行的重要渠道。近年来，国家金融体系的发展渐趋成熟，在满足多层次、不同阶段企业的融资需求方面做出了不同尝试。北向资金、外资跑步入场，科创板的制度创新也使资本市场逐渐实现与国际市场的互通联动，推动了我国金融市场走向国际化。

（三）资本市场为企业技术进步提供了有效的金融支持

回归资本要素本身，在助推产业结构升级方面，新兴制造业是经济动能转换的主要驱动力，使国家的工业制造业发生根本性的改变。我国在全球工业体系中的竞争优势明显，发展新兴制造业的战略意义不言而喻。在科技创新时代，自动化、智能化已成为制造业发展的主流趋势，更高的科技附加值需要前期更高的研发投入，巨大的资金需求需要更加完善的资本市场，因此，需要更加深入地优化金融资源的供给。在早期科创板申报的近150家企业中，新一代信息技术产业企业占比超过40%，高端装备制造企业占比接近20%，多元化的资本市场对于我国新兴制造业将发挥实际的助推作用，契合当前世界经济的产业结构升级方向。

此外，外部环境的变化也为我国经济提供了新的增长点。在外贸理论上，在一国经济发展过程中，部分产品会经历“进口依赖—进口替代—出口导向”三个阶段的转变过程，其中进口替代阶段往往意味着国内拥有较为稳定成熟的需求且本国产品生产能力同样稳步提升，反向助推着行业整体蓬勃发展。以历史上的钢铁行业为例，在2005—2006年，钢铁行业贸易差额占总贸易差额比重转正，此后钢铁行业逐步步入稳定出口阶段，也正是在这一阶段钢铁行业的盈利能力快速提升。

四、外贸格局已发生深刻转变

从近年来的经济发展动向看，外贸对我国经济发展的助推作用有望转入进口替代阶段。在筛选了国内几个主要产品的进出口数据后，可以在进出口金额刚刚转正或正接近转正的几个行业中寻找新的经济增长点。

2013年，我国特种工业专用机械的进出口增速转正，同时计算机集成制造供求缺口也较2000年初有了较为明显的收窄，结合当前世界的技术发展趋势，先进制造业产品的外部需求逐渐走强，与之相对，国内市场的供给能力也在不断提升。同时，我国技术进出口总量也已接近转正，科技相关的材料技术、电子技术、航空航天技术、专有权利等方面的进口替代有望成为我国经济的增长点之一。

总体而言，我国劳动力及资本要素投入均出现总量受限、效率下行的现象，因此，全要素生产率的提升已成为实体增长的一个重要方向。实际上从资本性开支、研发投入等部分指标情况看，我国以计算机、医药制造、电子等行业为代表的高技术行业已经出现了较为明显的扩张趋势。同时，从投资时机上看，理论和历史均告诉我们进口替代或许意味着行业供给能力的逐步成熟。筛选结果表明，我国部分高技术产业也确实处于进口替代的关键时期，未来可重点关注相关领域的发展前景。

第四节 全球经济十字路口的预警指标

经济高速发展时，我们也不能忘记关注一些经济指标来进行预判，从而进行相应的逆周期调节来达到“均衡”。经济周期的运行很奇妙，影响经济周期的因素有很多。当我们对过去一年甚至一个月之中的经济运行进行复盘时，单纯的“好”“坏”“不错”等定性分析并不具备代表性，且显得苍白无力，而“定量”分析的经济数据则显得更加直观、有说服力。当分散的时间区间连在一起，就能够更加清晰地读懂一段时间或某一工业生产环节的经济运行周期。

一、几大重要指标的含义及其在经济预警中的作用

（一）GDP 的含义与作用

GDP（国内生产总值）是日常生活中最耳熟能详的经济指标，用以表述一段时间内的运行结果。GDP 的基本概念是，一定时期内一经济体中所生产出的全部最终产品和服务的货币价值，是衡量一个国家一段时间内经济发展的最佳指标。从需求端出发，在我国拉动 GDP 的主要动力有投资、消费及进出口。2007 年以前，我国仰赖天然的劳动力优势，建立起了依赖对外贸易的增长模式，在当时，出口是我国经济增长的较强动力。

近年来，在我国4万亿财政刺激及人民日益增长的消费需求中，经济增长的三驾马车较为均衡。但GDP指标在观测时有其自身的难度，因为GDP是从总体上衡量市场活动，是消费、政府采购、投资、贸易收支共同作用的结果，描述的是经济周期的一种结果，而非预警系统。要复盘一段时期内的经济周期，以期实现预警未来，需要更加细化的经济指标。

（二）制造业PMI指数的含义与应用

现在，我们常用景气这个词来代表事情的“好”和“坏”，在宏观经济的分析中，也存在着典型的景气度指标。制造业PMI指数就是最具有代表性的景气度指标之一，不同国家都已编纂推出官方制造业PMI指数，此外部分权威机构也基于自身的样本推出了PMI指数，比如Markit制造业PMI指数，以及我国的财新PMI指数。

在大部分国家，PMI指数是一段时期经济运行状况的领先指标，在当月生产、消费、订单、库存的官方统计数据公布前，制造业PMI指数能够起到“预告片”的作用。以美国供应管理协会（ISM）制造业指数为例，美国供应管理协会在每月的第一个工作日，美国东部时间上午10:00公布上月数据，随后外贸、消费、物价指数才会依次公布。在美国，ISM制造业报告基于400余家工业企业采购经理每月对问题的回答编辑而成。它反映了新用户订单、就业、新增订单等5个主要经济领域的复合平均值。若数据高于50（荣枯线），则说明经济活动正在扩张；若其低于50，则经济正在紧缩。国内制造业PMI数据的解读方式与此类似，而新订单、新出口订单在一定程度上能反映出当月内需、外需数据的表现。

以 2019 年 11 月的制造业 PMI 数据为例，去探究数据的科学性及前瞻作用。2019 年全球经济下行压力较大，截至 11 月，中国制造业 PMI 已连续数月低于荣枯线（50），国内经济处于紧缩区间。11 月中国制造业景气度出乎意料的重返扩张区间，且无论是数据的总量还是内部的分量都出现了一定的回暖。例如在 11 月生产情况的解读中，制造业 PMI 中生产指数为 52.6%，较前值上升 1.8 个百分点，创下数月来的最好表现。近年来，我国产业结构优化升级的大趋势较为明显，11 月 PMI 数据在这一点上也有所体现，11 月高技术制造业和装备制造业的 PMI 指数均持续上升，数据能够较好地反映出我国战略新兴产业的稳健增长态势。

此外，制造业 PMI 对一定时期内的市场需求也有较好的体现。同样以 2019 年 11 月的 PMI 数据为例，制造业 PMI 指数的新出口订单指数为 47%，较此前有一定的改善，但整体还处于 50 以下，外贸市场的表现仍然较弱。同时，当月制造业 PMI 的新订单指数为 51.3%，较前上升 1.7 个百分点，重返 50 以上的扩张区间。外需拉动作用有限，数据精确地反映出当时国内市场的需求回升；回顾当时，我国陆续加大对基础设施的建设力度，国内建筑业表现活跃，因此 11 月国内新增订单数量拉高了制造业 PMI 指数。

而同期新增订单和新订单指数与 11 月当月的外贸数据具有一定的一致性，因此体现出 PMI 数据对经济数据的前瞻作用。2019 年 11 月，中国对外出口额下降 1.1%，数据下降与制造业 PMI 数据做出的反映较为一致；进口额超出市场预期有所回升，较 10 月增长了 0.3%，与制造业 PMI 数据显示的内在需求增加也较为一致。从数据的其他细分项看，11 月进口商品的结构也与国内建筑业的高景气较为一致。2019 年下半年以来，中国铜、钢材等部分工业原料的进口回暖，10 月原油进口创年内新高，11 月原油进口量继 10 月再创年内新高，环比增长 0.56%，同时天然气进口量也环比大幅上升 35.68%，基建加速的背景下市场需求回归，与制造业 PMI 新订单的表现较为一致，PMI 非制造业数据的前瞻性较为明显。

（三）物价在经济增长中的重要预警作用

在经济运行过程中，往往有一个被人忽视的数据——物价。在关系上看，物价与经济的下行和上行周期关系不大，但物价与人民的生活幸福程度息息相关，且物价对人民生活的影响也最为直观。物价的不正常变动是经济增长的重要预警指标，各国的经济政策都把稳定物价当做一个非常重要的政策目标。

二、通货膨胀是经济发展的必然现象

（一）通货膨胀对经济的影响是否有利的关键在于通货膨胀的度

通货膨胀是与物价相关的一个重要现象，这也是我们耳熟能详的名词。很多人甚至谈“通胀”色变，一说通胀，感觉整个经济都不好了。因为通货膨胀给人最直观的感受就是“我们身边的茶米油盐酱醋茶普遍涨价了，日子没法过了”，这种思维其实是片面的。在经济增长过程中，随着社会价值的不断创造，温和长期的通货膨胀是经济健康发展的必然现象，也因此通胀指标增长过快或大幅萎缩，都可能对经济发展的持久性造成影响。例如在二战以后，日本和韩国都曾经由于经济加速发展而导致通货膨胀，甚至在20世纪90年代一度超过10%。但是短期恶性的通货膨胀则是“奔车朽索”，其可怕之处在于：可能一夜之间，居民手中的钱贬值了，本来发完工资可以买房的，结果只能买火柴了！举一个夸张的例子，1947—1949年，当时苟延残喘的国民党政府不顾一切增发货币，导致出现有人提着“一大捆”钞票去买米，钱越往后越接近“废纸片”，物价越高钱就越不能给人安全感，这也加速了四大家族的消亡。因此，在把握宏观经济的时候，国家财政对于物价始终保持高度重视。

（二）居民消费价格指数（CPI）是最典型的通胀指标之一

居民消费价格指数，顾名思义就是用来观测居民家庭所有开支的数据指标，它包括各种商品和服务，是根据一个固定的代表物价水平的一篮子商品和服务的当前价值的变化。把经济调查想象成逛一个大超市，一个居民可以提着篮子去选购各种各样的产品甚至服务，那么选定一个固定、科学且均衡的大套餐，然后观测每个时点这个套餐价格的不同，就可以看到产品和服务价格的变化，而CPI篮子里的产品和服务不是随便选的，选出的往往是最有代表性的几种，且每个品种所占的比重也有所不同，目前包括的大类有食品、烟酒用品、衣着、家庭设备用品及维修服务、医疗保健服务及个人用品等。

CPI可以用来了解全国各地价格变动的基本情况，然后再分析这样的价格变化对居民生活有什么影响。价格不合理升高会极大地破坏个人或企业的投资，也会影响退休的老人颐养天年。正确地了解物价，有利于政府制定出切实可行的经济政策，更好地调控经济。

（三）货币环境、经济周期及食品价格会影响 CPI 数据的走势

当前我国通胀数据表现较为健康。总体而言，影响 CPI 数据的主要影响因素有货币环境、经济周期及食品价格，但从商品的价格看，因为食品项或者原油价格都具有较为明显的周期性特点，因此 CPI 数据的每次快速上行都与这两项价格的走高有关。

首先，原油作为世界主要能源品种，价格受到多重因素的影响。对于原油的需求端而言，油价往往在经济的上行周期同步上行，因此主要经济体的 GDP 往往与油价存在一定的正相关性，需求端稳定向好将有望带动油价的稳定上行，因此油价对于全球经济的上行、下行也具备一定的指向性。而在供给端，OPEC（石油输出国组织）各国的限产、地缘政治因素都会造成国家油价的变动。除此之外，油价的走势也与金融因素息息相关，美元的强弱往往与油价也有一定的负相关性。

其次，猪肉方面，2005 年以来，中国经历了三轮“猪周期”。以 2019 年猪肉对 CPI 数据的扰动为例。2019 年以畜肉为代表的食品项是物价上涨的主要因素。在生猪存栏量紧缺的影响下，2019 年 5 月起，CPI 畜肉类猪肉分项的同比增速进入高速增长区间，食品项是全年推动 CPI 数据上行的主要动力。2019 年 10 月、11 月，猪肉价格的平均涨幅连续超过 100%，而 11 月 CPI 数据的同比涨幅超过 4%。然而，这次 CPI 数据的超速增长，并不能代表经济的上行，猪肉价格同比涨幅突破三位数，我们需理性看待。不考虑非洲猪瘟的扰动因素，猪肉价格本身具有较为明显的周期性特点。2018 年年底，猪肉价格正位于价格下行周期的相对低点，低基数效应也是 2019 年猪肉数据超预期的原因。

三、加强利率市场化改革是必由之路

（一）信贷指标能反映经济发展状态

无论是在经济的上行还是下行周期，国家都会调整自身的货币政策以防止经济过热或衰退，这也赋予了信贷指标观测价值。信贷行为本身具有带动投资、刺激消费的作用，而企业投资本身又与经济周期具备高度的相关性。当全球经济处于下行周期时，企业的采购需求走弱，同时上游制造企业也会抑制自身扩充产能的意愿，导致企业投资规模收紧。因此，当全球经济下行时，相当一部分国家倾向于实行宽松的货币政策，以期达到刺激消费、鼓励投资的目的。同样以 2019 年为例。2019 年，海外经济下行压力较大，各国通过量化宽松刺激经济。美国 ISM 制造业 PMI 连续两次低于 50，且创 10 年新低；非制造业 PMI 指数也明显不及预期，触及三年新低。联邦基金利率一度突破目标利率上限，美联储年内已实行三次降息，其他海外主要经济体也纷纷跟随，欧央行重新开启 QE（量化宽松政策）、日本央行也有负利率的倾向。2019 年全年，共有 30 多个国家开启了不同程度的降息，其目的均在于拉动投资、刺激消费。

（二）通货膨胀影响信贷周期

结合前文叙述，通胀数据往往也对信贷周期造成影响。通胀数据走高往往易导致国家央行收紧信贷窗口；但事情并非绝对。2019 年年中，尽管 CPI 数据一度破 4%，但通胀对流动性的掣肘始终较少，央行对市场长短期流动性先后进行了保障，我国流动性要素始终维持合理充裕，经济发展的融资需求才是我国流动性政策的主要考虑因素。

（三）中国以利率市场化改革为刺激消费的主要方式

中国的信贷指标观测需要注重其自身的独特性。2019 年，我国进入货币政策改革的黄金时期。在全球货币大宽松的背景下，中国货币政策定力较强，始终坚持稳健的货币政策，强调不搞“大水漫灌”。在 2019 年 12 月初的《求是》杂志上，央行行长易纲表示，“中国经济增速仍处于合理区间，通货膨胀整体上也保持在较温和水平，加之我们有社会主义市场经济的制度优势，应尽量长时间保持正常的货币政策。即使世界主要经济体的货币政策向零利率方向趋近，我们也应坚持稳中求进、精准发力，不搞竞争性的零利率或量化宽松政策，始终坚守好货币政策维护币值稳定和保护最广大人民群众福祉的初心使命。”[①]

在改革中，中国以利率市场化改革为刺激消费的主要方式；LPR 机制改革正式落地，疏通货币传导机制的路径明确。随后，央行紧跟降准，在改革的基础上释放流动性，降低银行负债端压力，并为新 LPR 机制的运行提供了更大的资金空间，以切实推进企业融资端利率的下行。在战略意义上，LPR 机制能够在推动“利率并轨”的同时，实现对存贷款的市场调控，是货币政策逆周期调整的有效工具。从 2019 的改革进程可以看出，我国央行对于单纯的“大水漫灌”兴趣不大，在总量合理宽松的基础上，加强疏通利率传导机制，方是中国信贷周期的特殊性。

① 易纲. 坚守币值稳定目标实施稳健货币政策［J］. 求是，2019（23）.

2

第二章

供给侧结构性改革是重塑均衡的重要市场实践

第一节 不是简单的加减法：转型升级引领的供给侧结构性改革

供给侧结构性改革[①]，其要素主要包括劳动力、土地、资本、制度创造、创新等。从2015年开始，供给侧结构性改革以去产能、去库存、去杠杆、降成本、补短板为重点，旨在通过调整经济结构，使要素实现最优配置，提升经济增长的质量和数量。供给侧结构性改革，就是从提高供给质量出发，用改革的办法推进结构调整，矫正要素配置扭曲，扩大有效供给，提高供给结构对需求变化的适应性和灵活性，提高全要素生产率，更好满足广大人民群众的需要，促进经济社会持续健康发展。

一、供给侧结构性改革的实践意义

改革开放几十年来，中国经济持续高速增长，成功步入中等收入国家行列。但随着人口红利衰减、国际经济格局深刻调整等一系列内因与外因的作用，经济发展正进入“新常态”。供给侧结构性改革，有几个关键目标，用增量改革促存量调整、优化投资结构，在经济可持续高速增长的基础上，实现经济可

① 供给侧结构性改革于2015年11月10日中央财经领导小组第十一次会议上提出。

持续发展与人民生活水平不断提高，优化产权结构、投融资结构、产业产品结构，优化消费结构等。

（一）我国经济存在的结构性失衡问题

2015 年以来，我国经济增长持续下行，CPI 持续低位运行，居民收入有所增加而企业利润率下降。国家经济治理在正视市场规律的同时，迫切需要改善供给侧环境、优化供给侧机制，通过改革制度供给，大力激发微观经济主体活力，增强我国经济长期稳定发展的新动力。

1. 供需严重失衡问题尤其严重

2015 年，钢铁、煤炭、水泥、玻璃、石油、石化、铁矿石、有色金属等几大行业，亏损面已经达到 80%，产业利润下降幅度最大，产能过剩很严重。截至 2015 年 12 月初，几大行业的生产价格指数（PPI）连续 40 多个月呈负增长状态，这几大行业对整个工业 PPI 下降的贡献占了 70%—80%。这表明当时中国供需关系正面临着不可忽视的结构性失衡的问题。

2. “供需错位”已成为阻挡中国经济持续增长的最大路障

一方面，过剩产能已成为制约中国经济转型的重要桎梏；另一方面，中国的供给与需求侧严重不匹配，中低端产品过剩，高端产品供给不足。因此，强调供给侧结构性改革，就是要从生产、供给两方面调整供给结构。

3. 中国产业结构、区域结构、要素投入结构、排放结构、经济增长动力结构和收入分配结构等存在不平衡发展问题

以上结构性问题既相对独立又相互叠加，需要通过结构性改革有针对性地解决。产业结构问题突出表现在低附加值产业、

高能耗产业的比重偏高，而高附加值产业、绿色低碳产业的比重偏低。为此，需要加快推进科技体制和生态文明体制改革，为绿色低碳产业发展提供动力，淘汰落后产能和“三高”行业等，促进高技术附加值产业的发展。

（二）针对结构性失衡问题的解决措施

1. 针对城镇化率偏低的问题

目前，我国城镇化率尤其是户籍人口城镇化率偏低，且户籍人口城镇化率大大低于常住人口城镇化率。为此，需要加快户籍制度和土地制度改革等，提高户籍人口城镇化率。

2. 针对区域发展不平衡的问题

例如一些地方享有很多特权政策，有些地方发展严重滞后。为此，需要推进地方财税制度、区域扶持产业政策改革等，加快建设全国统一市场，解决不同区域发展不平衡问题，加强人口和各种生产要素在不同地区自由流动、优化配置。

3. 针对排放结构不合理的问题

长期以来，中国排放结构中废水、废气、废渣、二氧化碳等排放比重偏高。这种不合理的排放结构导致了资源环境的压力比较大。为此，必须加快推进生态文明制度改革，特别是推进自然资源生态补偿，以及能耗权初始分配制度等方面的改革。

4. 针对经济增长动力结构不合理的问题

中国经济增长过多依赖投资、出口、消费“三驾马车”来拉动，特别是过度依赖投资来拉动。未来体制改革、产业结构优化和生产要素升级才是经济发展的根本动力。我们要更多地依靠改革、创新来提升全社会经济要素增长率，培育新的经济增长点，形成新的增长动力。

二、供给侧结构性改革的决策历程

2015 年 11 月 10 日上午，中共中央总书记、国家主席、中央军委主席、中央财经领导小组组长习近平主持召开中央财经领导小组第十一次会议，研究经济结构性改革和城市工作。

2016 年 1 月 26 日中央财经领导小组第十二次会议，习近平总书记强调，供给侧结构性改革的根本目的是提高社会生产力水平，落实好以人民为中心的发展思想。

2017 年 10 月 18 日，习近平同志在十九大报告中指出，深化供给侧结构性改革。建设现代化经济体系，必须把发展经济的着力点放在实体经济上，把提高供给体系质量作为主攻方向，显著增强我国经济质量优势。

2018 年 12 月 21 日闭幕的中央经济工作会议认为，我国经济运行主要矛盾仍然是供给侧结构性的，必须坚持以供给侧结构性改革为主线不动摇，更多采取改革的办法，更多运用市场化、法治化手段，在“巩固、增强、提升、畅通”八个字上下功夫。

2019 年 2 月 22 日，中共中央政治局就完善金融服务、防范金融风险举行第十三次集体学习，习近平总书记强调，深化金融供给侧结构性改革，增强金融服务实体经济能力。“金融供给侧结构性改革”是第一次被提出。

2019 年 7 月 30 日中央政治局会议再提“推进金融供给侧结构性改革”，强调要“引导金融机构增加对制造业、民营企业的中长期融资，把握好风险处置节奏和力度，压实金融机构、地方政府、金融监管部门责任”。深化供给侧结构性改革的提出，具有当前时代特殊必要性，也是使得中国经济走向均衡发展的重要手段。

通过供给侧结构性改革，助力产业结构优化，从而实现我国经济的高质量发展，是当前时代赋予整个金融体系的命题。

三、供给侧结构性改革的主要内容

供给侧结构性改革的具体含义是：用改革的办法推进结构调整，减少无效和低端供给，扩大有效和中高端供给，增强供给结构对需求变化的适应性和灵活性，提高全要素生产率，使供给体系更好适应需求结构变化。

具体内容上，包括调整完善人口政策，夯实供给基础、推进土地制度改革，释放供给活力、加快金融体制改革，解除金融抑制、实施创新驱动战略，开辟供给空间、深化简政放权改革，促进供给质量等几个方面。

人口既是需求基础，也是供给基础。就当下中国供给侧结构性改革的经济决策而言，调整和完善人口政策，是夯实供给基础的关键，是奠定中国经济调整转型和发展进步基础的关键。

合理的土地制度安排对于激励生产要素和公共产品供给，释放供给活力，促进经济增长和经济发展方式转变，发挥着重要的微观管理和宏观调控功能。

2015 年以来，我国城镇面临着日益严峻的去库存化和“后土地财政”的压力和挑战，农村则开始进入三权分置改革和集体建设用地、宅基地的试点阶段，推动城乡土地制度改革的合力基本形成，长期滞后的土地制度改革有望加速推进。

金融是现代经济的核心。改革开放以来，我国金融市场由小到大、由弱到强、由单一到多元，不断发展壮大。当前，我国金融正处于市场化、国际化和多元化的阶段，面临着比以往更加复杂的局面。从国内来看，金融作为最重要的要素市场之一，由于改革不到位，存在着比较明显的金融抑制，需要加以改革。

中国经济多年来的高速增长很大程度上得益于要素驱动和投资驱动，但是，经济进入新常态后，要素红利渐行渐远，投资驱动风光不再。“十三五”时期中国要继续发挥经济巨大潜能和强大优势，必须加快转变经济发展方式，着力推进供给侧结构性改革，坚定不移实施创新驱动发展战略，提高发展质量和效益，加快培育形成新的增长动力。

制度的内涵与制度质量是影响甚至决定一国经济长期绩效最重要的因素。当前，我国经济发展中遇到的诸多问题都可深入到体制机制层面上找原因，制度变革与制度创新刻不容缓。深化简政放权改革是其重要内容。

供给侧结构性改革的最终目的是要增进供给体系的质量和效益，提高区域、产业、制度、产品等多个方面的竞争力。要实现这个目标，除了上述五大要素改革，还需要若干配套改革。构建社会普遍服务体系，即为其中之一。

四、供给侧结构性改革的实施措施

中共中央总书记、国家主席习近平在 2016 年 1 月 26 日下午主持召开中央财经领导小组第十二次会议上强调，供给侧结构性改革的根本目的是提高社会生产力水平，落实好以人民为中心的发展思想。要在适度扩大总需求的同时，去产能、去库存、去杠杆、降成本、补短板，从生产领域加强优质供给，减少无效供给，扩大有效供给，提高供给结构适应性和灵活性，提高全要素生产率，使供给体系更好适应需求结构变化。这具体体现在以下几个方面：

（一）宏观政策要稳，营造稳定的宏观经济环境

继续实行积极的财政政策和稳健的货币政策，使二者相互配合，协同发力。随着世界经济和贸易低迷、国际市场动荡对我国影响加深，国内深层次矛盾凸显形成叠加，实体经济困难加大，宏观调控面临的两难问题增多。2015 年以来，在党中央、国务院坚强领导下，通过加强定向调控和相机调控①，以结构性改革促进结构调整，实施稳定市场的有效措施，新的动能加速孕育形成，就业扩大、收入增长和环境改善给群众带来不少实惠。在此过程中，积极的财政政策和稳健的货币政策功不可没。

（二）产业政策要准，准确定位结构性改革方向

近年来，中国整体经济结构不断优化，经济发展正加快向第三产业主导的形态转变。然而，在产业结构表现出显著改善

---

① “相机调控”强调政府要根据市场情况和各项调节措施的特点，灵活机动地决定和选择当前究竟应采取哪一种或哪几种政策措施。所以说相机调控很重要的就是“预调、微调”。

的同时，结构性矛盾依然突出。着力加强供给侧结构性改革，提高供给体系质量和效率，增强经济持续增长动力，为中国未来的产业结构调整政策指明了方向。

第三产业内部结构明显改善，整体水平提升明显，服务领域不断拓展，逐渐成为推动我国经济增长的主要动力之一。金融业与房地产业成为拉动第三产业发展的主要力量；传统服务业占第三产业比例下降，金融保险、计算机服务、物流配送等现代服务业发展迅速；社会化养老、休闲旅游、社区服务等新型服务业越来越受到关注。

（三）2015 年中央经济工作会议明确提出“微观政策要活”

如何做到灵活的微观政策？答案就是要通过完善市场环境、激发市场活力和消费者潜力，放活政策做活微观经济，充分释放生产消费活力和内部增长潜能，开创经济发展新局面。微观经济是经济形势的“晴雨表”、发展的“推进器”，做活微观、提质增效对加快推进供给侧结构性改革，实现中国经济发展转型升级至关重要。

实现“微观政策要活”政策目标的重要途径就是要加快简政放权，推动政府职能转变。按照党中央、国务院的部署要求，转变政府职能要以“简政放权、放管结合、优化服务”为基本思路，将该放的放下去，将该管的事管好，将该服务的服务到位，真正做到“放水养鱼”，激活微观经济。

（四）发挥社会政策稳定器的作用，守住民生底线

供给侧结构性改革，特别是化解过剩产能等，必然会影响

部分群体的就业和收入，但这是必须要过的坎儿，是必须要经历的阵痛。所以要更好发挥社会政策稳定器的作用，守住民生底线。特别是要把重点放在兜底上，要保障好人民群众的基本生活和基本公共服务，为结构性改革创造好稳定良好的社会环境。

（五）就业是民生之本，要从全局高度重视就业问题

要深入实施就业优先战略，真正把促进就业作为经济社会发展的优先目标，选择有利于扩大就业的经济社会发展战略，创造更多就业机会。

第二节 定价权之争：从钢铁行业看供给侧结构性改革的格局

供给侧结构性改革更多地发生在我国产能严重过剩的行业，如钢铁、煤炭、有色行业等。我们通过钢铁行业管中窥豹地看到供给侧结构性改革的格局，钢铁行业的供给侧结构性改革主要分为压减粗钢产能、产能置换、兼并重组三个部分，下面我们将通过这三个方面阐述钢铁行业供给侧结构性改革的进程及其对钢铁产业的深远影响。

一、钢铁产能的压减置换

（一）压减粗钢产能的政策回顾

压减粗钢产能是钢铁行业供给侧结构性改革的重中之重，由高层直接推动，启动于2016年。

1. 表内粗钢产能压减

2016年2月4日，国务院发布《关于钢铁行业化解过剩产能实现脱困发展的意见》，提及从2016年开始用5年时间压减粗钢产能1亿至1.5亿吨。3月至5月，国土资源部、人社部等七部委，国家质检总局、央行等四部委，国家安监总局、财政部、环保部、国税总局先后推出8个配套文件，覆盖奖补资金、财税支持、金融支持、职工安置、国土、环保、质量、安全这8个方面，银行对去产能的支持以及涉及员工安置的1000亿元奖补资金分配方法有力地推动了钢铁产能压减。

2017年1月末，国务院总理李克强在《彭博商业周刊》发表署名文章，文中修正了钢铁产能的压减目标，计划3—5年压减粗钢产能1.4亿吨。压减表内粗钢产能计划的执行卓有成效，2016年，共压减粗钢产能6500万吨；2017年全国压减粗钢产能5000万吨以上；2018年全国压减粗钢产能3000万吨左右，由此基本完成“十三五”期间压减粗钢产能1.5亿吨的上限目标任务。

2. 表外地条钢产能压减

除了压减表内粗钢产能，压减表外地条钢产能也在同时开展。2016年9月12日，国家发改委钢铁煤炭行业化解过剩产能和脱困发展工作部际联席会议办公室，以明传电报形式印发《通报》，严厉打击制售“地条钢”等违法行为。发改委要求，各有关地区要对本辖区内违法违规建设钢铁项目和违法违规制售“地条钢”等钢铁产品的行为，进行一次“拉网式”全面普查，对发现的违法违规行为予以严肃查处，及时上报并公开曝光查处结果，“做到发现一起、查处一起、曝光一起，坚决不留死角。”2017年1月10日，中钢协2017年理事会透露全国要在2017年6月30日前全部清除“地条钢”，督察组已经出发。2月13日，中钢协等发布《关于支持打击“地条钢”、界定工频和中频感应炉使用范围的意见》，明确中（工）频炉范围。2017年2月15日，国家发改委、工业和信息化部等联合印发《关于进一步落实有保有压政策促进钢材市场平衡运行的通知》，其中提到：严厉打击违法生产和销售“地条钢”行为，2017 年 6 月底前依法全面取缔生产建筑用钢的工频炉、中频炉产能。严禁向生产销售“地条钢”的企业提供任何形式的授信支持。2017 年 7 月 5 日，《每日经济新闻》报道上半年我国共取缔、关停“地条钢”生产企业 600 多家，涉及产能约 1.2 亿吨。据估计，2017 年以来我国已压减表外地条钢产能 1.2 亿吨。

3. 极高的政策门槛

在压减粗钢产能之外，国务院对于新增产能限制了极高的政策门槛。2013 年 10 月，国务院发布《关于化解产能严重过剩矛盾的指导意见》（国发〔2013〕41 号），要求各地区、各部门不得以任何名义、任何方式备案新增产能的钢铁项目，各相关部门和机构不得办理土地供应、能评、环评审批和新增授信支持等相关业务。从行业新开工规模及固定资产投资看，2013 年后呈现负增长态势，2013 后新开工或投产项目主要为前期审批项目。此外，《关于化解产能严重过剩矛盾的指导意见》（国发〔2013〕41 号）规定，产能严重过剩行业项目建设，须制定产能置换方案，实施等量或减量置换；还明确要求，项目所在地省级人民政府须制定产能等量或减量置换方案并向社会公示，行业主管部门对产能置换方案予以确认并公告，同时将置换产能列入淘汰名单，监督落实，坚持控制总量和优化存量相结合。

（二）粗钢产能置换政策回顾

相对于粗钢产能的压减，产能置换对后续钢铁行业供给端的影响更为深远，我们汇总了 2013 年以来产能置换的相关文件，以求对后续粗钢产能变化做出相应的分析。

虽然产能置换政策早在2013年已经提出，但实际执行从2017年才开始严格。产能置换制度的严格实施让中国粗钢产能正式进入存量置换时代。我们将通过对2017—2019年工业和信息化部发布的粗钢产能置换方案汇总整理，观察未来2—3年的粗钢产能总量和结构变化（详见表2－1），以及由此对钢铁上下游产业链带来的影响。

表2－1　钢铁行业供需平衡表

单位：万吨

项目＼年份	2016	2017	2018	2019	2020E	2021E
粗钢产量	8.08	8.71	9.28	9.96	9.9	9.8
增长率	–	–	–	7.3%	－0.50%	－0.50%
地条钢产量	0.59	0.51	–	–	–	–
表内外产量合计	8.66	9.22	9.28	9.96	9.88	9.83
粗钢出口	1.15	0.80	0.74	0.64	0.66	0.65
增长率	–	–	–	－13.5%	－5.00%	－1.00%
粗钢进口	0.14	0.15	0.15	0.12	0.13	0.13
增长率	–	–	–	－0.20%	－5.00%	－1.00%
粗钢净出口	1.01	0.65	0.59	0.52	0.53	0.52
粗钢表观消费量	7.65	8.56	8.69	9.38	9.35	9.31
粗钢供需差	0.22	0.51	0.48	0.97	1.00	0.86

资料来源：Wind，川财证券研究所

注释：图表中2020E表示2020年为预测数据，E代表Estimated. 2021E及后文表格中出现的E同此注释。

1. 粗钢产能置换的简单回顾

我们先对粗钢产能置换的政策做个简单的回顾（详见图2－1）。2013年10月，国务院出台《关于化解产能严重过剩矛盾的指导意见》，首次正式提出钢铁行业产能置换。2015年3月，工业和信息化部发布《部分产能过剩行业产能置换实施办法》，提出京津冀、长三角、珠三角等环境敏感区域（特指北京市、天津市、河北省、上海市、江苏省、浙江省，以及广东省的广州、深圳、珠海、佛山、江门、东莞、中山、惠州、肇庆等9市）置换比例不低于1.25∶1，其他地区等量置换，该方案于2017年年底失效。取而代之的为2018年1月1日起正式生效的《钢铁行业产能置换实施办法》。该方案延续了京津冀、长三角、珠三角等环境敏感区域置换比例不低于1.25∶1的要求，其他地区则减量置换。

2013.10
国务院出台《关于化解产能过剩矛盾的指导意见》（国发［2013］41号），提出钢铁行业需要制定产能置换方案

2015.4
工信部发布《部分产能过剩行业产能置换实施办法》

2017.12
出台《钢铁行业产能置换实施办法》，自2018年1月1日起施行

2018.4
发改委出台《关于做好2018年重点领域化解产能工作的通知》（发改运行［2018］554号），2018年退出粗钢产能3000万吨左右

图2－1　粗钢产能置换政策

随后，河北、浙江、湖北、山西等省逐步出台地方粗钢产能置换细则。经历一年多的持续公告后，全国粗钢产能置换方

案已陆续成型，为未来全国粗钢产能变化提供借鉴（详见表2－2）。

表2－2　部分省份粗钢产能置换政策细则

省份	文件名称	细则
河北省	河北省钢铁行业产能置换实施细则	退出产能和建设产能置换比例不低于1.25∶1 不接受省外出让的钢铁产能
浙江省	浙江省钢铁行业产能置换操作细则	电炉等量置换，高炉1.25∶1 优先优势企业及沿海、临港、废钢资源丰富、靠近市场、环境承载力强的区域
山西省	山西省钢铁水泥平板玻璃电解铝行业产能置换实施细则	减量置换
湖北省	湖北省钢铁、水泥、玻璃、电解铝行业产能置换方案	减量置换 两年内拟建项目未开工建设的，公告自动失效

2. 近两年公布的粗钢产能置换总量及结构变化

（1）分析2019—2022年期间粗钢产能置换目标。

我们汇总了2017—2019年期间发布的钢厂产能置换方案，2018—2022年期间，全国将通过置换新增粗钢产能1.8亿吨，并同步关停产能2亿吨，平均置换比例1.1∶1。总置换量占到现有粗钢产能的17%（详见图2－2）。置换动因集中于环保搬迁（例如河北、江苏、山东、山西等地）、落后高炉淘汰和扩产（例如广西、福建、四川、内蒙古等地），详见图2－3。

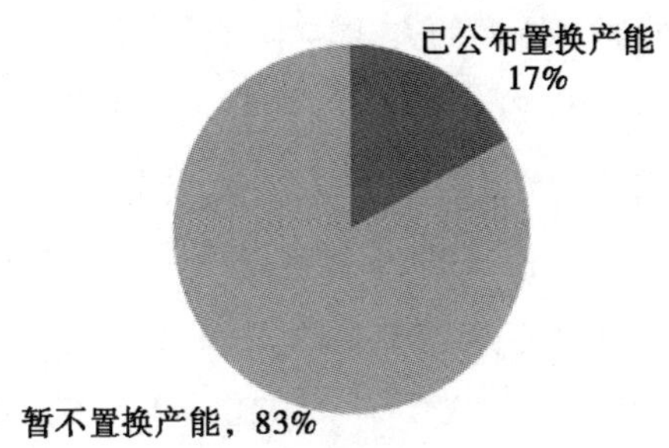

图 2－2　已公布置换产能占粗钢总产能 17%

资料来源：Wind，川财证券研究所

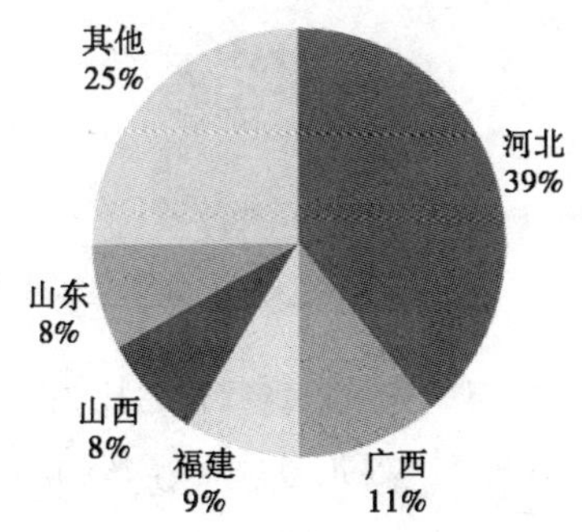

图 2－3　粗钢产能置换区域分布

资料来源：Wind，川财证券研究所

其中，2018 年年底前已完成的粗钢置换量为 8701 万吨，2020—2022 年期间将有 1.4 亿吨产能等待置换。分年度看，2020 年置换量 6232 万吨，2021 年置换量 2437 万吨，2022 年置换量 1748 万吨，仍有近 4000 万吨尚未确定具体的置换时点。

现有产能置换方案，要求新建产能投产后同时关闭旧产能，等量或者减量产能置换并不增加新的产能。但考虑到部分用以置换的旧产能长期关停，或在新产能投产之前已提前停产，实际上有部分闲置产能通过置换的方式转为有效产能，我们定义这部分产能为无效产能。无效产能转有效部分才是实际产能变化量。

人工排查这部分产能，发现1.8亿吨置换产能中，约5284万吨为无效产能，占比29%（详见图2-4）。2019—2022年之间即将置换的1.6亿吨产能中，约2164万吨为无效产能，占比13%。其中，2019年、2020年、2021年和2022年无效产能转有效产能分别为452万吨、586万吨、1127万吨和0万吨，占比分别为7%、9%、46%和0%（详见图2-5）。

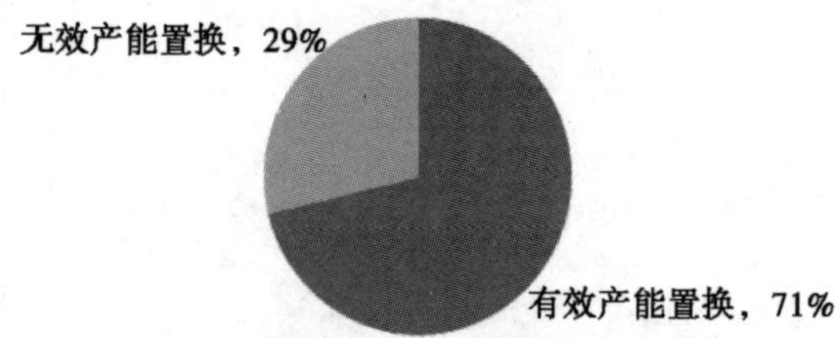

图2-4　无效产能置换占比29%

资料来源：Wind，川财证券研究所

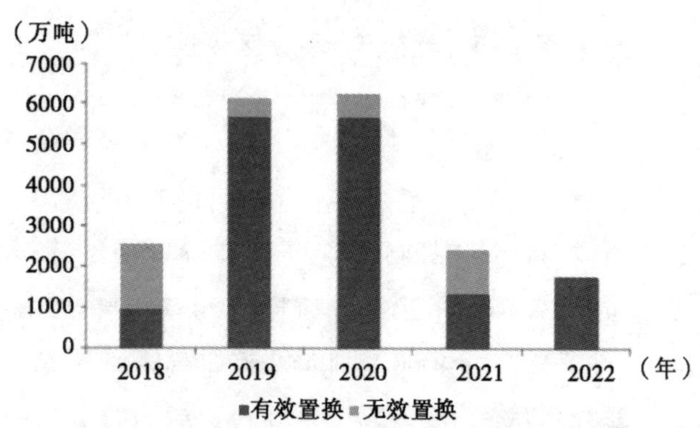

图2-5　2018—2022年每年粗钢产能置换量

资料来源：Wind，川财证券研究所

不考虑无效置换，从区域上看，通过置换后，除内蒙古、辽宁、安徽、新疆等地粗钢产能小幅（100 万吨）净流入外，河北、云南、山西、福建、江苏、湖北、山东等地均实现粗钢产能净流出（详见图 2－6）。其中，河北粗钢产能置换流出幅度最大，2019—2022 年累计流出 1180 万吨；其次为云南和山西，产能累计流出 500 万吨和 300 万吨；福建、江苏、河南、湖北、浙江产能累计流出约 100 万吨。从置换系数上看，湖南、浙江、山西、江苏、河北等省份置换比例均在 1.25∶1 以上（详见图 2－7），满足新规置换红线要求。

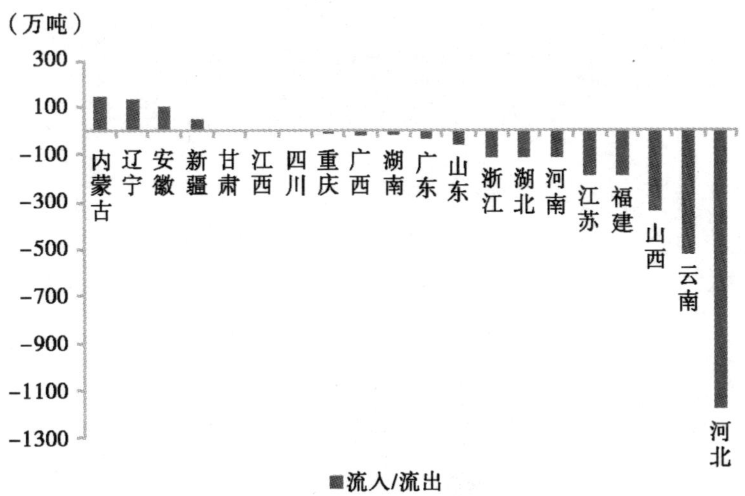

图 2－6　分区域粗钢产能流入/流出

资料来源：Wind，川财证券研究所

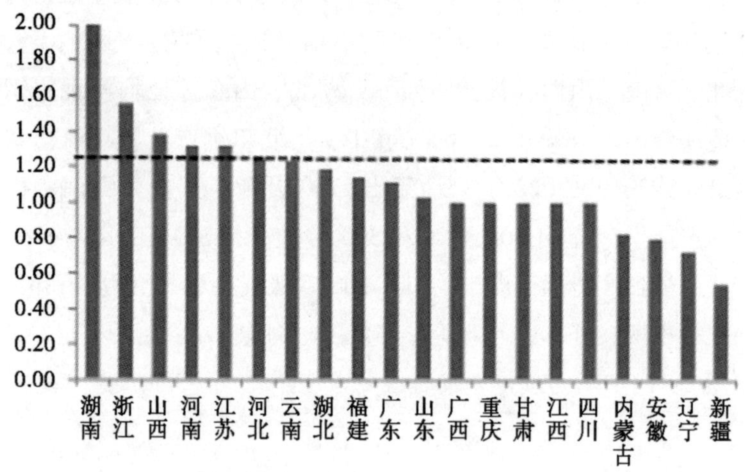

图 2－7　各省份粗钢产能置换系数

资料来源：Wind，川财证券研究所

其中，河北、福建、辽宁、山东、广西粗钢置换集中在2019 年和 2020 年，这部分置换量目前已经处于施工阶段（详见表 2－3）。内蒙古、云南等地粗钢置换集中在 2020 年以后（详见表 2－4、表 2－5、表 2－6），这部分置换量仍处于计划中，尚未动工。环境敏感区和区位优势强的省份先一步推进产能置换，其他地区多处于规划阶段，后续是否推行仍需要持续跟踪。

表 2－3　2019 年粗钢置换投产项目列表

单位：万吨

省份	项目名称	生铁产能	粗钢产能	开工时间	投产时间
河北	河北纵横集团丰南钢铁有限公司	–	256.67	–	2018 年 12 月
	冀南钢铁集团有限公司	232	270	2017 年 8 月	2019 年 12 月
	河钢集团有限公司	732	747	–	2019 年 12 月
	首钢京唐钢铁联合有限责任公司	439	400	–	2019 年 2 月
福建	福州吴航钢铁制品有限公司	–	200	–	2019 年 6 月
	福建鼎盛钢铁有限公司	–	402.5	2018 年 5 月	2019 年 9 月
安徽	芜湖新兴铸管有限责任公司	118	–	2018 年 12 月	2019 年 12 月
湖北	湖北立晋钢铁集团有限公司	–	200	–	2019 年 10 月
	武汉顺乐不锈钢有限公司	–	200	–	2019 年 10 月
辽宁	后英集团海城钢铁有限公司	244	–	–	2019 年 12 月
	鞍山宝得钢铁有限公司	115	–	–	2019 年 12 月
	海城市恒盛铸业有限公司	122	–	–	2019 年 12 月
山西	山西晋南钢铁集团有限公司	316	–	–	2019 年 12 月
浙江	宁波钢铁有限公司	213	–	2018 年	2019 年 5 月
山东	山东莱钢永锋钢铁有限公司	122	–	2018 年 5 月	2019 年 12 月
	山东钢铁集团永锋淄博有限公司	122	122	2018 年 5 月	2019 年 12 月
广西	柳州钢铁集团有限公司	1068	1470	2018 年	2019 年 12 月
	梧州市永达钢铁有限公司	–	140	–	2019 年 12 月
新疆	新疆闽新钢铁（集团）闽航特钢有限责任公司	–	111	2018 年 9 月	2019 年 2 月

资料来源：Wind，川财证券研究所

表 2－4　2020 年粗钢置换投产项目列表

单位：万吨

省份	项目名称	生铁产能	粗钢产能	开工时间	投产时间
河北	河北宝信钢铁集团有限公司	114	135	2018 年 8 月	2020 年 12 月
	首钢京唐钢铁联合有限公司	439	510	2018 年	2020 年 12 月
	迁安市九江线材有限责任公司	–	130	2019 年 6 月	2020 年 6 月
	唐山东海钢铁集团有限公司	–	113	1905 年 7 月	2020 年 12 月
	秦皇岛宏兴钢铁有限公司	–	226	2016 年 11 月	2020 年 12 月
	唐山东华钢铁企业集团有限公司	–	196	2019 年 3 月	2020 年 12 月
	唐山金马钢铁集团有限公司	–	196	2019 年 3 月	2020 年 12 月
	唐山瑞丰钢铁（集团）有限公司	178.5	–	–	2020 年 12 月
	石家庄钢铁有限责任公司	–	200	2018 年 12 月	2020 年 10 月
	唐山市丰南区经安钢铁有限公司	–	170	2019 年 6 月	2020 年 12 月
	唐山燕山钢铁有限公司	115	75	2019 年 6 月	2020 年 12 月
	唐山不锈钢有限责任公司	205	135	2019 年 3 月	2020 年 12 月
	河北唐银钢铁有限公司	266	230	2019 年 3 月	2020 年 12 月
福建	福建罗源闽光钢铁有限公司	233	140	2018 年 10 月	2020 年 6 月
	福建三安钢铁有限公司	–	228	2018 年 10 月	2020 年 6 月
	福建三宝钢铁有限公司	–	146	2018 年 10 月	2020 年 6 月
内蒙古	乌兰浩特钢铁有限公司	–	105	2019 年 8 月	2020 年 10 月
	内蒙古（奈曼）经安有色金属材料有限公司	–	139.9	–	2020 年 12 月
安徽	安徽省郎溪县鸿泰钢铁有限责任公司	–	110		2020 年 5 月
湖北	武汉钢铁集团鄂城钢铁有限责任公司	–	135	2019 年 2 月	2020 年 3 月

（续表）

省份	项目名称	生铁产能	粗钢产能	开工时间	投产时间
云南	云南永钢钢铁集团大钢钢铁有限公司	213	77	–	2020年12月
	云南天高镍业有限公司	244	95	–	2020年12月
	云南德胜钢铁有限公司	456	177	–	2020年12月
山西	山西宏达钢铁集团有限公司	–	122	2019年6月	2020年12月
	山西通才工贸有限公司	118	278	2019年6月	2020年12月
	山西中升钢铁有限公司	–	165	2019年6月	2020年12月
浙江	江苏众拓新材料科技有限公司	–	51.6	2019年4月	2020年12月
山东	古横特钢集团有限公司	504	456	2019年	2020年
江西	新余钢铁集团有限公司	–	100	–	2020年12月

资料来源：Wind，川财证券研究所

表2－5　2021年粗钢置换投产项目列表

单位：万吨

省份	项目名称	生铁产能	粗钢产能	开工时间	投产时间
河北	河北纵横集团丰南钢铁有限公司	–	256.67	–	2021年7月
福建	福建三宝钢铁有限公司	122	–	–	2021年3月
	荣兴（福建）特种钢业有限公司	90	–	2019年3月	2021年3月
内蒙古	包头市吉宇钢铁有限责任公司	–	105	2020年12月	2021年12月
江苏	常州东方特钢有限公司	155	–	–	2021年3月
安徽	安徽长江钢铁股份有限公司	–	110	2019年3月	2021年3月
湖北	湖北新冶钢有限公司	–	118	–	2021年2月
广东	宝钢湛江钢铁有限公司	402	–	–	2021年7月
	宝钢湛江钢铁有限公司	–	362.5	–	2021年3月

资料来源：Wind，川财证券研究所

表 2－6　2022 年粗钢置换投产项目列表

单位：万吨

省份	项目名称	生铁产能	粗钢产能	开工时间	投产时间
内蒙古	包头市大安钢铁有限责任公司	115	－	2020 年 12 月	2022 年 12 月
	包头市大安钢铁有限责任公司	－	105	2020 年 12 月	2022 年 12 月
江苏	中天钢铁集团有限公司	411	96	－	2022 年 6 月
安徽	马鞍山钢铁股份有限公司	－	150	2020 年 6 月	2022 年 12 月
山西	晋城福盛钢铁有限公司	230	345	2019 年 12 月	2022 年 12 月
	襄汾县新金山特钢有限公司	122	－	2019 年 9 月	2022 年 8 月
山东	山东钢铁股份有限公司莱芜分公司	608	615	2018 年 7 月	2022 年 12 月

资料来源：Wind，川财证券研究所

（2）转换目标以“高炉—高炉产能置换”为主，高炉平均容积将显著提升。

根据《河北工业转型升级“十三五”规划》要求，从 2015 年开始，河北省全面开展 450 立方米小高炉淘汰。全国对此虽没有强制性要求，但从实际置换方案来看，所有产能置换几乎全部关停 450 立方米小高炉，同时置换 1000 立方米容积以上高炉。

按炉型划分，此轮用以置换的高炉中，450—1000 立方米容积高炉占大多数，比例达到 54%，1000—2000 立方米容积高炉产能占比 33%，2000—3000 立方米容积高炉产能占比 9%，3000 立方米以上高炉占比仅有 1%，低于 450 立方米高炉占比

2%；置换后，1000—2000立方米容积高炉产能占比大幅提升至63%，2000—3000立方米容积高炉产能占比提升至15%，3000立方米以上高炉占比大幅提升至20%，低于1000立方米的高炉占比大幅降低至2%（详见图2-8、图2-9）。

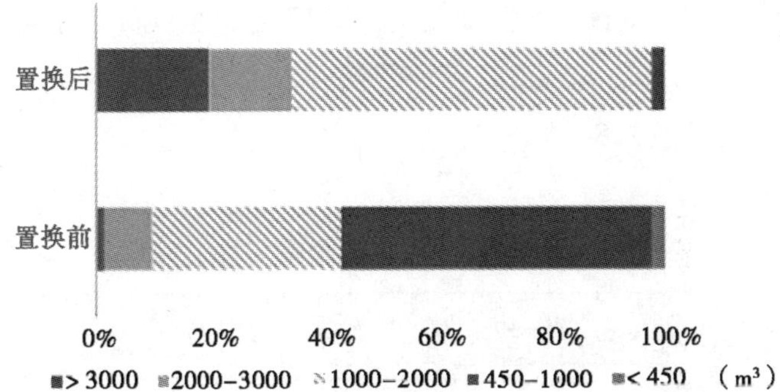

图2-8　置换前后中国高炉容积结构对比

资料来源：Wind，川财证券研究所

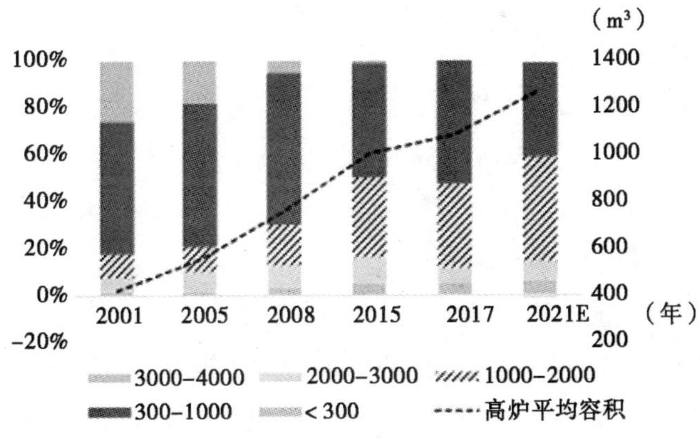

图2-9　单个高炉平均容积变化（2001—2021E）

资料来源：中国钢铁工业协会，川财证券研究所

经历此次产能置换后，全国高炉单炉平均容积明显提升。根据钢协统计，2001年，全国高炉单炉平均容积仅有420立方米，此后10年间通过新建高炉持续提升至1000立方米，并从2015年开始逐渐平稳（详见表2－7）。此轮大规模产能集中置换的重要特点在于"以小换大"，通过2—3年持续置换，全国高炉平均容积率进一步明显提升。2017年，全国高炉平均容积为1082立方米，经历此次产能置换后，2020—2021年高炉平均容积将提升至1280立方米。

表2－7　全国高炉容积分布（按个数）

高炉容积＼年份	2001	2005	2008	2015	2017	2021E
3000－4000m^3	4	9	19	39	40	48
2000－3000m^3	17	33	46	77	59	61
1000－2000m^3	29	48	89	239	305	328
300－1000m^3	153	260	332	342	450	296
<300m^3	72	75	27	7	0	－9
高炉平均容积	420m^3	550m^3	760m^3	1000m^3	1082m^3	1276m^3

资料来源：钢协，川财证券研究所

（3）电炉置换进程及规模。

在2019—2022年期间，粗钢置换模式以"高炉—高炉/电炉—电炉"为主，高炉置换为电炉的体量较少。尽管《钢铁行业产能置换实施办法》（以下简称《办法》）鼓励置换电炉，但考虑电炉成本长期高于高炉，市场化置换难以实现电炉替代。

经测算，通过2018—2022年的逐步置换，电炉产能累计增加2389万吨，置换系数接近1∶1，其中1292万吨置换量已经在2018年之前投产，2019—2022年电炉产能增量仅1097万吨。2389万吨置出量中，1739万吨来源于“高炉—转炉”流程置出，1928万吨源自电炉置出。根据调研了解，个别地区确实基于环境压力和经济增产的双重考量，采用在产高炉置换电炉。但考虑该置换不具备长期经济性，电炉增长预计已经进入瓶颈期。

从“高炉—电炉”成本价差来看，自从2018年以来，高炉炼钢成本低于电炉200—500元/吨。因此，尽管《办法》鼓励电炉置换，但受电炉成本（核心约束在于电费和废钢价格）长期高于高炉的现状约束，实际“高炉—电炉”置换量较少。在电费、废钢等原料和成本不发生结构性改善的前提下，电炉钢扩展空间受限（见图2－12）。

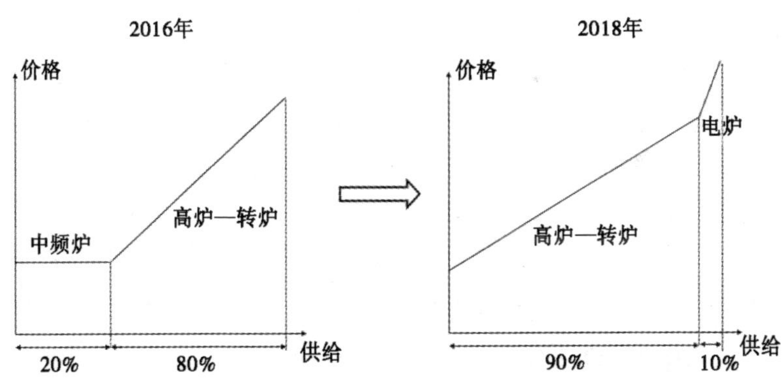

图2－10　全国钢厂成本曲线

资料来源：川财证券研究所

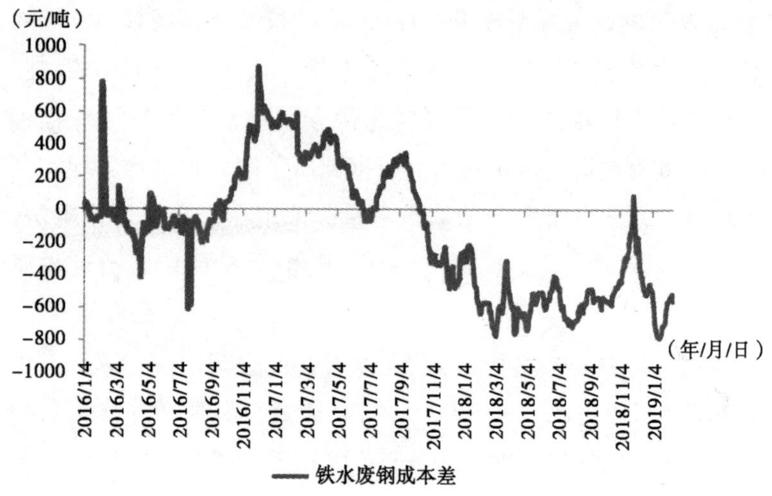

图 2－11　铁水废钢成本差

资料来源：Wind，川财证券研究所

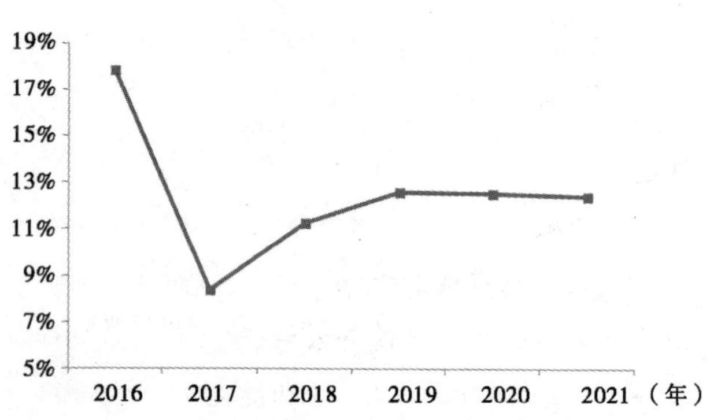

图 2－12　电炉产能占总产能比例

资料来源：工业和信息化部，Mysteel，川财证券研究所

根据工业和信息化部和 Mysteel 等机构产能测算，未来 2—3 年内，电炉产能占粗钢总产能比例基本维持在 12%。且从置

换节奏上看，大量的置换已经在2017—2018年完成，电炉置换已逐渐进入尾声。

二、钢铁去产能的长期积极意义

经历2019—2022年粗钢产能集中置换后，粗钢总量和结构性的变化将给钢铁产业上下游带来三点长期影响：钢铁行业产能集中度继续提升，优势企业规模效应加大；置换产能投产后，行业折旧费用和吨钢盈亏平衡点有所提升；高炉大型化集中提速，生产效率更高。

（一）行业集中度提升，产业布局加速优化——以河北为例

根据上文分析，此轮置换一是要求钢厂规模和利润行业居前；二是从环境敏感区转移至沿海等优势区域。产能转移和差异化扩张将导致行业产能集中度加速提升。沿海优势区域新建钢厂在低环境污染的同时，减少铁矿石、焦炭等运输成本，钢厂规模效应凸显。对比周边日本等国家，钢厂沿海布局不论从经济性还是从环保角度考虑，均成为未来钢铁产业布局的必然趋势（详见图2－13、图2－14）。

以周边相对成熟的日本钢铁产业为例。日本前五大钢厂分别为新日铁、JFE、住友金属、东京制钢和神户制钢。这几家钢厂粗钢产能占日本粗钢总产量的75%—80%；且日本钢厂生产基地全部布局沿海，并与周边形成差异化的产业集群。经历2019—2022年产能置换和搬迁后，中国粗钢产业布局不论从行

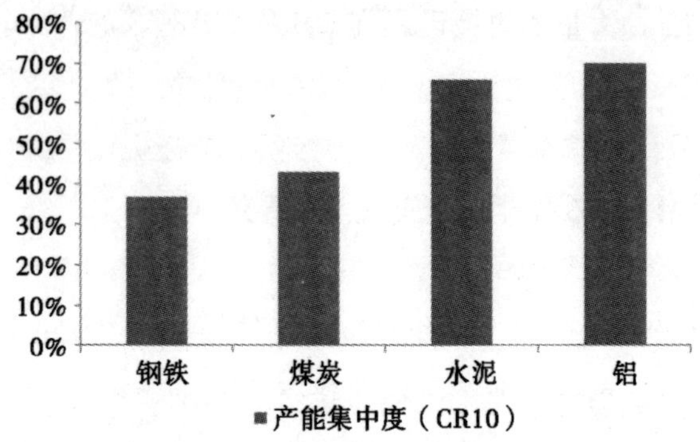

图2－13　周期行业产能集中度对比

资料来源：Wind，川财证券研究所

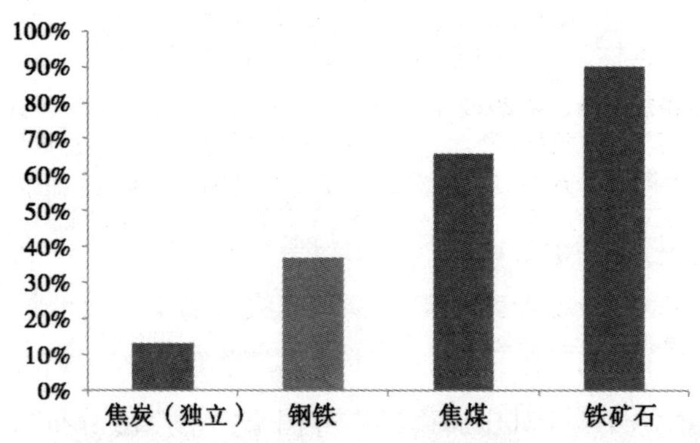

图2－14　钢铁行业上下游产能集中度对比

资料来源：Wind，川财证券研究所

业集中度还是区位布局上，均将得到明显改善。

上文分析，通过此轮置换，压缩产能最多的是河北省。我们以河北为例展示此次置换对于中国钢铁产业布局的影响。

根据《河北省钢铁行业去产能工作方案（2018—2020

年)》，河北省近三年钢铁产业将实现“两减、两降、四提高”（详见表2－8）。为此，河北省自2018年以来持续推进部分产能转移退出和钢厂减量置换。产能转移项目包括：文安县新钢钢铁公司（粗钢192万吨，地处廊坊，2019年年底前整体退出）；鼓励石家庄敬业钢铁集团部分产能省外转移（计划置出300万吨）。

表2－8　河北省钢铁行业去产能工作方案要求

两减	**钢铁产能减少，**2018年压减退出钢铁产能1000万吨以上，2019年压减退出1230万吨（初始目标为1000万吨左右，后修改），2020年压减退出1400万吨（初始目标为2000万吨左右，后修改），到2020年底全省钢铁产能控制在2亿吨以内 **钢铁企业减少，**2018年钢铁“僵尸企业”全部出清，钢铁冶炼厂点减至82个，企业减至63家，2019年钢铁冶炼厂点减至79个，企业减至62家，张家口、廊坊市钢铁产能全部退出，2020年钢铁冶炼厂点减至70个，企业减至60家左右
两降	**排放下降，**到2020年，钢铁行业节能减排水平全国领先，主要污染物排放指标达到或超过特别排放限值要求，冶炼固体废弃物利用和处置率达到100% **能耗下降，**吨钢综合能耗保持在570千克标准煤以下，单位工业增加值能耗持续优于全国平均水平
四提高	**产业集中度明显提高，**到2020年，前15家企业产能规模由2017年占全省的58.5%提高到90%以上（“2310”格局是指到2020年，形成以河钢、首钢两大集团为主导，以迁安、丰南、武安3个地方钢铁集团为支撑，10家特色钢铁企业为补充的产业格局。前15家企业产能规模占全省产能提高到90%） **装备水平大幅提高，**除特钢和符合《铸造用生铁企业认定规范条件》的铸造高炉外，钢铁行业转炉全部提高到100吨及以上、高炉全部提高到1000立方米以上 **中高端产品比重提高，**钢铁中厚板、专用板占板材比重由2017年的48.5%提高到60%以上，普通低合金钢、合金钢比重由2017年的17.7%提高到20%以上 **质量效益显著提高，**高强、耐腐、耐候、长寿命等优质钢材品种和高附加值钢铁新材料比重增加，企业效益持续高于全国平均水平，产业综合竞争力全面提升

资料来源：河北省工业和信息化厅，川财证券研究所

钢厂减量置换及整合主要项目包括：河钢集团产业升级、宣钢产能转移、河钢集团石钢环保搬迁、冀南钢铁重组搬迁改造、太行钢铁重组搬迁改造、首钢京唐二期一步等（详见表2－9）。重点项目共通过置换压缩粗钢产能842万吨，生产区域从主城区搬迁至沿海、工业园区等区域。

表2－9　河北省重点粗钢产能置换规划

单位：万吨

项目名称	置入地区	置出地区	开工时间	搬迁时间	压缩产能
河钢产业升级及宣钢产能转移	河北乐亭经济开发区（京唐港区）	唐山市区、承德、宣化	2018年4月	2019年年底	292
首钢京唐二期一步	河北曹妃甸	北京	2015年	2019年2月	149
石钢环保搬迁	石家庄井陉矿区	石家庄市区	2018年	2020年年底	115
冀南钢铁重组搬迁改造	武安青龙山工业园区	武安、霸州	2017年8月	2019年年底	142
太行钢铁重组搬迁改造	邯郸南洺河工业园区	武安	2016年	2020年年底	144

资料来源：河北省工业和信息化厅，川财证券研究所

（二）钢铁行业长期盈亏平衡点有所提升

假设钢厂原料价格不变，不考虑技术创新带来的规模效应（管理费用、生产费用降低，生产效率提高），吨钢折旧费用的提高，意味着这部分钢厂置换后吨钢盈亏线，较置换前提升76—100元/吨。

经历2017—2018年供给侧结构性改革之后，钢铁全行业利润和资金十分充裕，产能集中置换对行业资金影响有限。但随着未来2—3年内置换产能陆续投产，新产能所要求的吨钢盈亏线较置换前明显提升。

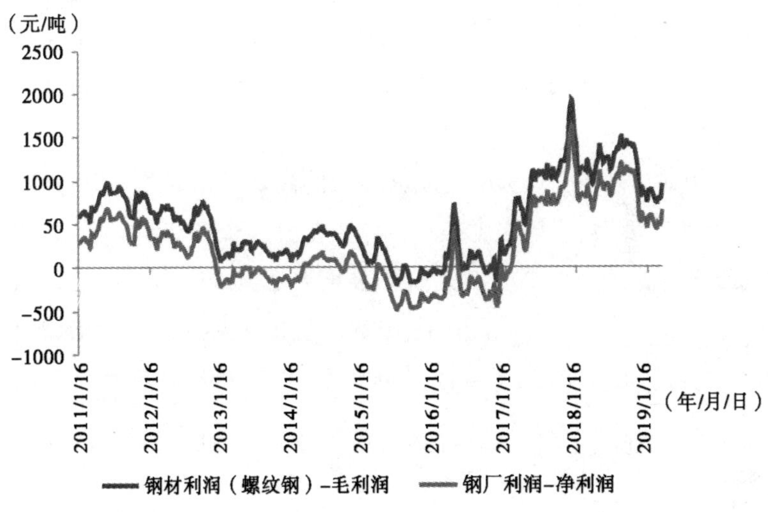

图2－15　钢厂长期利润（行业毛利润、净利润）

资料来源：Wind，川财证券研究所

（三）高炉大型化，生产效率得以大幅提升，同时对优质焦煤的需求也将提升

上文所述，此轮大规模产能集中置换的重要特点在于“以小换大”，通过2—3年持续置换，全国高炉平均容积率进一步明显提升。2017年，全国高炉平均容积为1082立方米，经历此次产能置换后，高炉平均容积在2020—2021年间将提升至1280

立方米。

高炉大型化趋势下，对原料端主焦煤需求推升相对确定。高炉平均容积越大，对应的对焦炭反应强度（CSR）的要求越高（焦炭反应强度是指在高炉中反应后的焦炭在机械力和热应力作用下抵抗碎裂和磨损的能力）。在焦炭生产中，主焦煤的配比量是影响焦炭反应强度的核心因素之一，主焦煤配比量与焦炭反应强度存在明显的正相关性，高炉生产对焦炭反应强度的提升促使对主焦煤的需求增长。

例如，理论上，450 立方米容积的高炉要求焦炭 CSR 强度在 55（二级焦），该强度焦炭生产中主焦煤配备 20%。而 3000 立方米容积的高炉要求焦炭 CSR 强度要达到 63（一级焦），该强度焦炭生产中主焦煤配比在 50% 以上（详见图 2－16、图 2－17）。同样粗钢产能下，假设高炉容积从 450 立方米置换至

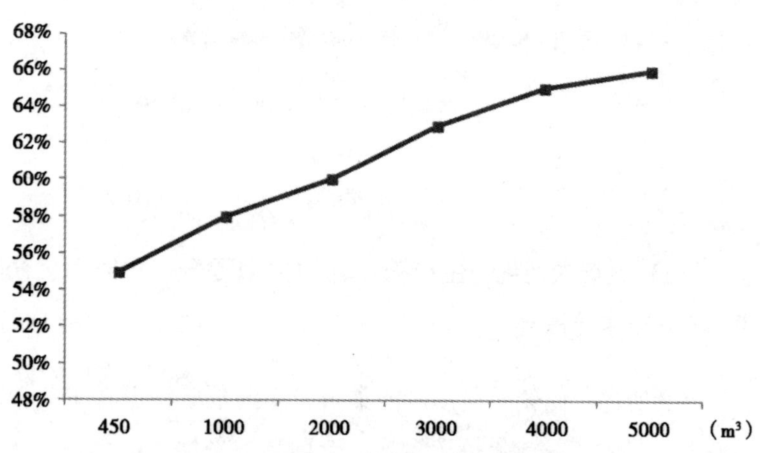

图 2－16　高炉容积对应焦炭 CSR 需求强度

资料来源：Wind，川财证券研究所

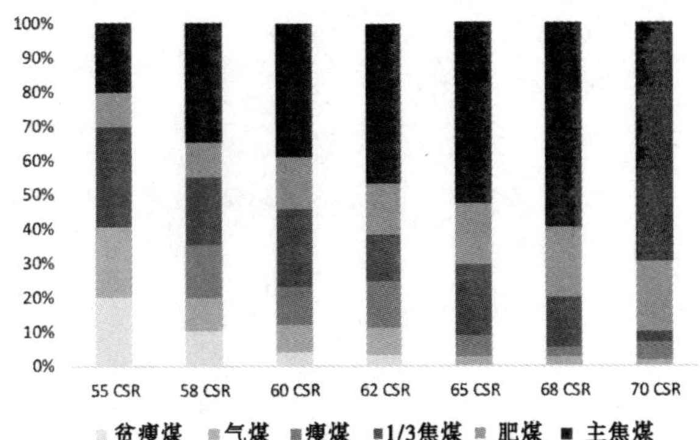

图 2－17 焦炭不同 CSR 强度煤种配比结构

资料来源：Wind，川财证券研究所

3000 立方米，对应主焦煤需求量提升 30%。上文所述，近年发布的产能置换方案多从 450 立方米小高炉置换至 1000 立方米以上高炉，对应焦煤需求量近似增加 10%。

在资源结构上，我国焦煤整体储备虽较为丰富，但主要集中在贫瘦煤等配煤上，主焦煤十分稀缺。近年来，进口焦煤成为满足国内焦煤供给缺口的重要手段，中国进口焦煤依赖度持续提升（详见图 2－18、图 2－19）。进口焦煤依赖度从 2015 年的 9% 持续提升至 2018 年的 14%，且进口煤多以低硫优质主焦煤为主，以弥补国内焦煤结构性缺口。

中国优质主焦煤主要来自澳大利亚、外蒙古和俄罗斯。2018 年年末以来，随着澳煤进口受阻、国内山西等地煤矿安监检查趋严，优质主焦煤稀缺性逐步凸显。伴随 2019—2022 年高炉大型化置换开启，主焦煤资产稀缺性将逐步递增。

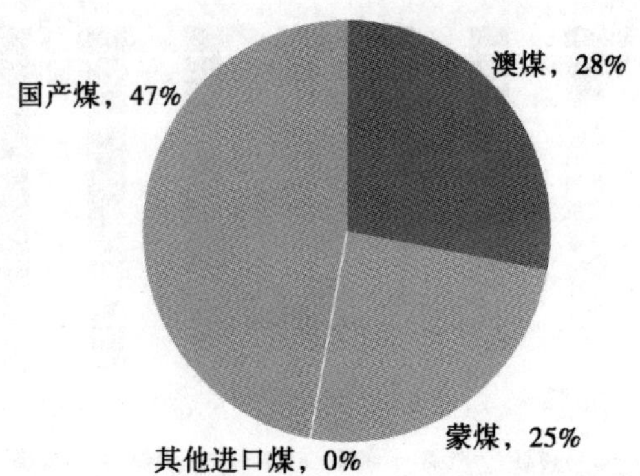

图 2－18　我国低硫主焦煤供应分布（2018）

资料来源：Wind，川财证券研究所

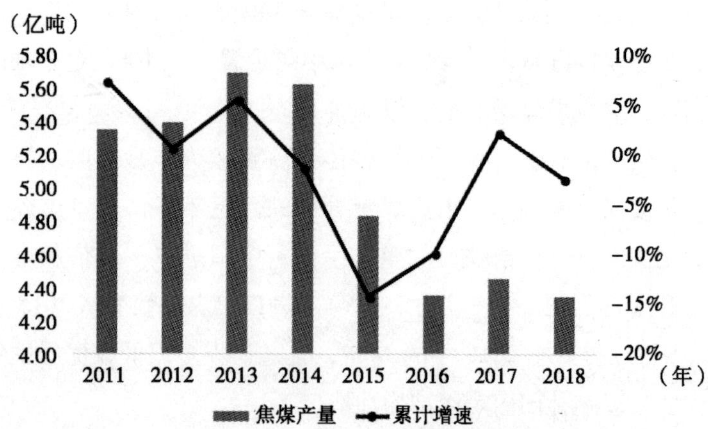

图 2－19　国产焦煤供应增速

资料来源：Wind，川财证券研究所

三、供给侧结构性改革倒逼重组提速

在钢铁兼并重组方面，国务院出台了46号顶层设计方案，大力推动钢企兼并重组。2016年9月，国务院发布了主要针对钢铁行业兼并重组的46号文件《关于推进钢铁产业兼并重组处置僵尸企业的指导意见》，46号文件是钢铁行业去产能、结构优化调整的顶层设计方案。该方案设定的总目标是，到2025年，中国钢铁产业60%—70%的产量将集中在10家左右的大集团内，其中包括8000万吨级的钢铁集团3—4家、4000万吨级的钢铁集团6—8家和一些专业化的钢铁集团，例如无缝钢管、不锈钢等专业化钢铁集团。围绕这一总目标，钢铁产业兼并重组从2016—2025年将分三步走：第一步是到2018年，将以去产能为主，该出清的出清，同时，对下一步的兼并重组做出示范，例如2017年宝钢、武钢的兼并重组；第二步是2018—2020年，完善兼并重组的政策；第三步是2020—2025年，大规模推进钢铁产业兼并重组。

为了响应国务院关于钢企兼并重组的号召，国资委和各地政府均积极加快央企、国企深度调整重组步伐，积极推进钢铁企业兼并重组。国资委明确指出要加强顶层设计，继续推进中央企业集团层面重组；稳妥推进煤电、重型装备制造、钢铁等领域重组。探索海外资产整合，同时将推动中央企业以优势龙头企业和上市公司为平台，加强企业间相同业务板块的资源整合，支持中央企业之间通过资产重组、股权合作、资产置换、无偿划转、战略联盟、联合开发等方式，将资源向优势企业和企业主业集中。

第二节 行业集中度：从煤炭行业看供给侧结构性改革的趋势

我们深入观察发生在煤炭行业的供给侧结构性改革可以发现，在监管层的推动下，煤炭行业的供给侧结构性改革持续推进，并趋于细化，即去产能工作要求更具体，同时通过产能置换积极发展先进产能。

一、煤炭行业供给侧结构性改革进程

2016 年 2 月，国家发改委提出去产能目标，并在当年 3 月颁布减量化生产政策，即 276 工作日制度。276 工作日制度对煤炭产量的增长起到了显著的制约作用，并直接带来 2016 年煤炭产量大幅下降，这就使得此前煤炭产业供大于求的格局产生了反转，并造成了煤价的快速回升。

2016 年 9 月，为了抑制煤价过快上涨，发改委发布了《关于稳定煤炭供应、抑制煤价过快上涨工作预案》（以下简称《预案》）。《预案》分为三级、二级、一级响应机制，其中三级响应，是指环渤海动力煤价格上涨到 460 元/吨以上且连续两周上涨，将日均增产 20 万吨；二级响应是指动力煤价格上涨到 480 元/吨，则日均增产 30 万吨；一级响应是指当动力煤价格上涨到 500 元/吨时，则日均增产 50 万吨。后又在“保障冬季煤炭稳定供应全国电视电话会议”上出台了新的政策，对符合一定条件的煤矿，可以在276—330个工作日之间释放产能。

2017年，由于煤价的持续高位，煤炭供给侧结构性改革也出现了政策调整。2017年3月，发改委相关领导表态目前的煤价水平不再实行276工作日制度。至此，一刀切的控产量政策退出，但去产能的进度持续推进。2017年4月，发改委通知上报核增产能，加快产能置换进度。

2017年8月，发改委在《推动煤炭去产能工作再上新台阶》中提到，“上半年共退出煤炭产能1.11亿吨，完成全年任务的74%。”

2017年10月31日，在国家能源局新闻发布会上，发展规划司副司长宣布了2017年煤炭去产能工作再次超额完成年度1.5亿吨的去产能目标任务，去产能工作连续两年超预期提前完成。

在去产能的过程中，去产能工作计划对去产能的标准提出了更细化的要求，去产能的方式和目标也将更加明确（详见表2-10）。从区域上看，去产能的主要区域在中部地区及东北地区。煤炭去产能地域差别明显，退出产能较多集中在河南、山西等中部地区和辽宁等东北地区，这与煤炭工业发展“十三五”规划中优化生产开发布局部分提到的全国煤炭开发总体布局是压缩东部、限制中部和东北、优化西部基本一致。

2017年煤炭去产能实施方案进一步明确产能退出标准。方案明确指出，加快退出违法违规和不达标的煤矿，加快退出安全保障程度低、风险大的煤矿，加快淘汰落后产能煤矿，以及引导不符合相关标准的煤矿有序退出（详见表2-11、表2-12）。

表 2－10 煤炭供给侧结构性改革关键措施

日期	关键措施
2016 年 2 月 5 日	国务院印发《国务院关于煤炭行业化解过剩产能实现脱困发展的意见》，正式提出从 2016 年开始，用 3 至 5 年的时间，再退出产能 5 亿吨左右、减量重组 5 亿吨左右，较大幅度压缩煤炭产能；煤炭去产能发令枪打响
2016 年 3 月 21 日	多部委联合发布《关于进一步规范和改善煤炭生产经营秩序的通知》，明确从 2016 年开始，全国所有煤矿按照 276 个工作日重新确定生产能力；减量化生产制度一经推出对煤炭供给产生较大影响
2016 年 9—10 月	为了抑制煤价过快上涨，发改委先后启动了煤炭三级、二级、一级响应机制，分别日增加煤炭产量 20 万吨、30 万吨、50 万吨。后又在“保障冬季煤炭稳定供应全国电视电话会议”上出台了新的政策，对符合一定条件的煤矿，可以在 276—330 个工作日之间释放产能，期限暂定为 2016 年 10 月 1 日—12 月 31 日
2017 年 3 月	国家发改委公开表示，2017 年已没有必要大范围实施煤矿减量化生产措施
2017 年 4 月	发改委等部委印发《关于做好符合条件的优质产能煤矿生产能力核定工作的通知》，上报核增产能，加快产能置换进度；印发《关于加快签订和严格履行煤炭中长期合同的通知》，要求进一步提高长协煤合同量、重点督查电煤合同的履约情况、对签约量占比或履约量占比不达要求的煤电企业强化惩戒
2017 年 8 月	发改委在《推动煤炭去产能工作再上新台阶》中提到，“上半年共退出煤炭产能 1.11 亿吨，完成全年任务的 74%。”
2018 年年初	国家煤矿安监局提出，2018 年年底，晋陕蒙宁年产 30 万吨以下、冀辽吉黑豫甘青新年产 15 万吨以下、其他地区年产 9 万吨及以下煤矿，要纳入去产能计划，做到应退尽退；2018 年，推动年产 9 万吨及以下小煤矿原则上全部“淘汰退出”（分差别退出），下一步，国家将研究提高南方地区煤矿退出标准
2019 年年初	2019 年重点抓好结合供给侧结构性改革，基本淘汰 9 万吨以下煤矿
2019 年 9 月	力争到 2021 年年底，全国年产 30 万吨以下的煤矿数量由 2100 处减少至 800 处以内

资料来源：根据相关政府文件整理，川财证券研究所

表 2－11　各省 2017 年煤炭去产能计划

单位：万吨

地区	相关政策	2017 年产能目标
山西	施行“三去一降一补”，2017 年关闭退出煤炭产能 2000 万吨左右	2000
内蒙古	按照“应退尽退、能退早退”的原则落实煤炭行业去产能目标，目标退出煤矿 16 处、产能 810 万吨	810
陕西	2017 年陕西《政府工作报告》中提出加快淘汰不达标煤矿，推动钢铁企业重组，关停整改无望的水泥企业	2000
山东	2017 年化解煤炭过剩产能 351 万吨，主要退出山东能源龙矿集团北皂煤矿，产能为 225 万吨	351
河南	2017 年、2018 年压减煤炭产能 3866 万吨；2017 年，压减煤炭产能 2000 万吨，2018 年，压减煤炭产能 1850 万吨以上，全面完成国家下达的煤炭行业化解过剩产能任务	2000
黑龙江	全省退出煤矿 5 处、产能 76 万吨	76
辽宁	全省 2017 年化解煤炭过剩产能目标任务：关闭退出煤矿 185 处，化解煤炭产能 1019 万吨。其中省属国有煤矿 1 处，产能 60 万吨；地方煤矿 184 处，产能 959 万吨	1019
河北	河北省率先开展了煤炭产能指标市场化公开交易，结合参与指标交易增加关闭退出煤矿情况，对 2017 年关闭（产能退出）煤矿公示名单进行调整，原公示关闭退出煤矿 13 处、年产能 941 万吨，调整为关闭退出煤矿 27 处、年产能 1187 万吨（含续退）	1187
四川	化解煤炭产能 1300 万吨，重点引导属于落后产能的小煤矿、年生产能力小于 9 万吨的煤矿、不能实现机械化开采的煤矿等 10 类小煤矿关闭退出	1300
吉林	关停 15 万吨以下煤矿，压减煤炭产能 314 万吨	314
甘肃	甘肃省 2017 年计划关闭退出煤矿 10 处，退出产能 240 万吨；10 处退出关闭煤矿中年产能在 45 万吨以上的有 3 处	240
青海	压减 132 万吨煤炭产能	132
北京	北京市煤矿将于 2020 年以前全部关闭退出，2017 年门头沟木城涧矿关掉，2018 年大台矿关掉，2019 年房山的大安山矿关掉	–

资料来源：各省工作报告，川财证券研究所

表 2－12　各地区 2016—2019 年去产能完成和计划明细

产出单位：万吨

地区	2016 年完成		2016 年计划		2017 年完成		2017 年计划		2018 年完成		2018 年计划		2019 年计划	
	产能	个数	产能	个数	产能	个数	产能	个数	产能	个数	产能	个数	产能	个数
央企	3512	53	3497	52	2703	–	2473	–	1265	–	340	–	–	–
山西	2325	25	2000	21	2265	27	1740	18	3090	–	2330	36	1895	18
河南	2388	100	2215	89	2012	101	2000	100	465	10	750	20	549	5
贵州	2107	121	1897	100	1749	120	1500	120	1038	74	1000	70	1617	95
河北	1400	54	1309	50	1125	32	755	10	1401	30	1062	17	1003	28
山东	1960	66	1625	58	452	5	351	5	465	10	465	10	162	4
内蒙古	330	10	330	10	810	16	120	4	1110	22	1110	22	400	12
黑龙江	1010	15	983	15	76	5	292	4	1093	207	207	4	–	–
陕西	2934	62	1824	42	96	5	75	3	183	8	581	21	210	78
合计	35401	2133	29378	1646	18861	1039	16120	891	18141	1022	14278	649	6830	287

资料来源：Wind，川财证券研究所

应该被淘汰的落后产能的煤矿标准是晋陕蒙宁等 4 个地区年产 30 万吨以下（不含 30 万吨），冀辽吉黑苏皖鲁豫甘青新等 11 个地区年产 15 万吨以下（不含 15 万吨），其他地区年产 9 万吨及以下（含 9 万吨）的煤矿。

2018 年，煤矿安监局要去“推动年产 9 万吨及以下小煤矿原则上当年内全部淘汰退出”（分差别退出），下一步，国家将研究“提高南方地区煤矿退出标准”。2019 年初提出“建议当年重点抓好以下工作：结合供给侧结构性改革，基本淘汰 9 万吨以下煤矿”。2019 年 9 月提出“力争到 2021 年底，全国年产 30 万吨以下煤矿数量由 2100 处减少至 800 处以内”。据测算，到

2021年年底前仍有将近5000万吨产能需退出，去产能仍在路上。

煤炭行业通过产能置换淘汰落后产能增加优质产能，这标志着供给侧结构性改革进入新阶段。发改委于2017年4月出台了《关于进一步加快建设煤矿产能置换工作的通知》（内容详见表2－13），通知中明确指出要建立煤炭产能置换长效机制，鼓励跨省（区、市）实施产能置换、鼓励实施兼并重组、鼓励已核准（审批）的煤矿建设项目通过产能置换承担化解过剩产能任务，稳妥有序推进煤炭去产能，严格落实新建煤矿减量置换的要求，支持地方统一实施产能置换，加强煤炭产能置换指标交易服务。明确提出加快产能置换，淘汰落后产能、发展优势产能，优化煤炭供给结构，煤炭供给侧结构性改革进入新阶段。

表2－13　进一步加快煤矿产能置换工作的通知内容

政策	适用类型	实施标准
建立煤炭产能置换长效机制	对于国发［2016］7号文件印发前手续不全，又确需继续建设的煤矿项目	严格执行减量置换政策
	对于国发［2016］7号文件印发前已核准的在建煤矿项目	按照发改能源［2016］1602号文件要求承担化解过剩产能任务
鼓励跨省（区、市）实施产能置换	建设煤矿使用其企业关闭退出产能指标	由建设煤矿向关闭退出煤矿在职工安置或资金方面提供必要的支持
	关闭退出煤矿与建设煤矿位于不同省（区、市）的	签订协议进行交易的置换产能指标，按发改能源［2016］1602号等文件折算后产能的130%计算

（续表）

政策	适用类型	实施标准
鼓励实施兼并重组	鼓励煤炭企业跨行业、跨地区、跨所有制实施兼并重组	实施兼并重组后，主体企业建设煤矿项目使用兼并重组企业产能指标的，置换产能指标按发改能源［2016］1602号等文件折算后产能的130%计算
鼓励已核准（审批）的煤矿建设项目通过产能置换承担化解过剩产能任务	国发［2016］7号文件印发前使用其他企业产能指标的	置换产能指标按发改能源［2016］1602号等文件折算后产能的130%计算
稳妥有序推进煤炭去产能；在确保按计划完成化解过剩产能任务的前提下	超出全国去产能任务比例以上的省（市、区），已纳入2017—2020年化解煤炭过剩产能实施方案内的关闭退出煤矿，经企业申请不享受中央财政奖补资金的	可作为实施方案以外的产能置换指标使用
	未超出全国去产能任务比例以上的省（市、区），已纳入2017—2020年化解煤炭过剩产能实施方案内的关闭退出煤矿，经企业申请不享受中央财政奖补资金的	可按80%折算作为实施方案以外的产能置换指标用

（续表）

政策	适用类型	实施标准
支持地方统一进行产能置换	对部分产能煤矿数量多、产能规模小的地区	由省级政府有关部门组织征得关闭退出煤炭企业同意的书面意见后，统一开展产能置换指标交易，签订产能置换协议，收益统筹用于本地区煤炭去产能相关工作
	2016 年已通过验收抽查、财政奖补资金已拨付的关闭退出煤矿	在省级政府承诺承担因产能指标交易引发的法律后果后，指定省级政府有关部门统一开展产能置换指标交易
加强煤炭产能置换指标交易服务	–	鼓励地方政府建立煤炭产能置换指标交易平台，发布产能交易指标信息，为产能置换创造有利条件
		省级有关部门可结合去产能奖补标准发布本区域产能指标交易指导价，引导建设煤矿和退出煤矿通过自主协商，签订产能置换指标交易协议

资料来源：《关于进一步加快建设煤矿产能置换工作的通知》，川财证券研究所

我们对新增产能做汇总统计，预计2019—2024年投产产能分别为1.2、1.7、1.0、0.7、0.5、0.1亿吨，其中“十三五”合计投产9.2亿吨，但投产高峰将逐步进入尾声，而“十四五”开始新增产能较为有限。

随着供给侧结构性改革的推进，煤炭行业整合趋势亦有所加剧。在中长期政策指导下，煤企合并将会是煤炭企业发展的大方向。在我国现阶段针对煤炭产业供给侧结构性改革的相关文件中，监管层多次明确指出要促进行业兼并重组，推动煤炭企业合并，提升产业集中度，从而弱化煤炭供给市场上的竞争，增强煤炭行业对于下游企业的议价能力。

中长期煤企兼并重组成主旋律。《煤炭工业发展“十三五”规划》明确提出，支持优势煤炭企业兼并重组，培育大型骨干企业集团，提高产业集中度。支持山西、内蒙古、陕西、新疆等重点地区煤矿企业强强联合，组建跨地区、跨行业、跨所有制的特大型煤矿企业集团，推动煤炭生产要素在全国范围内的优化配置。同时“十三五”规划也在集约发展方面设置目标：要求煤炭生产开发进一步向大型煤炭基地集中，到2020年，大型煤炭基地产量占95%以上；要求产业集中度进一步提高，到2020年煤炭企业数量为3000家以内，5000万吨级以上大型企业产量占60%以上。

二、供给侧结构性改革对煤炭行业的影响

我国主焦煤资源相对稀缺，主焦煤产量在炼焦煤中占比在30%左右（详见图2－20）。炼焦煤是一种烟煤，在焦炉炼焦条

件下可以结焦，用于生产一定质量焦炭的原料煤统称为炼焦煤。焦煤主要分为主焦煤、气煤、气肥煤、1/3 焦煤、肥煤、瘦煤、贫瘦煤等七个煤种，习惯上将主焦煤以外的炼焦煤种称为配焦煤。主焦煤是一种结焦性最好的炼焦用煤，它的碳化程度高、黏结性好，加热时能产生热稳定性很高的胶质体，如用焦煤单独炼焦，能获得块度大、裂纹少、强度高、耐磨性好的优质焦炭。但由于主焦煤资源相对稀缺、价格昂贵，在炼焦时通常加入肥煤、瘦煤、贫瘦煤等其他配焦煤种来降低生产成本。我国焦煤资源不足，主焦煤尤其稀缺。从储量来看，我国焦煤储量占煤炭储量的 10%，而主焦煤仅占煤炭储量的 2.4%；从产量来看，2018 年，我国主焦煤产量为 1.38 亿吨，占炼焦精煤总产量的 31%（详见表 2－14）。

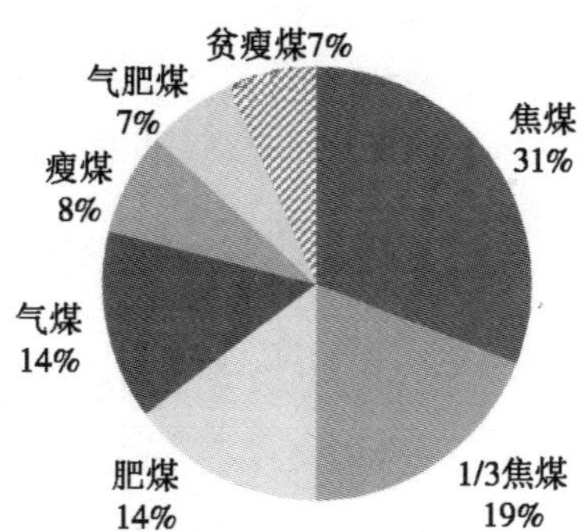

图 2－20　中国焦煤产量——分品种

资料来源：Wind，川财证券研究所

表 2－14　中国主要炼焦煤矿区资源和性质

单位：亿吨

地区	矿区名称	所在地区	资源储量	煤种	原煤灰分 Ad（%）	原煤硫分 St，d（%）
山西	离柳	临县、离石市、柳林县	203.1	1/3 焦煤、肥煤、焦煤、瘦煤	19.01－25.95	0.49－2.92
	乡宁	乡宁县，吉县、蒲县	171.3	焦煤、肥煤、瘦煤	19.34－29.49	0.49－5.97
	西山	古交市、交城县，清徐县	185.3	肥煤、焦煤、瘦煤、贫瘦煤	19.99－32.09	0.51－2.83
	霍州	洪洞、临汾、霍州市	266.5	1/3 焦煤、肥煤、瘦煤、贫瘦煤	13.43－32.51	0.35－2.86
	霍东	沁源、古县	91.2	焦煤、瘦煤、贫瘦煤	12.99－32.33	0.41－2.73
山东	巨野	巨野、梁山、郓城县及菏泽市	64	肥煤、1/3 焦煤、气煤	13.13－15.57	0.54－4.06
	兖州	兖州、邹县	33	气煤、气肥煤	12.0－23.96	0.55－3.58
安徽	淮北	萧县、痢日县、淮北、宿州、亳州市	98.4	气煤、1/3 焦煤、肥煤、焦煤、瘦煤	6.00－39.45	0.10－6.74
河北	邯郸	邯郸市、邢台市	53	肥煤、焦煤、瘦煤、贫瘦煤	14.50－28.06	0.46－2.51
	开滦	唐山市	66	气煤、1/3 焦煤、肥煤、焦煤	11.85－23.94	0.51－3.68
河南	平顶山	平顶山、许昌、汝州、熏县、汝阳县	75	气煤、1/3 焦煤、肥煤、焦煤	8.72－35.50	0.24－7.58
贵州	盘江	盘县	102	肥煤、1/3 焦煤、气煤、焦煤、瘦煤	8.92－27.73	0.22－3.37
	水城	水城县	113	气煤、1/3 焦煤、肥煤、焦煤、瘦煤	15.0－25.0	1.0－4.5
黑龙江	七台河	七台河市	11.5	1/3 焦煤、焦煤、瘦煤	20－30	0.27－0.50
	鸡西	鸡西市、鸡东县、穆棱县	25.5	1/3 焦煤、焦煤	17.0－36.0	0.40－0.80
云南	恩洪、庆云	富源县	19.4	1/3 焦煤、焦煤、瘦煤	16.02－26.20	0.19－3.65

资料来源：《中国主要炼焦煤矿区资源储量、煤种及煤质介绍》，川财证券研究所

（一）进口焦煤成为满足国内焦煤供给缺口的重要手段

近年来中国进口焦煤依赖度提升，低硫主焦煤进口依赖度更强（详见图 2－21）。由于我国焦煤储量不足（详见图 2－22），且产量增长潜力有限，进口焦煤成为满足国内焦煤供给缺口的重要手段。近年来，中国进口焦煤依赖度持续提升。国产煤比例从 2015 年的 91% 持续下降至 2018 年的 86%。蒙煤加澳煤占比从 2015 年的 7.2% 提升至 11.5%。低硫主焦煤进口依赖度更强，截至 2018 年，大约 47% 的低硫主焦煤为国产，其余均来自进口。

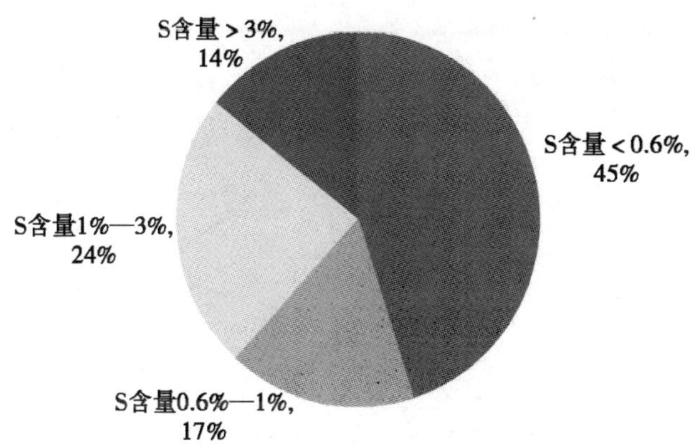

图 2－21　中国焦煤含硫量分布

资料来源：CNKI，川财证券研究所

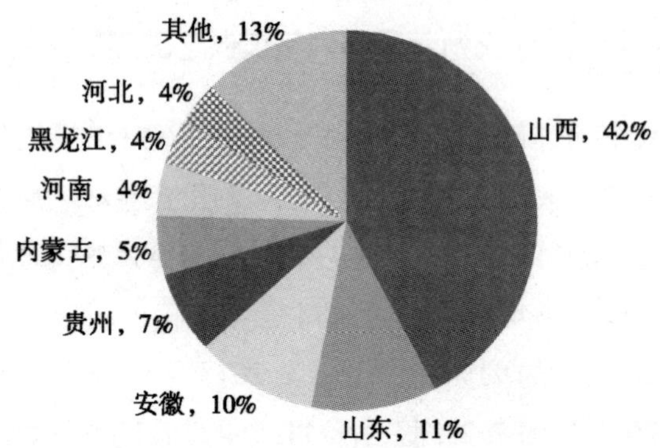

图 2－22　中国焦煤产量——分地区

资料来源：Wind，川财证券研究所

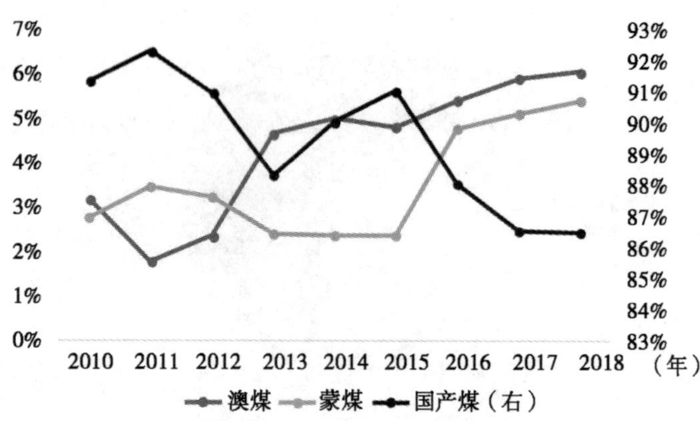

图 2－23　中国焦煤供应变动趋势

资料来源：Wind，川财证券研究所

国内进口焦煤主要来自澳大利亚和蒙古。中国焦煤 2018 年需求量为 5.7 亿吨，其中 86% 为国产煤，14% 为进口煤。进口煤以澳煤、蒙煤为主。2017 年，国内从澳大利亚进口焦煤 3098

万吨，占总进口量的44.3%；从蒙古进口焦煤2627万吨，占总进口量的37.6%。

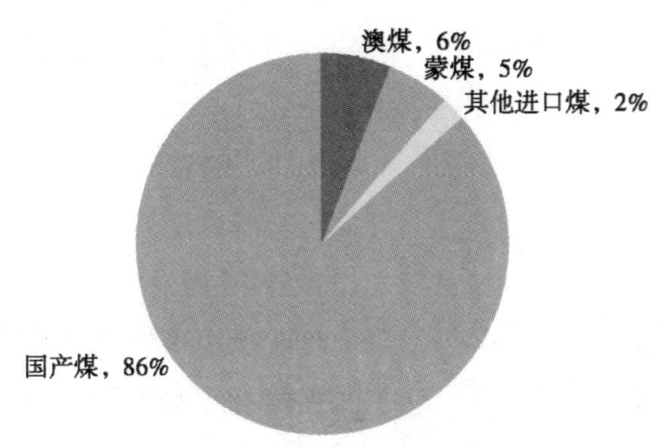

图2－24　中国焦煤供应来源

资料来源：CNKI，川财证券研究所

（二）未来国内焦煤供给呈收缩趋势

国内焦煤产能收缩趋势不减，焦煤短缺格局或将进一步加剧。整体看，未来国内焦煤供给呈收缩趋势，主要原因来自以下三方面：①山西柳林地区联盛、凌志事件后，低硫焦煤快速枯竭；②山东省印发《山东省煤炭行业加快新旧动能转换实现转型升级实施意见的通知》，提出到2022年省内煤炭产能压减到1.3亿吨以下，煤炭产量力争控制在1亿吨左右，其中在2019—2020年集中关退产能1117万吨，预计未来几年，山东省炼焦煤产量将显著下滑；③黑龙江地区自2018年6月开始关闭年产能15万吨以下的小煤矿，其中不乏部分焦煤矿，区域焦煤产能收缩明显。

（三）高炉大型化推升主焦煤需求

在焦炭生产中，主焦煤的配比量是影响焦炭反应强度的核心原因，主焦煤配比量与焦炭反应强度存在明显的正相关性，高炉生产对焦炭反应强度的提升促使主焦煤需求长足增长。

焦炭是指炼焦煤在隔绝空气的条件下，加热到950℃－1050℃，经过干燥、热解、熔融、黏结、固化、收缩等阶段（高温干馏），最终制成焦炭。焦炭根据用途不同可分为三类：冶金焦炭、气化焦炭、电石用焦炭。炼焦煤是对可以应用于炼焦炭的所有煤种的统称，并非单指特定煤种，包括焦煤、瘦煤、气煤和肥煤等。

焦化产品中，80%为焦炭，20%为粗苯、煤焦油、焦炉煤气等其他焦化产品（详见图2－25）。焦炭下游中，有86.7%用于冶炼生铁，13.3%用于生产电石有色金属等其他行业。

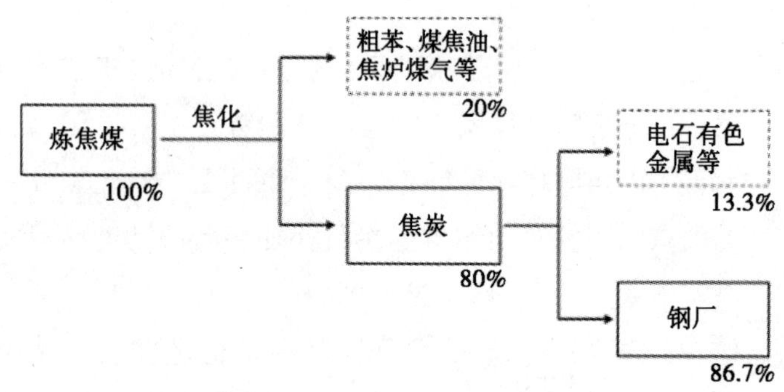

图2－25　焦化行业上下游产业链

资料来源：Wind，川财证券研究所

2018年年底，全国焦化产能大约6.5亿吨，焦炭年产量4.3亿吨，产能开工率仅有66%。且根据Mysteel等资讯机构统计，2018—2020年之间，仍有4000万吨焦化新增产能陆续释放。区域上，焦化产能与国内粗钢产能基本匹配，华北和华东是焦炭两大主产区，华北产能占比40%，华东产能占比22%。

从产业链上下游集中度来看，上游煤矿CR10为42%，下游钢铁CR10为35%，独立焦企CR10仅有13%。行业集中度低直接导致产业链议价能力弱，焦化利润长期受制于下游钢企利润。

煤焦化是指煤在隔绝空气条件下加热、分解，生成焦炭、煤焦油、粗苯、煤气等产物的过程。焦化生产主要包括炼焦及化学产品回收两大部分（详见图2－26、图2－27），其中，焦炭生产包括储煤、备煤（配煤和破碎）、炼焦、熄焦、筛焦、储焦；化学产品回收主要包括冷鼓、脱硫、脱氨、粗苯等四部分。此外，焦化生成还需配套锅炉房、给水处理、循环水冷却系统、办公宿舍食堂等公用和辅助设施。

目前国内焦化企业炼焦工艺路径差别不大，以按照焦炉炉型的差异，焦炭生产方式可分为顶装焦和捣固焦两大类。其中捣固焦主要是为了节约稀缺的焦煤资源，扩大炼焦用煤范围而

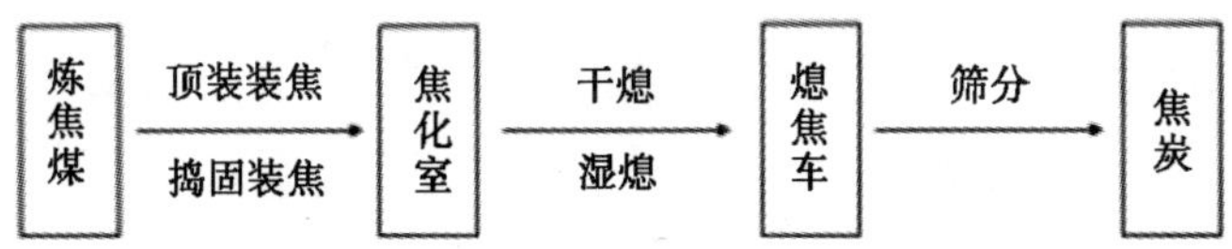

图2－26　焦化工艺区分

资料来源：Wind，川财证券研究所

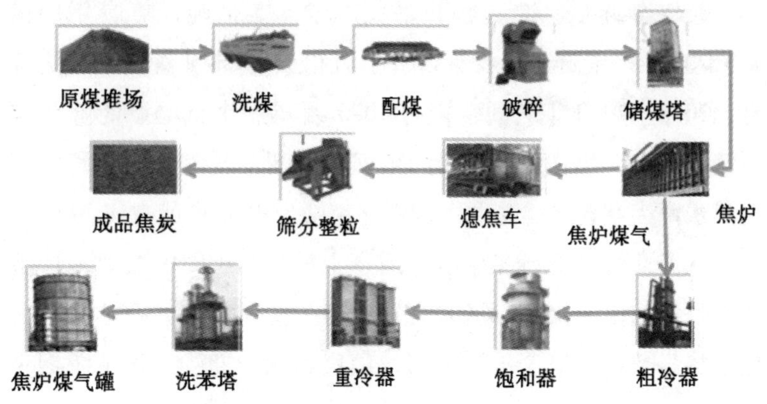

图 2－27　焦化工艺环节

资料来源：Wind，川财证券研究所

开发的。两种方式对焦炭质量和环境影响实践中差别不大。以熄焦方式区分焦炭生产可以分为湿熄熄焦和干熄熄焦。国内焦化厂普遍采用湿熄熄焦工艺，该工艺的优势在于成本低，设备投资仅为干熄设备投资的 20%—25%。缺点是高污染，热能浪费，以及影响焦炭质量。

随着供给侧结构性改革的推进，焦炭产能预期收缩加强，焦炭中长期价格中枢有望提升。山东压减焦炭产能 1686 万吨于 2020 年上半年落地。2019 年 7 月 2 日，山东省政府发布《山东省人民政府办公厅关于严格控制煤炭消费总量推进清洁高效利用的指导意见》（以下简称《指导意见》），对压减省内焦化产能做出了具体规定，市场对于焦炭产能收缩预期又起。

《指导意见》要求山东省 2019 年压减焦化产能 1031 万吨，2020 年压减 655 万吨。《指导意见》提出要求利用 5 年左右时间，将全省煤炭消费争取净压减 5000 万吨的工作目标，并提出了严控新增煤炭产能、压减高耗能行业产能等重点任务。在焦化行业方面，《指导意见》指出：①严格核查清理在建焦化产能，违规产能一律停止建设；②2019 年 7 月底前，制定出台全省焦化行业产能总量压减和转型升级方案，明确焦化产能压减清单和重点措施；③2019 年压减焦化产能 1031 万吨，2020 年压减 655 万吨。

我们从总量及结构两方面探讨山东焦炭去产能对焦化市场的影响。总量上，目前山东省共有焦炭产能 6000 万吨左右，2019 年要求压减的 1031 万吨产能在全省产能占比达到 17%，去产能对山东省内焦炭供给影响不可忽视；同时，由于山东省 60% 的焦炭销往省外，主要销售地以华东地区为主，山东限产或对江苏、江西、福建等对外采焦炭依赖度较高省份的焦化市场扰动更大。

除上文提到的山东地区焦炭去产能情况以外，我们梳理四大焦炭主产区中的剩余三个省的焦化去产能政策，对后续焦化去产能状况作出测算（详见表 2－15）。

山西省焦化去产能对省内焦化产能影响更多体现在结构上。山西省于 2019 年 8 月份发布《焦化行业压减过剩产能打好污染防治攻坚战行动方案》（以下简称《行动方案》），要求省内焦化产能控制在 1.47 亿吨以内，当前山西在产焦化产能与文件要求的产能目标基本一致。《行动方案》执行或对山西省内有效焦化产能总量影响有限，其对山西焦化产能影响更多体现在结构上。文件要求到 2022 年省内先进产能占比 60% 以上，当前山西省内焦化装备产能比例为大机焦 26%、普通机焦 66%、热回收焦炭产能 8%，若至 2022 年底大机焦产能占比达到 60%，则

表 2－15　四大产区焦化去产能政策梳理

省份	文件	涉及焦化产能	推进情况
山东	《关于严格控制煤炭消费总量推进清洁高效利用的指导意见》	2019 年压减 1031 万吨，2020 年压减 655 万吨	截至 2019 年 11 月底，压减产能 185 万吨
江苏	《关于加快全省化工钢铁煤炭行业转型升级高质量发展的实施意见》	2020 年年底前退出焦化产能 1800 万吨	正在推进
河北	《河北省打赢蓝天保卫战三年行动方案》	2018、2019、2020 年分别关停 500 万吨、300 万吨、200 万吨	开始推进
山西	《焦化行业压减过剩产能打好污染防治攻坚战行动方案》	全省焦化总产能压减至 14768 万吨以内	正在推进

资料来源：《关于严格控制煤炭消费总量推进清洁高效利用的指导意见》《关于加快全省化工钢铁煤炭行业转型升级高质量发展的实施意见》《河北省打赢蓝天保卫战三年行动方案》《山西省焦化行业压减过剩产能打好污染防治攻坚战行动方案》，川财证券研究所

对应的落后产能占比为40%，即5900 万吨，则需置换的落后产能为5000 万吨左右。产能置换动作或将造成短期焦炭产量波动，建议关注后续山西省产能置换节奏。

河北省 2019—2020 年将压减焦化产能 400 万吨左右。河北省当前焦化去产能的纲领性文件为《关于促进焦化行业结构调整高质量发展的若干政策措施》，文件要求在 2020 年底前全省所有炭化室高度 4.3 米的焦炉全部关停、并要求坚持关小促大，

严格实施产能减量置换（不低于1.25∶1）。河北省当前具有焦化产能8500万吨，落后产能为1800万吨，若进行减量置换，需压减焦化产能400万吨。此外，河北省还面临着以钢定焦、到2020年钢焦比达到0.4左右的要求，在压减落后产能400万吨后河北省焦化产能将降至8100万吨，与钢焦比要求较为贴合（2020年河北省钢铁产能将降至2亿吨）。

江苏省焦化去产能的纲领性文件为《关于加快全省化工钢铁煤炭行业转型升级高质量发展的实施意见》，要求2018年底前沿江地区和环太湖地区独立焦化企业全部关停，其他地区独立炼焦企业2020年前全部退出。2020年年底前，除沿海地区外钢焦联合企业实现全部外购焦，徐州市要在2020年年底前对现有11家炼焦企业实施关停、搬迁、改造、提升，整合成2—3家综合性焦化企业，压减50%的炼焦产能。

第四节 差异化方式：从有色金属行业看供给侧结构性改革的特征

有色金属工业是制造业的重要基础产业之一，是实现制造强国的重要支撑。进入新世纪以来，我国有色金属工业发展迅速，基本满足了经济社会发展和国防科技工业建设的需要。但与世界强国相比，在技术创新、产业结构、质量效益、绿色发展、资源保障等方面仍有一定差距。本节内容主要阐述发生在有色金属行业的供给侧结构性改革和供给侧结构性改革对有色金属行业带来的改变，这些阐述立足于从有色金属行业看到供给侧结构性改革的特征。

一、有色金属行业存在的问题

我们首先简要介绍有色金属行业的发展历程及现状。进入21世纪以来，有色金属生产的技术水平、可持续发展能力都显著增强，产业结构调整取得成效，产业布局更趋市场化，一些耗能高的企业向资源和能源比较丰富的中西部地区集聚，一些深加工企业向市场化程度高的东部地区集中，循环经济和有色再生金属产业发展迅速，有色金属企业实力明显增强，在国际同业中的地位明显提高。

我国有色金属行业虽然取得了很大的发展，但是存在的问题也很多。我国有色金属行业目前存在四个方面问题。一是技术创新能力不足。基础共性关键技术、精深加工技术和应用技术研发不足，产品普遍存在质量稳定性差和成本高等问题，大飞机用铝合金预拉伸厚板和铝合金蒙皮板、乘用车铝面板等尚不能产业化生产，电子级 12 英寸硅单晶抛光片、部分大直径超高纯金属靶材、宽禁带半导体单晶抛光片、部分高端铜铝板带箔材等仍依赖进口。二是结构性矛盾依然突出。电解铝等部分冶炼及低端加工产能过剩与部分品种及高端深加工产品短缺并存。目前，国内电解铝等行业缺乏竞争力，产能退出机制不畅。产业集中度低，企业实力弱。高端深加工生产线达产达标率普遍不高，中低端加工产品同质化严重，市场竞争无序。三是环境保护压力加大。随着环保标准不断提高，有色金属企业面临的环境保护压力不断加大。我国有色金属矿山尾矿和赤泥累积堆存量越来越大，部分企业无组织排放问题突出，锑等部分小品种及小再生冶炼企业生产工艺和管理水平低，难以实现稳定达标排放，重点流域和区域砷、镉等重金属污染治理、矿山尾矿治理以及生态修复任务繁重。部分大型有色金属冶炼企业随着城市发展已处于城市核心区，安全、环境压力隐患加大，与城市长远发展矛盾十分突出。四是资源保障基础薄弱。矿产品价格急剧下跌，国内矿山企业普遍经营困难，优势稀有金属资源保护面临新挑战。境外资源开发风险评估重视不够，近几年投产后的境外矿山负债率高，债务负担沉重，经济效益差。

面对有色金属行业存在的问题，调整企业结构，去库存、去产能、去杠杆、降成本、补短板是重中之重。中央和地方政府积极推进有色金属行业供给侧结构性改革，相继出台了相关政策，如《国务院关于化解产能严重过剩矛盾的指导意见》（国发〔2013〕41号）、《国务院办公厅关于营造良好市场环境促进有色金属工业调结构促转型增效益的指导意见》（国办发〔2016〕42号）、工业和信息化部门发布了《有色金属工业化发展规划（2016－2020年）》（工业和信息化部规〔2016〕316号）等文件，意在进一步促进有色金属行业规范、良性发展（详见表2－16）。

表2－16　2020年主要有色金属表观消费量及产量预测

品种	2015年表观消费量（万吨）	“十二五”年均增长率（%）	2020年预测产量（万吨）	2020年表观消费量（万吨）	“十三五”年均增长率（%）
十种有色金属	5560	10	6500	6800	4.1
精炼铜	1147	8.9	980	1350	3.3
原铝	3107	14.4	4000	4000	5.2
铅	437	0.8	465	450	0.6
锌	671	3.5	710	730	1.7
镁	53.2	7.2	130	75	7.1
黄金（吨）	986	11.5	520	1200	4

资料来源：川财证券研究所

有色金属行业的供给侧结构性改革的主要目标是使有色金属工业结构调整和转型升级取得显著进展，质量和效益大幅提升，具体而言，有五大目标。一是技术创新。政产学研用相结合的产业创新体系基本形成，重点企业研发投入占主营业务收入1%以上。高端精深加工、智能制造、资源综合利用等基础共性技术和产业化技术实现突破。二是转型升级。航空铝材、电子材料、动力电池材料、高性能硬质合金等精深加工产品综合保障能力超过70%，基本满足高端装备、新一代信息技术等需求。产业布局进一步优化，低效产能逐步退出，电解铝产能利用率80%以上，产业集中度显著提高，国际化经营能力提升，国际产能合作取得明显进展。三是资源保障。资源勘探开发取得进展，铜、铝、镍等短缺资源保障明显提高。废旧有色金属回收体系进一步健全，再生金属供应比例提高。主要有色金属资源全球配置体系不断完善。四是绿色发展。重金属污染得到有效防控，企业实现稳定、达标排放。规模以上单位工业增加值能耗、主要产品单位能耗进一步降低。矿山尾砂、熔炼渣等固废综合利用水平不断提高，赤泥综合利用率10%以上。五是两化融合。推进两化融合技术标准体系建设，在线监测、生产过程智能优化、模拟仿真等应用基本普及，选冶、加工环节关键工艺数控化率超过80%，实现综合集成企业比例从当前的12%提升到20%，实现管控集成的企业比例从当前的13%提升到18%，实现产供销集成的企业比例从当前的16%提升到22%，建成若干家智能制造示范工厂（详见表2－17）。

表 2－17 “十三五”时期有色金属行业发展目标

单位：万吨

指标	2015 年实际	2020 年目标	“十三五”累计增减
工业增加值年均速（%）	12.5	8	－
深加工产品销售收入占主营业务收入比重（%）	30	40	10
重点企业研发占主营业务收入比重（%）	0.6	1	0.4
规模以上单位工业增加值能耗降低（%）	－22	－18	－
二氧化硫排放总量减少（%）	－20	－15	－
电解铝液交流电耗（千瓦时/吨）	13350	13200	－150
海绵钛电耗（千瓦时/吨）	25000	20000	－5000
赤泥综合利用率（%）	4	10	－6
再生铜占铜供应量比重（%）	25	27	－2
再生铝占铝供应量比重（%）	15	20	5
再生铅占铅供应量比重（%）	33	45	12

资料来源：川财证券研究所

二、供给侧结构性改革对有色金属行业的影响

供给侧结构性改革对有色金属行业带来的影响是显著的，供给侧结构性改革已经给我国有色金属行业带来了一些变化。首先，国内基本金属产量出现了绝对量的下降，2016 年第一季度中国十种有色金属产量为 1206.1 万吨，同比下滑 0.85%，为

2013—2016年第一季度十种有色金属产量首次出现下滑。这说明去产能取得初步成效，而且这种去产能和去库存是受形势影响，自发的，不是政府强制的。其次，为了避免供给侧调整带来负面影响，未来国企兼并重组的步伐会越来越快。国企兼并重组可以使国企做大做强，更好地参与全球竞争，提高有效供给。第三，供给侧结构性改革还将通过下调能源价格，降低企业税赋，增加企业创新力等来降低有色金属企业的运营成本，从而提高企业的利润率和解决资金困难问题。

在化解金融风险领域，供给侧结构性改革会发展与完善金融体制，使社会融资可以进入这些有色金属企业，从而建立风险对冲机制来防范金融风险。目前供给侧结构性改革已经进行到第三轮，主要在限制有色金属产量和提升有色金属价格上取得了一定成效。对于需求侧，由于目前全球对有色金属的需求低迷，因此刺激需求的方式变得不太可行，这更需要从供给侧着手，提高有色金属产品的高端化，从而找到新的需求。总的来说，供给侧结构性改革对有色金属行业的转型升级已经取得了一系列成果。如果继续深化改革，未来有色金属行业发展的前景向好。有色金属企业将会更有活力，创新力产品的质量和效益都会有很大提升，对于环境的破坏程度将会下降。这些变化都会对中国经济未来的发展产生积极的影响。

从发生在有色金属行业的供给侧结构性改革和供给侧结构性改革对有色金属行业的影响来看，供给侧结构性改革的两大特征是着力减少无效和低端供给以及着力扩大有效和中高端供给。

总体来说，我国有色金属行业在未来发展的前景向好。若供给侧结构性改革落实到位，有色金属行业在未来将有客观发展的机会。目前的困难只是暂时的，如果企业可以转型升级，去产能，去库存，降成本，加强技术创新和减少对环境的破坏，有色金属价格会回升，企业利润率会提高，财务收支会改善，生产资源利用率提高，有色金属行业将向高端发展。由于供给侧结构性改革才刚刚开始，其效果可能需要一段时间才能显现。从最近的一些有色金属行业的变化来看，目前改革已经取得初步成效。相信后续改革在各方努力下，也会达到预期的目标。供给侧结构性改革对有色金属行业和中国经济未来的影响都是巨大的。中国经济由于过去在相当长的一段时间内忽略了在供给侧方面的改革，导致了供给已经不能满足人们的消费升级需求。所以，在现在需求不振，经济下行压力下，开始重视供给侧结构性改革，是为中国经济寻求新的经济增长点，也是一种经济结构的转型升级。这其中最重要的是对一些国有企业和传统工业（如有色金属行业）的改革。这项改革首先从化解过剩产能开始，然后是企业的兼并重组，最后是降低企业成本，从而提高企业发展能力。这里还需要有对制度上的要求，政府不能过多干预，要把权力放给市场，放给企业，让更多社会资本参与投资等。如果以上所有的改革都可以顺利完成，那么中国有色金属行业在未来一定会有大的发展。相信在政府和企业的配合下，改革能够顺利进行，成果会日益显现。

3

第三章

寻求“均衡”：供需、产业升级与贸易摩擦

第一节 供需决定价格：构建最基础的周期研究框架

一、从总量角度看供需与价格

（一）从供给到需求的成本推动价格

成本推动，即上游产品在生产过程中的成本变化能够沿着生产链影响下游消费品价格的过程。这是价格传导过程中最基本特征的一般规律。能源、原材料等生产资料成本的提高势必导致工业生产者购进价格指数的不断升高。根据经济学原理，一般商品的定价是由商品的边际成本、利润和税收构成，如果生产企业效率的提高和技术的进步不能将提高的生产成本内部消化，在利润和税收保持不变的情况下，成本的提高势必会沿着价格链条由生产领域传递至流通领域，这样势必会导致流通领域内的商品价格上升。此外，流通领域的恶劣环境、运输成本提高等因素，势必会导致流通成本的升高。并且，一般情况下，分销商不能长期非理性地低价倾销，这样生产成本和流通成本的上升均会通过价格链条传递到消费领域，进而导致下游消费商品价格的升高。最终，上游价格的变化就通过生产、流通领域而影响到下游的消费领域，完成了一次价格正向传导过程。

通常来讲，从供给到需求的成本推动主要分为两类：一类是工资上涨引起的成本推动价格，一类是利润推动的价格上涨。

1. 工资上涨引起的成本推动价格

在完善有序的市场中，假设供给与需求保持均衡，对于供给方，这时候如果提高员工工资，就会引起商品的单个成本增加，成本增加导致商品价格跟着上涨。而在商品价格上涨后，员工可能再一次要求涨工资，从而进一步增加了生产成本，最终形成了“工资上涨——商品价格提高——工资上涨——商品价格提高”的恶性循环。当然，由于工资上涨从而引起的成本推动理论上普遍存在于不完全竞争的劳动力市场中，例如，如果存在强大的工会干预，个人劳动极度受到保护，那么这种恶性循环便可能存在。对于完全竞争的劳动力市场而言，则不存在这种情况。完全竞争的劳动力市场工资率取决于劳动的供求，工资的增长率与劳动生产率密切相关。因此，只有不完全竞争的劳动力市场才可能打破平衡，出现工资上涨速度超过生产率提升速度，从而引发工资和商品价格螺旋上升。

2. 利润推动的价格上涨

工资推进商品价格上涨通常出现在不完全竞争的劳动力市场，而利润推动的价格上涨一般出现在不完全竞争的商品市场。供给方通常作为垄断企业或者寡头企业，为了谋取更加高额的利润，在成本没有上涨的情况下，轻易地操纵价格使商品价格增加。通常大部分公共事业领域，如水、电力、天然气、公共交通等领域，存在或多或少的垄断经营情况。在垄断存在的条件下，供给方可以操纵价格，使价格上涨速度超过成本支出的增加速度，因而赚取较大的垄断利润。如果这种行为的作用大到一定程度，就会形成利润推进价格快速上涨。大公司为了追求更多的利润，利用其垄断地位，把产品价格提高到足以抵消任何成本增加额以上。根据操纵价格理论，操纵价格不是由市场供求决定的，也不是由垄断者随意决定和漫天要价的，而是按照价高则需求少、价低则需求多的需求规律，通过对数量、成本、利润的综合分析来确定的，它是能给垄断公司带来最大利润的价格。而且操纵价格一旦形成，在生产条件没有较大变化时，一般比较稳定。再者，由于竞争的需要，包括垄断公司在内的各个企业总是倾向于追随削减价格，而不倾向于追随提高价格。因此，垄断公司追求更多利润的提价行为实际上也是由成本推进的。

（二）从需求到供给的需求拉动

虽然成本推动是商品价格运行的一般规律，但是很多时候价格链条的整体上升是由末端消费商品价格的提高所导致的。按照马歇尔的引致需求理论，下游消费者对商品需求的变化会影响上游生产者对生产要素的需求。因此，当下游消费领域对商品需求较大时，势必会导致上游生产企业对生产要素的需求。这样，根据价格原理，当需求大于供给时，商品的价格就会升高，生产要素在某种程度上也是一种商品，因此，下游消费领域商品价格的提高最终会沿着价格链传递到上游的生产领域。

对于供给弹性较小的商品，供给量的变动小于价格变动的百分比。在其他条件不变的情况下，价格变动是与需求变动成正比的。因此，当下游商品需求较大而短期内又供给不足时，需求量的提高必然导致消费领域商品价格的提升。利润空间的提升会沿着价格链向上游传递，导致流通和生产领域商品价格不断提高，这个过程即是需求拉动的价格传导。商品的整个生命周期大体上主要经过生产企业、销售企业（包括批发和零售企业等）和最终的消费者（包括个人、政府和出口等）。当个人、政府和出口商品需求增加时，受供给刚性的影响，在短期内，商品价格会不断上升；销售企业的销售量增加，导致库存商品不断减少，因而，销售价格也逐渐升高；当库存量减少到一定程度时，销售企业则开始加大从生产企业的进货，生产企业为了满足下游企业对商品的需求，不断增加商品产量，从而加大了对能源和原材料等生产资料的需求。但是，生产企业的生产能力一般是有限的，并不能在短期内迅速扩大生产规模，而能源和原材料等生产资料则一般是稀缺产品，供给弹性较小，在短期内无法满足生产的需求。因此，由于需求大于供给，受到生产能力和生产资源限制的生产企业则会提高所生产商品的价格，至此，下游商品需求增加所导致的商品价格提高通过价格链条逐渐反向倒逼至上游的生产领域。

二、从行业自身角度看供给与需求

（一）上游行业看供需，煤炭行业为例

要了解煤炭的供求，首先要了解煤炭的作用和分类。按照含碳量的多少，可以将煤炭划分为低级煤和硬煤。低级煤又可以划分为褐煤和次烟煤。褐煤外观多呈褐色，光泽暗淡，含有较高的内在水分和不同数量的腐殖酸，主要用于发电；次烟煤

属于含水无灰基高位发热量为每千克 20—24 兆焦耳的低煤阶煤，主要用于发电、水泥、各种工业。硬煤则是可以划分为烟煤和无烟煤，烟煤主要分为动力煤（主要用于发电、水泥、工业）和炼焦煤（主要用于钢铁行业）；无烟煤则主要用于家用燃料。

从煤炭的主要用途可以来测算它的需求，例如在 2018 年我国发电标准煤耗为每度 302 克，通过对未来用电量的测算就可以大概测算出未来发电用煤的需求是多少。钢铁行业吨钢耗煤一般在 800—1000 千克，其中炼焦烟煤占其中的 60%，主要转化为焦炭，无烟煤占其中的 25%，主要转化为喷吹煤，而烟煤占其中的 15%，主要作为燃料，通过对未来钢铁行业产量进行预估即可以得到未来钢铁行业对煤的需求是多少。从建材行业来看，煤炭主要作为燃料用于水泥、平板玻璃的生产，煤炭价格变化对其使用量的影响巨大，煤炭价格升高会迫使建材生产企业转向替代能源。对于化工行业，主要有无烟煤用于合成氨制成化肥，采用 Shell 粉煤气化技术，使得烟煤也可以生产尿素。

（二）中游行业看供需，电力行业为例

对于电力行业的供求，可以先看一下我国目前的供电数据。2018 年全国全口径发电量 6.99 万亿千瓦时，同比增长 8.4%。其中，水电发电量 12329 亿千瓦时，同比增长 3.2%；火电发电量 49231 亿千瓦时，同比增长 7.3%；核电发电量 2944 亿千瓦时，同比增长 18.6%；风电发电量 3660 亿千瓦时，同比增长 20.2%；太阳能发电量 1775 亿千瓦时，同比增长 50.8%。从这

些数据可以看出我国当前发电仍然以火电为主、水电为辅，其他发电量相对较小。

从电力上游的供给端来看，由于火电占国内发电的主导，因此动力煤的价格是影响发电成本的主要因素，但是上网电价则是由政府制定的。上游煤炭价格市场主导，而自身收入由政府主导，二者价格的非同步性变动，使得电力生产商盈利体现周期性特征。

从需求端来看，我国绝大多数电力消费来自工业用电，其中，四大主要用电行业分别是金属、非金属、有色金属以及黑金属，占据全部电力需求的大头。因此，对国内工业增加值的预测在一定程度上可以预测电力的需求。

（三）下游行业看供需，家电行业为例

要了解家电的供求，首先要对家电行业进行细分。在我国，家电行业主要分为白色家电、黑色家电、厨房大电、小家电四类。其中白色家电包括空调、冰箱、洗衣机；黑色家电主要包括电视；厨房大电主要包括油烟机、燃气灶、消毒柜；小家电包括厨房小家电、家居小家电、个护小家电。

从上游供给来看，以空调为例。空调的成本构成为压缩机、钢材、铜管、塑料、电机、铝材。其中，压缩机占总成本的30%、钢材占15%、铜管占12%，因此，压缩机的价格变动对空调成本的影响至关重要。同时，钢材和铜管价格波动也对空调成本产生着一定影响。也可以以液晶电视为例，液晶电视的成本构成为：LED屏幕、集成电路、电子元件、注塑件。其中，屏幕为液晶电视的核心组成部分，LED屏幕占单台液晶电视总

成本比例近 70%；集成电路、电子元件、注塑件成本各占总成本的 5%。因此，对电视机的成本产生至关重要影响的就是 LED 屏幕价格的变动。

从需求端来看，农村保有量的提升及城镇更新需求是家电行业后续增长的主要动力。随着生活水平的不断提高，城镇居民对家电的需求也在不断提高，比如空调从以前的一家一台变成如今的一家三台，生活质量提高导致家电需求的上升是新增需求的主要来源之一。另一方面，也可以参考商品房销售情况来预测未来家电的市场需求。

三、产能过剩与结构性失衡

（一）结构性失衡的理论背景

供给理论的支持者与需求理论的支持者在对我国经济问题进行分析时，一直纷争不断。需求理论认为我国经济问题主要在于“有效需求不足”，在出口贸易对经济的推动作用减弱时，应努力“扩大内需”，促使投资与消费在国民经济中的地位进一步提高，以稳定中国经济发展的速度与质量。而供给理论则认为“有效供给不足”才是目前我国经济问题最大的原因所在，在居民的消费偏好与需求结构发生改变时，应增加与消费需求相适应的供给，这样才能真正发挥国内市场的巨大潜力。

在亚当·斯密的理论中，市场上供给的商品有两种价格，一种是自然价格，另一种是实际价格，自然价格就是商品价值，而实际价格就是市场价格。市场价格可以等于也可以高于或低于自然价格，他以商品能否按自然价格被需求者接受而将需求划分为有效需求与绝对需求。有效需求是指能实现商品价值的需求，是具备购买力的消费者产生的消费需要。

凯恩斯所说的有效需求与亚当·斯密所说的有效需求同义。在凯恩斯的理论中，他从三个基本心理规律——边际消费倾向（消费不足）、资本边际效率（投资不足）和流动性偏好（货币持有的需要）——对“有效需求不足”现象的产生进行了说明。凯恩斯认为当有效需求相对总供给出现不足时，过剩产品的滞销使得市场无法出清，这将导致厂商无法将所有的供给通过市场交易的方式转换为资本品以用于再生产，社会再生产也就无法顺利进行，于是“有效需求不足”理论的提倡者鼓励政府实施需求管理政策，当市场“有效需求不足”时，让政府充当“最后购买人”的角色，在增加投资拉升生产消费品的有效需求的同时，通过增加就业拉升了生活消费品的有效需求。

但是凯恩斯的总量分析方法，忽略了不同需求之间以及不同供给之间的异质性（这一点一直被奥地利学派所批评）。总量分析方法将需求和供给视为各自更小单元的简单加总，这样一种处理方法忽视了需求与供给各自的内部结构特征，当出现生产过剩时，理所当然地将其视为需求不足的结果，而对于需求与供给各自内部结构特征的分析，尤其是对供给端的“总供给并非完全有效”这一点却只字未提。如果放弃总量分析的研究方法，不将需求和供给视为各自更小单元的简单加总，而是进一步考虑产品的异质性时，仅从有效需求不足的角度对生产过剩进行解释就过于简单和绝对。

当出现的过剩是局部过剩而不是普遍过剩时，伴随的就是部分产品供给不足和部分产品供给过剩的同时存在，剩余来自不被需要的供给部分。而另外一部分产品出现的供应短缺，也说明市场上出现生产过剩并非是由需求不足引起的，需求仍然存在，只是无法被正确满足。在这么一种情况下，需求侧管理会是低效的，因为问题来自供给侧。

“部分产品的供给不足”意味着有效需求并未出现不足，反而是需求过剩，而“部分产品的供给过剩”则意味着生产过剩。这种需求过剩与供给过剩并存的局面，导致了“供需结构失衡”的出现。“需求结构”指市场需求组合的构成，包含产品种类以及各产品种类的需求量等信息，需求结构变化是指市场的需求组合中部分产品需求量的上升和部分产品需求量的下降，以及新产品种类的纳入和旧产品种类的剔除。“供给结构”是与“需求结构”相对应的概念，是指市场上不同产品供给能力的一个有机构成，包含产品种类以及各种产品的生产能力等信息。供给结构的变化是指部分产品的产能扩建和部分产品的产能缩减，以及新产品产能的新建和被淘汰产品产能的清退。

供给结构与需求结构相适应是指当一种产品的需求量上升时，厂商会追加投资，以增设该种产品的产能，扩大生产以满足市场的需求供应；当一种产品的需求量下降时，厂商会减少投资，对过剩的生产能力及时进行清退或用途进行转换。这种自调节机制高效运转时，不同产品的生产能力与需求量是相匹配的，供给结构与需求结构之间不会产生偏差，所有的供给都具有社会需要的使用价值。而随着经济社会的发展，经济结构复杂化、高端化之后，供给与需求之间调和变得困难，就会导致供给结构与需求结构之间产生偏差，伴随部分产品供给过剩和部分产品供给不足同时出现的现象。这种需求与供给之间的不匹配所产生的结构性偏差称之为“供需结构失衡”。

（二）结构性失衡产生的原因

生产力的发展和人民物质生活水平的提高是同步的，正如农耕时代，农田亩产越高，农民物质生活条件越好。随着生产力的逐步发展，生产首先是集中到满足生活必需品的供应上，在生活必需品的需求走向饱和之前，需求与供给之间的主要矛盾是总量之间的矛盾，即供给总量不能满足需求总量。此时的需求还比较单一，集中在生活必需品上，与之相对应的供给也就比较单一，所有的供给都转化为有效需求，所有的供给也就都是有效供给。此时需求与供给之间的结构性矛盾还未显现，结构性问题几乎不存在。

随着物质生活水平的不断提高，人民在必需品上的需求逐渐趋于饱和，但此时生产力的发展并不会停止，从必需品的生产上就会闲置出来一部分生产力，这部分生产力开始试探性地去生产一些非生活必需品。之所以说是“试探性”，是因为虽然人们清楚什么样的产品是必需的，但是人们起初并不知道什么样的需求是自己非必需的，可是对这些非必需品的消费，确实也能满足自我在生活必需之外的一些需求，即非必需品的存在也有它的价值。在一些企业家做出试探性的尝试之后，所生产出来的产品被社会所认可，即确定了它的价值，能给人们带来某种效用，这些有价值的非必需品在不断向市场渗透的时候，又会不断吸收社会的富余生产力。

但非必需品的价值是不确定的，不同种非必需品彼此之间抢夺着从必需品的生产过程中闲置出来的社会生产力，当价值小的产品抢夺了多的生产力，价值大的产品抢夺了少的生产力，即分配到的生产力大小与价值高低不匹配时，需求与供给之间的结构性矛盾就产生了。但是由于社会发展还处在初创期，非必需品市场相对于必需品市场而言体量还比较小，非必需品的种类也少，需求与供给之间的主要矛盾仍是总量矛盾，结构性矛盾还只能居于次要的位置。

随着生活水平的进一步提高，生产力的进一步发展，非必需品市场的体量逐渐超过必需品市场，需求与供给之间的主要矛盾开始由总量矛盾转向结构性矛盾，总量矛盾开始居于次要的位置。当结构性矛盾再也不容小觑，需求与供给之间就不能再简单地以总量来衡量，应对总量的组成进一步细分，从结构上进行分析。

需求偏好是瞬息万变的，由偏好一种产品变为偏好另一种产品，这样的转变一念之间就能完成。而供给却是确定性的，供给结构的转变是需要反应时间的，特别是在社会资源有限的情况下，既有的供给结构很难“破碎”了重新回到生产要素的形式依据需求偏好的转变对生产要素进行再次分配。再结合前文对产品价值的不确定性的分析，我们可以得出：产品价值的不确定性和需求偏好的不确定性会导致需求的不确定性，而需求的不确定性与供给的确定性之间的矛盾就是需求与供给之间结构性矛盾产生的根本原因，而部分产品的生产过剩与部分产品的生产不足是需求与供给之间结构性矛盾的具体表现形式。

需求与供给之间的结构性矛盾是一种动态的矛盾，虽然它难以避免，但是它通过竞争和价值规律在市场供需中起作用，使得矛盾是可以调和的，而且经济发展所带来的不断扩张的需求浪潮还能暂时掩盖部分矛盾，为矛盾的调和赢取时间。但倘若在其掩护下，供给并没有做出积极的调整，任由需求结构与供给结构不平衡的态势继续恶化，在需求浪潮有所放缓或者退去时，矛盾就会逐渐显现出来。生产力并非全流向人们所需要的地方，这就会产生无效供给。无效供给对生产力的占用，形成了对有效供给的挤出，有效需求无法得到满足，最终也就会出现“有效需求大于有效供给”的情形。而“供需结构失衡”下需求过剩与供给过剩的并存，却是诱发经济社会的发展走向“滞胀”的一大隐患。

（三）结构性失衡对价格的影响

在经济结构性失衡的情况下容易出现“滞胀”，即指物价上升但经济停滞不前的现象。这一方面是因为产能过剩，但是体现出结构性的特点，具体表现为某些行业中低端产品库存积压，而另一些附加值高的高端产品却供不应求，无效供给过多，有效供给不足。

在产能过剩长期存在的钢铁行业，结构性特征较为明显。一方面是粗钢等中低端品种的钢铁产量不断增加，收益率不断下降；另一方面是国内市场上管套钢、高韧汽车用钢、输油管材、硅钢片、高铁用钢、冷化薄板带等高附加值、高技术含量的钢材产能不足，大量依附于国外进口。随着经济的发展和生产力提高，对高技术含量品种的钢材需求量逐渐增大，高端产品供给不足，低端产品趋于同质化出现相对过剩。在平板玻璃行业产能过剩的结构性问题同样存在，玻璃行业产品低端化和同质化无法满足多样化和个性化的有效需求。优质浮法玻璃和普通浮法玻璃供给比例严重失衡。具体来说，像建筑用普通浮法玻璃这样的低附加值产品严重过剩，而处于价值链顶端的高端产品如优质浮法玻璃生产能力不足。

由于这些产能过剩现象大都是因为政府职能缺位、市场管理无序而造成的，因此涌现出大量具有中小产能的民营企业。一旦成本的提高降低其利润率，就很容易导致大面积的亏损，从而加大经济的潜在危机。另一方面，尽管企业生产因为成本提高无法消化而引起倒闭，生产也因此停滞，但是由于成本居高不下，产品的价格也是无法下降的。因此，产能过剩与通货膨胀的并存很容易导致“滞胀”的出现。

在总供给不变的前提下，无论需求是来自国内还是国外，都能够实现总供求平衡，有效维持或提高产品的价格水平。而当国内出现总供给过剩时，由于内需不旺，这种过剩的供给必须由国外需求来填补才能基本实现总供求的平衡。因此，国外需求能够缓解国内工业产品价格的进一步下降，对于改善国内企业亏损局面是具有积极意义的。然而，当这种过剩的产能无法通过低价的比较优势（如受到本币升值的影响）向国外输出，而国内的有效需求也不能迅速上升的时候，则国内商品的供给会大大超过有效需求，价格的下跌往往是不可避免的，从而引发通货紧缩的危机。

从理论上来讲，通货紧缩是一个与通货膨胀相对应的概念，二者都是经济处于非均衡状态中的货币现象。如果说通货膨胀总是与经济的高涨相联系的话，那么通货紧缩一般都是经济衰退或萎缩相联系的货币现象；如果说通货膨胀的基本经济内容是有效需求大于有效供给和物价总水平持续上涨的话，那么通货紧缩总是表现为有效需求不足和物价总水平的持续下跌。就表现形式而言，通货紧缩是指物价总水平持续下跌，货币供应量增长率明显下降，特别是 M1（狭义货币）增长率明显低于 M2（广义货币）增长率，反映出货币数量与实体经济过程处于一种低水平的均衡状态。

（四）防止结构失衡，稳定价格

1. 打造工业互联体系，促进资源高效配置

当前，我国正处于“产业升级”的关键时期，而对于全球也正处于新一轮科技革命的关键时期，谁能在这次科技浪潮中把握机会，谁就有机会成为之后的科技强国。在这种新一代信息技术与制造业深度融合的大背景下，工业互联网应运而生，成为新工业革命的关键支撑和强化打造“互联网 + 先进制造业”的重要基础。新工业革命的主要特征是数字化、网络化、智能化，工业互联网为其提供最基础的平台，有利于推动智能制造发展，更高效、更精准、更大规模地优化生产和服务资源配置，促使传统产业转型升级，推动技术创新、业态创新、模式创新，为我国“科技强国”建设提供新动能。另一方面，工业互联网具有较强的渗透性，可以实现供应链的上下游、不同领域之间的广泛互联互通，最终达到资源、信息共享，同时为保障和改善民生提供重要依托。

工业互联网体系的建立与完善，可以从两个方面来促进资源的高效配置。一方面，提供获取市场信息的重要渠道，利于投资效率的提高。在市场信息无法完全获取，或者信息获取成本高昂时，企业家在做出投资决策时并没有完全掌握市场的相

关信息，这将难以实现投资效益最优，尤其是当“过度自信”、“投资潮涌”等行为经济学的现象存在时，将导致投资更加偏离最优路径。这个时候需要集中资源使市场信息尽可能透明，同时采取措施为企业提供便利，降低企业获取市场信息的成本，让企业在进行投资决策时，充分掌握市场的真实情况，更好地把握行业发展趋势，让投资更趋于理性，产能的建设更趋于有效。工业互联网体系的建立，通过企业主导、市场选择、动态调整的方式，形成跨行业、跨领域平台，实现多平台互联互通，承担资源汇聚共享、技术标准测试验证等功能，开展工业数据流转、业务资源管理、产业运行监测等服务。

另一方面，驱动传统制造模式的升级，模糊了“企业”的边界，产能共享能够很好地消化过剩产能。工业互联网能为制造企业提供较为开放的生态环境，使企业能够面对市场需求，及时对自己的产能进行动态组织，快速整合自身资源和社会化优势资源，最终实现传统制造模式向新型制造模式的升级发展。工业互联网环境下，社会化协同制造、个性化定制、服务型制造和智能服务等新型制造模式将会对传统制造模式造成巨大而深远的影响。传统制造企业通过工业互联网平台释放和聚集，并通过平台实现跨企业的云端协作、协同设计、协同生产和协同服务等制造全产业链智能服务，实现数字化、网络化、智能化制造新模式。企业之间的协作、协同能力得到提升以后，相近企业之间，生产不足企业向生产过剩企业的产能借用，使得产能共享成为可能。对过剩产能的再次利用，缓和了供需之间的结构性矛盾，进而对价格水平也就起到了稳定的作用。

2. 进行理性预期引导，实现对市场信息的有效利用

决策者即使充分获取了市场的相关信息，也未必能做出最为理性的决策以使资源的配置完全有效。行为经济学的相关理论对这种现象的解释是，决策者容易受到动物精神的支配。政府部门对于市场预期的引导具有一定职责，一个理性的预期，能够使某一经济体的经济发展主流和未来发展趋势总体上沿着理性的主线平稳发展，但是当决策者对市场信息解读过度或者解读不充分时，就容易产生经济发展向不理性的偏移。目前经济运行日趋复杂，政府在做好“需求管理”“供给管理”的同时，也要做好“预期管理”。

当前我国预期管理改进的空间较大，应多管齐下、综合施策。①提高实效性。重点加强对关系全局的宏观经济突发情况和经济热点问题的主动、及时解读，引导正确的市场预期，减少信息不对称造成的非理性市场波动。②创新方式方法。建立前瞻性预期引导框架，增强市场对货币政策走势的理解和判断能力。③加强协调配合。完善经济政策联合发布渠道，加强预期管理在各级政府之间的上下联动，建立政府部门与协会、研究机构、社会组织的协调配合，探索联合信息发布机制，建立数据信息库，增强预期管理综合支持能力。④增加公开透明度。探索逐步公开决策过程，在时机成熟的情况下，定期公布决策制定过程的内部讨论会议纪要，向市场清晰传递政策决策层的态度倾向和观点看法，减少市场对宏观经济政策制定过程的不确定性，强化逻辑性和透明度，以稳定市场预期。⑤加强国际沟通。加强宏观经济部门国际信息发布和宣传，及时对国际社会关注的热点问题进行回应，向国际市场传递清晰准确的中国

经济社会信息。

3. 建立补偿、激励机制，降低企业退出壁垒

产能过剩行业大范围的企业退出势必将引发一系列社会问题，需避免大批产能退出市场可能引发的严重后果。需建立退出补偿机制时应加强对补偿资金的监管，补偿资金应严格用于失业人员赔偿、培训等方面。一是由财政进行补贴，也可以是中央财政与地方财政共同补贴；二是借鉴日本产业发展经验，设立企业退出补偿基金，由业内企业共同联盟或协会组织出资。

4. 建立有效的激励机制，将淘汰落后产能工作的完成情况纳入地方官员的政绩考核体系中

为了确保落后产能真正退出市场，应该对现有落后产能淘汰工作进行改进，对落后产能除了引入工艺设备外，还应引入能耗和环保标准。为加强监管、完善立法，低效企业当退则退。金融监管方面可以实行差别化信贷政策，分类名单管理。引导银行业金融机构完善信贷准入标准，加大对战略性新兴产业、传统产业技术改造和转型升级等的支持力度。对产能严重过剩行业未取得合法手续的产能建设项目严格授信或不予资金支持。同时，推广债权人委员会制度，进一步完善加强与企业、地方政府之间的沟通协作，并通过重整计划，让具有潜在生存能力的企业清偿一部分债务，通过重新设定企业经营战略方针，使企业得以继续经营获取利益。

第二节 从产业链角度实现纵向深度

在上一节中我们主要从宏观经济周期角度来对整体经济进行分析，构建了最基础的周期分析体系。当经济环境、产业政策等宏观要素发生变化，不同的行业往往有不同表现，而产业链的存在让我们对宏观经济的纵深影响有迹可循。产业链是宏观环境向中观行业、微观企业传导的路径之一。随着产业链路径的向后纵深，宏观要素的影响也在向后传递。当我们对一段时间内的行业发展趋势进行“复盘”，产业链的最前端始终指向宏观经济环境；产业链能够让我们读懂行业的“上下文”，“结合时代背景”看问题。

一、什么是产业链

狭义上的产业链是指从原材料一直到终端产品制造的各生产部门的完整链条；各个产业部门之间基于一定的技术经济关联，依据特定的逻辑关系和时空布局关系客观形成的链条式关联关系形态，是一条“环环相扣”、“牵一发而动全身”的“链子”。在宏观研究中，产业链能够将看似突发的事件连成主体，并将整个行业的动态发展折射进宏观环境。

产业链上的“环”，就是“各生产部门”，是指一群从事着相似或相同经济活动的企业的群体——比如广东省的一“群”房地产企业、北京中关村的一“群”IT企业。产业链就是各个产业环连在一起。本质上产业链是一堆存在着某种内在联系的企业群，这种内在联系，可以先简单地理解为产业链中的上下游关系。举个简单的例子，房地产行业以盖楼为生，楼房需要钢材，而钢材是钢铁行业向房地产行业提供的。因此钢铁行业就是房地产的上游。

再往下游探寻，房地产行业把楼卖掉，买房的人需要配家电，冰箱、电视、洗衣机都得配齐，房子卖得多，拉动了家电行业，因此家电行业是房地产的下游，被称为地产后周期行业。因此在房地产行业的产业链上，上一环是钢铁产业，下一环是家电产业。假设上游的建材、钢铁价格涨了，房地产行业的成本就高了，一旦房价上升到某个地步限制了居民的购房热情，居民对家电的需求也会应声而减，房地产行业的不景气也会拖累家电行业，这是简单的产业链逻辑。逻辑关系并不特定，可以是供需关系、也可能是价值关系，也有空间分布的关系。在真正的宏观经济环境中，产业链牵涉到的范围要复杂得多。

从源头上看，产业链诞生是因为社会分工和交易的日益复杂化。在经济活动中，该通过什么样的形式联结不同的分工与交易活动成为日益突出的问题：到底是依托企业自身对上下游功能拓展，还是依赖社会分工的外部供给？历史为回答这一问题，创造了产业链。

用一个相对简单的例子来理解。假设有一个小炼钢厂，钢厂的生产规模较小，由于所需的各式各样原材料规模均较小，炼钢厂采取“炼焦—冶炼—销售”的经营模式，企业的钢材销售收入能够有效覆盖生产及上游产品的开采成本。在这一阶段，钢厂更多依靠自身对上下游功能的拓展，而非依赖社会分工。

在后来的发展过程中，市场对钢材的需求不断扩大。钢厂扩大生产首先就需要更多的原材料，如果继续延续焦炭自产的模式，需要大量的采购炼焦设备、雇佣更多技工，企业成本压力明显超负荷。钢厂在别无选择的情况下向社会分工求助，改向邻县的焦化厂直接采购焦炭，在小规模生产中产生的炼焦、设备、人员成本被采购成本代替，焦炭使用成本大幅降低，同时由于钢厂专注主业，不需要在上游产业环分散精力、财力，生产效率同样有所提高，企业盈利能力出现进一步增长的可能。由此，一个相对简单的产业链形成，产业链是产业价值实现增值的路径。

二、产业链的增值和创造价值

当然产业链的增值和创造价值也不是绝对的，需要满足两个条件。第一个条件是“效率”，产业链各部门的价值创造效率，应该要高过企业内部自身的价值创造效率。回到刚才那个例子里，采购焦炭生产钢材比自己生产焦炭来生产钢材的效率要高。第二则是“交易费用”，通过产业链生产环达成的采购必须比自己生产节约成本，省钱就是创造价值。

产业链同时还具有以下三个特点：同一产业环的集中性、不同产业环的分散性和产业链整体的层次性。产业环是一群有着相似业务、产品模式的企业，企业的盈利模式也趋于相同；能够让一群企业赚钱的因素也应该是相同或者相似的，比如客流量大、资源禀赋、交通条件和政策优势等。因此，在产业环内部的相似企业往往会聚集到适宜发展的地区，以寻求相同的区位优势，形成“企业扎堆”。例如，北京的中关村科技园被称为“中国硅谷”，早在20年前，区内的高新技术企业就已经达到4506家，这就是我们刚刚说的“企业扎堆”效应——相同相似的企业逐相同的水草而居。早期为了加快区域内部的高新产业发展，中关村科技园的高新技术产业优惠政策往往较多，例如中关村有着特别的支持研发机构的创新政策，对于经过专家评审并通过立项的项目给予50万—400万元不等的资金支持；同时，中关村还建成了国家级人才特区，到2015年，中关村就聚集了5万左右的高层次人才。这样的区位优势，使得高新技术企业扎堆进入了这一地区。

产业环内部的企业都愿意扎堆，但是不同的企业是有着不同的区位优势的，不同的企业群体（产业环）之间也要依托不同的区位优势，不同地方的优势也都不同，因此空间上，各个产业环往往趋于分散。例如服装加工厂往往开在劳动力比较便宜的地区甚至国家，而卖服装的名店商场却开在人均工资很高的商圈，这样一条产业链上的不同产业环就分开了。

因此，当看到一个小的经济区划时，我们往往只能看到当地的优势特色企业，难以看到一个完整的产业链，产业链往往呈现出断断续续的状态，因此当宏观环境、产业政策发生转变时，不同区域的经济也会根据自身的特色产业做出不同的反应。

三、产业链的层次性

产业链是一个逐级累加的有机统一体，具象来看，产业链是越来越粗的链子，价值投入是产业链变粗的原因。产业链从上游向下游的延伸过程，涉及劳动力、资金及技术的投入，因此创造了价值，加粗了产业链。

我们通过代表周期行业——钢铁行业的产业链来简单做出解释：产业链从原材料开始，钢铁行业的原材料之一是铁矿石，因此对应的产业环就是铁矿挖掘企业。

2019 年年初，铁矿石的市场价格大概是每吨 450 元，而炼钢厂出产的钢材的单位价格却超过 4000 元，暴涨的市场价格能够体现此前我们提到的附加价值，这样看产业链越来越粗。为了将铁矿石变成钢材，钢厂投入了大量的资金以建设高炉，并雇佣了大量的工人加工铁矿石、炼制钢材，因此当产业链移到钢铁行业这一环的时候，为创造价值，劳动力、资金均有大量的投入。

钢材在社会中的运用是非常广泛的，除建材功用外，比较典型的钢铁行业下游企业就是机械和汽车。目前用在这两个行业的钢材主要是热轧卷板，目前的价格大概为每吨 4600 元，但汽车的价格已不在工业原料的考量范围之内，随着产业链下移更加接近消费端，产业链条上的附加价值再次提升。

不止如此，产业链的层次性还往往是递增的：在产业链向下游移动时，产业环越接近消费端，其资金含量和技术含量就会越高；反之，当产业链往上游移动，产业环越接近原料端，其资金含量和技术含量往往会越低。

继续以钢铁为例。钢厂在炼钢的时候，需要大量的劳动力投入，但炼钢厂的技术含量相对汽车制造较低，钢厂用工的普遍技术能力相对高端制造业也较低，虽然铁矿石转化为钢材有着严格的技术要求，但在生产环节上仍偏向于资源加工，在技术附加值方面，显著低于机械加工、汽车加工的技术含量。到产业链最下游，当钢材变成汽车和机械的时候，大量的劳动力和自然资源已不再是决定性的因素，在这两个行业中，需投入的更多的是技术和资金，所需要的人才也更加专精，往往是经过专业训练的工程师，这两个产业环中的技术含量和资金含量都比钢铁行业要高。这也就是我们所说的层次性递增。

在产业链的综合作用下，当前我国特色的产业经济布局形成。产业链的集中性促使产业环内“企业扎堆”，例如采掘行业依托矿藏，采矿企业都聚集到各个矿区；而非银行金融产业和 IT 产业则因为市场、政策、技术和人才等多种区位因素更多地集中在北上广深等一、二线城市，同时因为产业链的分散性特征，不同地区结合当地不同的区位优势，吸引着不同的企业群体（产业环），从而形成了不同的经济特色区域。例如山西大同煤矿众多，盛产“煤老板”；而杭州地区因为其较好的基础设施建设和充足的人才资源，吸引了大量新经济产业聚集杭州，目前杭州的机械、传媒、通信、医药等新兴行业的上市公司数量已经占区域内上市公司总数的一半以上。

在产业链的层次性方面，不同经济区域之间的经济发展状况出现了一些差异。一般而言产业链下游环节所在的地方，更多地从事深加工、精加工和精细加工的经济活动。因为产业链越往下移，附加的价值常常就越高，这样就拉动了下游环节所在地区的经济，比如资金技术优势比较明显的东南沿海地区。反之，产业链上游环节则更多地从事资源开采、或者劳动力密集的经济活动，所需要的技术投入或者资金投入相对低一点，创造出的附加价值往往也低一些。因此，相比下游环节，上游环节所在区域的经济水平往往较低，经济上可能是欠发达的。

从地产产业链看我国经济周期。之所以选择对地产产业链进行纵深分析，是因为地产行业发展周期是我国经济发展的核心周期之一。从往年的经济动向看，地产行业对我国内部需求的支撑作用较强，地产销售、地产投资能够有效拉动上游周期商品的需求，同时对下游家具、家电的地产后周期性消费形成刺激，但同时由于房地产资金与银行联系紧密，过高的房价往往会造成金融风险，因此宏观经济的周期视角一定要讨论地产周期。

我国地产投资能够带动内需，而地产销售是地产投资的先行指标，地产销售可以通过现房及期房销售两种手段扩大国内需求。假设当前房地产行业政策相对积极、旺盛，地产销售除能够有效拉动家电消费外，也能通过地产销售回款对地产投资形成有效的拉动作用。房地产销售回款是地产消费的零成本资金，可以降低地产企业与银行的资金捆绑风险，产业链上游的周期行业需求均将有所提振。同时，地产销售的扩内需作用还体现在销售结构上，当前我国期房的销售比例较高，一旦前期销售旺盛，为保证期房如期交付，地产上游的采购需求也将旺盛。

第二节 从电力行业看科技赋能的重要影响

上文从产业链角度对周期行业进行了一个详尽的分析，但是科技行业的分析方法不一样。随着时代的进步，经济的发展，人工成本的上升，人口因素给中国带来的经济红利日益降低，中国迎来从工业制造大国向创新大国转型的历史节点，以创新和科技带动经济的发展是目前提高我国国际竞争力的主要着眼点。2016 年 5 月，习近平在全国科技创新大会上发表讲话："我国科技界要坚定创新自信，坚定敢为天下先的志向，在独创独有上下功夫，勇于挑战最前沿的科学问题，提出更多原创理论，作出更多原创发现，力争在重要科技领域实现跨越发展，跟上甚至引领世界科技发展新方向，掌握新一轮全球科技竞争的战略主动。"

我们以传统电力行业科技赋能作为案例。电力是保障社会经济发展、提高人民生活水平的基础产业，经济要发展，电力须先行，利用先进的科学技术带动电力产业发展将成为经济发展的有效动力。

一、煤从空中走的特高压输电技术

我国特高压输电技术产生的背景：我国电力资源与电力负

荷分布不均是制约电力长期发展的重要因素，80%以上的电力资源分布在西部、北部。内蒙古自治区、山西、陕西煤炭资源储量均位居全国高位；新疆、内蒙古存在优质的风力资源；青海、甘肃地广人稀，光照强烈，适合建造大规模光伏电站；云南、四川水能丰富，水力发电占强势地位。我国70%用电负荷中心集中在京、津、冀、鲁以及东部沿海的长三角、珠三角与环渤海地区。能源基地与负荷中心的距离最远至3000千米，这使我国能源布局面临两个选择：一是在负荷中心加大电站建设，二是将能源基地电量远距离外送。最终国家决定以西电东送作为中国电网发展的长期战略方针，为降低电能远距离传输过程中的线路损耗、系统不稳定和短路电流等问题，特高压输电应运而生。

特高压输电指正负800千伏及以上的直流输电，以及1000千伏及以上交流电输电，其目的是以较低的功率损耗、稳定的输电模式实现大功率的中、远距离输电，协调解决电力资源地区不平衡问题，实现我国电力系统互联，形成国内乃至国际联合电力系统。

（一）特高压输电技术具有以下优势

1. 大幅提升电网送电能力、降低线损

输送功率，1000千伏特高压交流输电线路约为500千伏输电线路的4—5倍，±800千伏特高压直流输电线路是±500千伏输电线路的2—3倍；同时，采用特高压输电较常规输电可将线路损耗降低45%左右。

2. 改善环境质量，提高清洁能源用电占比

采用特高压输电，可以推动清洁能源的集约化开发和高效利用，将我国西南地区的水电、西北和北部地区的风电、太阳能发电等清洁电能大规模、远距离输送至东中部、东南部负荷中心，实现“电从远方来、来的是清洁电”，减少化石能源消耗及污染物排放，具有显著的环境效益。

3. 节约建设用地资源

相对于高压、超高压输电，采用特高压输电能够大量节省输电走廊，输送同功率电量，若采用特高压线路输电可以比采用500千伏高压线路节省60%的用地，提高建设用地资源的整体利用效率。

4. 提高电网运行的安全性

采用“强交强直”的特高压交直流混合电网输电，可大幅降低直流系统故障情况下500千伏电网潮流转移能力不足、无功电压支撑弱等问题，减少电网大面积停电风险，并可为下一级电网逐步分层分区运行创造条件，解决短路电流超限等限制电网发展的问题，提高电网运行的灵活性和可靠性。

（二）我国的特高压输电发展历史

改革开放之初，我国电网最高电压等级为330千伏，1981年出现500千伏，1989年出现±500千伏，2005年出现750千伏。2009年1月，全长为654千米、电压等级为1000千伏特高压交流输电“晋东南线”工程竣工，其始于山西，经河南南阳到湖北荆门，实现了华北与华中的特高压跨区联网，成为全球

首个商业运营的特高压输电项目，被国际大电网委员会（CIGRE）秘书长让·科瓦尔称为“电力工业发展史上的重要里程碑”。“晋东南线”工程至今运行已达10年，85%以上的国产化设备保持着安全稳定的运行。

为将四川向家坝总装机容量为640万千瓦的大型水电站电量外送消纳，向家坝—上海±800千伏特高压直流输电工程于2007年12月开工，2010年7月投产，额定容量640万千瓦，线路全长1907千米，标志着我国迎来特高压交直流混联电网时代。作为我国自主研发、自主设计和自主建设的世界高电压等级、先进技术水平的直流输电工程之一，向上直流途经四川、重庆、湖北、湖南、安徽、浙江、江苏、上海等8省市，实现了将四川富余水电资源向长江流域重要用电负荷地区远距离输送电能的目的。

甘肃酒泉地区风光资源丰富，截至“十三五”末，风力发电、光伏发电总容量已达1000万千瓦。为配套将清洁能源电量送出，减少弃风弃光导致的资源浪费，酒泉—湖南±800kV特高压直流输电线于2015年6月开工，2017年6月全线投产，额定容量800万千瓦，线路全长2380千米。酒泉湖南特高压项目起于甘肃酒泉，途经甘肃、陕西、重庆、湖北、湖南5个省市，止于湖南湘潭县，配套建设酒泉、湘潭两座换流站。该线路的投产标志着中国首条风电、光伏发电大通道已经投运，每年可减少燃煤运输1800万吨，减排烟尘1.5万吨、二氧化硫8.8万吨、氮氧化物8.0万吨、二氧化碳2960万吨，将大力推动大气污染、温室效应防治目标的实现。

新疆准东开发区煤炭资源丰富，预测煤炭资源储量3900亿吨，已探明储量2531亿吨。准东开发区在建及建成煤电项目装机总规模2653万千瓦，为满足煤电资源外送需求，全长达3324千米的准东—皖南±1100千伏特高压直流输电工程2019年9月正式投产，途经新疆、甘肃、宁夏、陕西、河南、安徽等6省区，成为目前世界上电压等级最高、输送容量最大、输送距离最远、技术水平最先进的特高压直流输电工程。准东—皖南特高压工程成功突破±800千伏直流输电技术，实现了±1100千伏电压等级的全新跨越，进一步增强了中国在电网技术和电工装备制造领域的国际影响力与核心竞争力，其输送功率将达1200万千瓦，每千米输电损耗降至1.5%，每年可向华东地区输送600亿—850亿千瓦时的电能，消纳新疆煤炭产量3000万吨。准东—皖南特高压工程在促进新疆能源基地开发、保障华东地区电力可靠供应、优化能源配置、拉动经济增长、实现新疆跨越式发展和长治久安等方面具有十分重要的意义，同时引领了技术创新，带动我国输变电设备制造水平迈上新台阶，扩大我国高压输电技术的国际领先优势。

截至2019年年底，我国已累计建成“九交十四直”23个特高压工程（详见表3-1），特高压输电工程不仅在优化电力资源配置方面贡献卓越，还具有工程造价高、土地和走廊资源占用少，所属产业链长等特点，可大力带动电源、电工装备、用能设备、原材料等上下游产业，推动制造业转型升级，培育我国经济新增长点。

表3-1 电力行业主要特高压项目

分类	线路	电压等级（千伏）	线路长度（千米）	投产时间（年）
交流	晋东南—南阳—荆门	1000	654	2009
	淮南—南京—上海	1000	2×649	2013
	浙北—福州	1000	2×603	2014
	锡林郭勒盟—山东	1000	2×730	2016
	蒙西—天津南	1000	2×608	2016
	淮南—浙北—上海	1000	2×738	2016
	锡林郭勒盟—胜利	1000	2×240	2017
	榆横—潍坊	1000	2×1049	2017
	苏通 GIL 综合管廊	1000	2×228	2019
直流	云南—广东	±800	1438	2010
	向家坝—上海	±800	1907	2010
	绵屏—苏南	±800	2059	2012
	糯扎渡—广东	±800	1659	2013
	哈密南—郑州	±800	2192	2014
	溪洛渡—金华	±800	1653	2014
	宁东/灵州—浙江/绍兴	±800	1720	2016
	滇西北—广东	±800	1959	2017
	酒泉—湖南	±800	2380	2017
	晋北/山西—江苏/南京	±800	1119	2017
	锡林郭勒盟—泰州/江苏	±800	1620	2017
	上海庙—山东	±800	1238	2017
	扎鲁特—青州	±800	1234	2017
	准东—皖南	±1100	3324	2019

二、取不尽的绿色可再生能源

我国煤炭储量位居世界前列，但由于人口因素，人均煤炭储量仅为世界平均水平的70%左右，并不占优势。为摆脱国内能源危机、推动低碳经济的发展、促进国内相关产业结构的升级，持续推动可再生能源发电势在必行。

（一）可再生清洁能源的替代作用日益突显

截至2018年年底，我国可再生能源发电装机达到7.28亿千瓦，同比增长12%；其中，水电装机3.52亿千瓦、风电装机1.84亿千瓦、光伏发电装机1.74亿千瓦、生物质发电装机1781万千瓦，分别同比增长2.5%、12.4%、34%和20.7%。可再生能源发电装机约占全部电力装机的38.3%，同比上升1.7个百分点，详见图3－1。

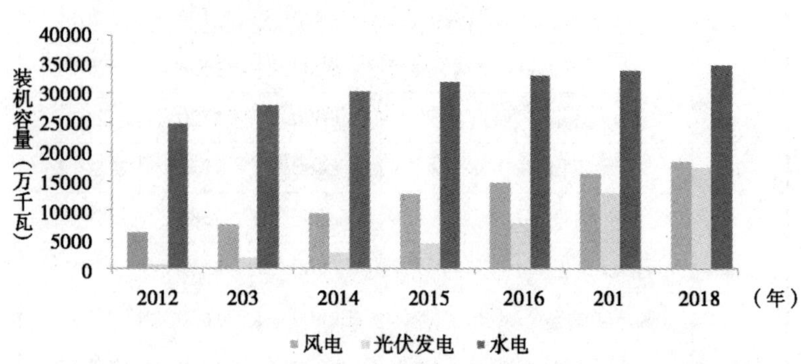

图3－1　我国历年可再生能源装机情况

（二）可再生能源的发电量及利用率逐步增高

2018 年，可再生能源发电量达 1.87 万亿千瓦时，同比增长约 1700 亿千瓦时；可再生能源发电量占全部发电量比重为 26.7%，同比上升 0.2%。其中，水电 1.2 万亿千瓦时，同比增长 3.2%；风电 3660 亿千瓦时，同比增长 20%；光伏发电 1775 亿千瓦时，同比增长 50%；生物质发电 906 亿千瓦时，同比增长 14%。全年弃水电量约 691 亿千瓦时，在来水好于 2017 年的情况下，全国平均水能利用率为 95% 左右；弃风电量 277 亿千瓦时，全国平均弃风率 7%，同比下降 5%；弃光电量 54.9 亿千瓦时，全国平均弃光率 3%，同比下降 2.8%，详见图 3-2。

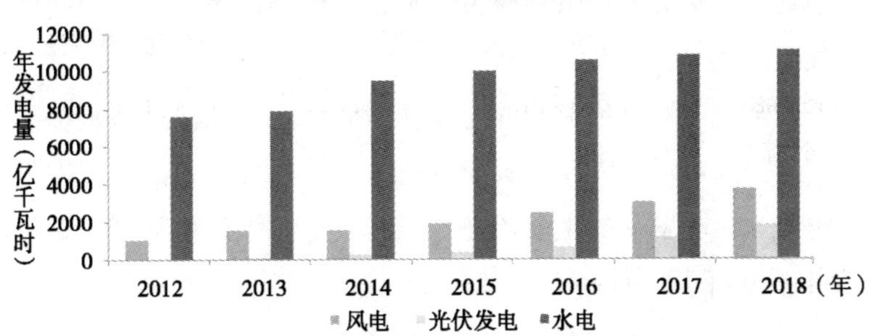

图 3-2　我国历年可再生能源发电情况

我国风能资源丰富，可开发利用的风能储量约 10 亿千瓦，其中，陆地上风能储量约 2.53 亿千瓦，海上可开发和利用的风能储量约 7.5 亿千瓦，共计 10 亿千瓦。

1986 年，山东省荣成市马兰风力发电场的投运标志着我国首个风力发电场的诞生；1989 年，100 千瓦以上的风力发电场陆续在我国建设；1994 年，新疆达坂城合计风电并网总装机容量达 10 兆瓦，成为我国首个装机容量达万千瓦级的风电场；1996 年，随着“乘风计划”“双加工程”“国债风电项目”的推出，我国风力发电踏入规模化发展的黄金时段；2003 年，风力发电开始实行特许权招标；2005 年，我国《可再生能源法》颁布与实施；“十三五”期间，国家能源局颁布的《风电发展“十三五”规划》推动我国风力行业进一步迅猛发展。

（三）我国政府始终将风电发展作为能源革命、能源结构调整的重要组成部分，加以大力支持

风电标杆电价的公布，海上风电电价政策的出台，及对风电消纳问题解决的一系列政策，都很好地推动着风电行业的健康发展。

目前风力发电技术发展的主要着眼点在于如何进一步提高效率、提高可靠性以及有效降低成本，大单机容量的风力发电机组成为风电发展的主要趋势。风力发电技术诞生初期，单机容量仅 55 千瓦，1990 年，单机容量 250 千瓦的风机机组开始出现，1997 年，突破 1000 千瓦，1999 年达到 2000 千瓦。自 2000 年以来，兆瓦级风电机组作为主流产品在国际市场上迅速发展。2004 年，第一台 5 兆瓦风电机由德国 Repower 公司研制，德国 Enercon 公司随即开发出第二代直驱式 6 兆瓦风电机。目前，我国新建陆上风电单机容量多为 2000—3000 千瓦，海上风电单机容量多为 6000 千瓦。2019 年，东方电气与三峡集团联合研制的国内单机最大 10 兆瓦海上风电机组正式下线，两大央企强强联合，历经两年的研发，揭开了中国海上风电整机技术发展新篇

章，为新能源产业发展注入新动力。

（四）2015 年以来，我国可再生能源电价补贴加速退坡，2021 年以后即将开启平价上网时代

为保持良好的盈利水平，风电项目的造价需要逐渐被压缩、利用小时需要逐渐提高。风电项目运营所需支出的现金流中，与初始投资成本相关的还本付息资金占比很大，风电项目初始投资成本对于企业自有资金收益率的敏感性系数为 5 左右，而初始投资成本里，风机成本是占比最大的部分，最高可达八成，因此风机价格的高低，是决定风电项目盈利水平的重要因素之一；风电项目的收入即为电费收入，而直接影响电费收入的则是电价及发电量，提高风电项目利用小时可直接提高其经营收入从而提高经济效益。随着技术的进步，风电项目开发所需的风资源区逐渐降低门槛，从之前的“三北”慢慢转移到中部地区，可开发风资源风速也降低到每秒 7 米、6 米、甚至 5 米以内，叶片越来越长，塔筒越来越高，相对于以前的 1.5 兆瓦、2 兆瓦风电机组来说，现在大兆单机容量风电机组单位千瓦造价成本处于下降趋势、风能转换率显著上升。在我国政策的激励、技术进步的推动下，国内风电产业技术与国际水平的差距不断缩小，部分技术已达到国际先进水平。目前国内最大海上风机叶轮直径达到 171 米，成为全球之最；最高风机轮毂高度已超过 150 米，最长风机叶片达到 84 米。运维技术方面，增强气动、故障预测、新型传感和寿命分析等新技术得到普遍应用，持续提升风电机组的发电效率、性能及稳定性，支持风力发电技术稳步发展。

（五）我国丰富的太阳能资源为大面积开发光伏发电项目打下了坚实的基础

我国太阳能资源丰富，每年日照小时数大于2000小时地区占全国总面积的60%以上，年辐射量在每平方米5000兆焦耳以上。据统计资料分析，我国陆地面积每年接收的太阳辐射总量为每平方米3.3×103—8.4×103兆焦耳，相当于2.4×104亿吨标准煤的储量。其中，青藏高原、甘肃北部、宁夏北部、新疆南部、河北西北部、山西北部、内蒙古南部、宁夏南部、甘肃中部、青海东部、西藏东南部等地属于太阳能资源丰富区域。

光伏发电项目主要包括光伏发电组件、逆变器、交流配电柜和太阳跟踪支架等设备，其中光伏发电组件是项目的核心设备，其在光生伏特效应的作用下，两端产生电动势，将光能转换成电能。提升光伏组件的转化率、降低组件每瓦造价将是光伏发电发展的两大抓手。

光伏组件一般为硅电池，分为单晶硅太阳能电池、多晶硅太阳能电池和非晶硅太阳能电池三种。近几年来，我国光伏组件产业化技术水平一直全球领先，光伏企业频频创造世界纪录。2019年1月，汉能和隆基分别创造了全国转换效率之最的24.23%的SHJ组件，以及24.06%的PERC单晶组件，达到世界最高效率。2019年5月，天合光能研发了大面积N型i-TOPCon单晶组件，其效率达24.58%，一举打破世界纪录；阿特斯创造了大面积多晶硅太阳电池效率达22.28%的世界纪录。

在提高光伏组件转换效率的同时，利用跟踪支架系统提高太阳能利用率同样有助于提高光伏发电项目的经济效益。如今，跟踪支架系统主要有斜单轴跟踪系统、水平单轴跟踪系统以及双轴跟踪系统。这三种跟踪支架系统相比较固定式的光伏发电系统，可以分别有效提升光伏发电项目上网电量的31%、18%、36%左右，在全面综合造价与发电量提升的基础上，可以有效提高光伏发电项目的技术经济可行性。

近年来，国家对光伏发电的补贴削减倒逼光伏发电产业链的技术进步，同时，我国光伏产业受益于完善的配套环境、相对低廉的要素成本，以及产业规模效应，生产的组件价格一直处于全球低水平，光伏发电组件造价持续不断下降，目前，光伏组件价格低至峰值功率2元以下，在五年内已下降超过50%。

三、新能源、智能电网发展

为提高电网运行安全性及可靠性，为解决可再生能源发电不稳定性，实现新能源电力协调控制及友好并网，为保证新能源汽车行业的快速推广，储能行业迎来了良好的发展前景。

2018年末，全球范围内，已投运储能项目总装机规模180.9吉瓦，其中占比最大的是抽水蓄能系统，达到94%。我国在运行储能项目合计装机规模31.3吉瓦（详见图3-3），占全球储能项目装机总规模的17.3%；我国储能项目中占比最大的抽水蓄能占比95.8%。预计截至2020年年底，我国累计储能项目总装机容量将达到45.16吉瓦。

近年来，我国抽水蓄能装机增速较平缓，而化学储能装机增速迅猛，尤其2018年，化学储能装机较2017年增长175%（详见图3-4）。

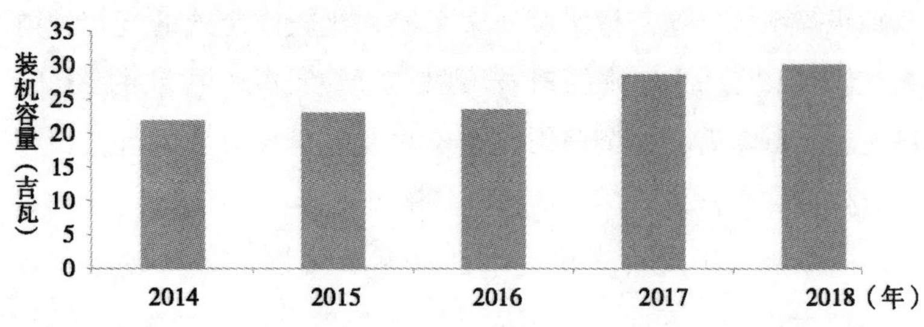

图3－3　我国抽水蓄能装机情况

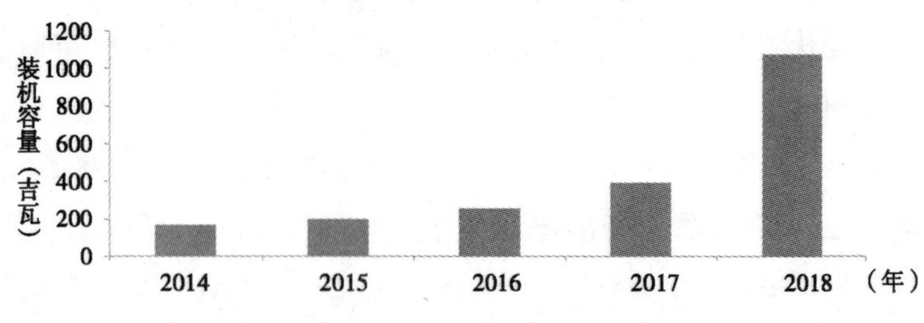

图3－4　我国化学蓄能装机情况

抽水蓄能系统由于有较长的发展历史，成熟的技术，相对低廉的成本，较大的容量以及较长的寿命一直被大规模应用于电力系统调峰调频和备用领域，大部分抽水蓄能项目和水电项目、核电项目、风电项目相互结合应用，在很多国家得到推广，尤其是发达国家，在可再生能源发电项目和储能系统配套运用方面已有一定的成功经验，其中日本、美国和欧洲各国的抽水蓄能电站装机容量占全球抽水蓄能电站总和的80%以上，抽水蓄能将在储能应用中保持长期的主导地位，暂不会动摇。但以电池为储能方式的化学储能具有高功率、良好的循环特性、灵敏的响应速度等优点，在电能质量优化条件方面表现出色，正在全世界范围内被积极研究、推动。

储能在四个大领域支持我国电力市场发展：可再生能源并网、辅助服务、电网侧和用户侧。

（一）储能系统在可再生能源并网领域的应用

在集中式可再生能源并网领域，储能系统主要应用于解决弃风弃光，跟踪计划出力，平滑输出。

作为可再生能源发电主力的风力发电和光伏发电的一大特性就是发电功率波动较大，容易出现弃风、弃光的现象，导致资源的浪费。储能系统安装在可再生能源发电场站侧时，当电网难以完成调峰或者输电通道阻塞时，储能系统可通过电力的储存，有效避免可再生能源发电场站的出力受限，减缓电网调峰能力不足和输电通道阻塞问题。当可再生能源电站出力不足时，储能系统再释放电能提高可再生能源场站的上网电量，大大优化了可再生能源电站资源配置情况。

另一方面，储能系统可以减缓可再生能源电力大量并网时出力的随机性、波动性，一定程度上保证电网功率平衡。在可再生能源电站配置储能系统，基于电站出力的预测情况进行储能充放电调度，实现场站与储能联合出力对出力计划的跟踪，平滑出力，有效提高电网对可再生能源电力的接纳能力，增加其并网的友好性。

（二）储能系统在辅助服务领域的应用

在辅助服务领域，储能主要应用于调频、调峰和备用容量等方面。

电力系统频率一旦发生超出范围的变化，会给电力系统安全稳定运行带来威胁，严重时会造成设备的损坏，利用储能系统进行频率调节响应速度快，调节速率大，动作正确率高，有效达到调频目的，保证系统安全稳定运行。

用电负荷在电力系统运行时呈现规律性的高峰低谷，配备储能系统可以在用电高峰期向电网输送电能，缓解局部缺电问题，目前抽水蓄能电站主要运用在电力系统调峰领域。

当电力系统出现事故时，为保障电能质量和系统安全稳定运行需要有额外的有功功率储备，储能系统作为备用容量，通过充放电操作，调节电网有功功率，使电网达到平衡状态。

（三）储能系统在电网侧的应用

在电网侧，储能系统主要运用于延缓输电网的升级与增容，提高关键输电通道、断面的输送容量，保持稳定水平。

我国经济不断发展带来的负荷以及电源快速接入电网，致使输变电设备增长需求大，电网输电能力也急需提高。由于土地资源的有限性，输电走廊日趋紧张，同时，输变电项目具有建设周期长、投资大的特点，难以快速满足用电负荷和电源迅速并网需求。将储能系统安装在输电网中，为电网提升输送能力，可以在一定程度上减少输变电设备的投资。

同时，储能系统也可以在配电网中起到很多作用。在配电网中分布装配的储能，可以为大电网提供调频、备用等辅助服务，提高电网运行的安全、经济、可靠性以及接纳分布式电源的能力等。

（四）储能系统在用户侧的应用

在用户侧，储能系统主要应用于分时用电成本优化、容量费用缩减、提高供电质量和可靠性、提高分布式能源就地消纳状况等方面。

储能系统可以利用工商业电价在峰、谷、平时段有所不同的特点，在电价低谷期吸收电量，进而在电价高峰期释放电量，进而降低用户的用电成本，实现项目经济效益的最优化。

储能系统有助于容量费用缩减。工业用户用电功率的最高值决定容量电价，容量电价无关于该功率下用电时间长短和总电量，利用储能设备可以在工业用户用电负荷最高点进行供电，节约其容量费用，优化用电成本。

储能系统可以为明确的服务对象提供供电可靠性。储能设备可以在电网发生异常压降、频率波动或断电时为用户提供稳定用电保障，改善用电电能质量，避免闪断问题，保证重要设备电能不间断。

储能系统可提高分布式能源就地消纳状况。近年来屋顶分布式光伏项目发展迅速，但由于光伏项目仅可利用白天光照强的时段发电，难以满足居民晚间用电负荷高的问题。将储能系统配置在屋顶分布式光伏发电项目后可以有效解决这一问题，使光伏发电的就地消纳情况好转，甚至不再需要电网配电，实现自给自足。

第四节 日本“失去的20年”：“日美贸易战”对中国的启示

对宏观经济进行分析和预判时，往往也需要考虑“外在因素”，例如，曾经有这样一个说法——“日美贸易战”让日本经济倒退了20年。“中美贸易摩擦”会对中国产生同样的影响吗？

一、“日美贸易战”的缘起

二战后美苏争霸使日本成为美国制衡苏联的盟国，在美国给予日本大量政策优惠的刺激下，日本经济得到迅速恢复和发展，日本庞大的经济规模及强劲的经济增速给美国带来了空前的压力。日本对外贸易顺差逐渐扩大，产品出口竞争力强，抢占了美国本土产品的市场。而美国经济自20世纪70年代进入“滞胀”时期，贸易逆差不断扩大，于是贸易战成为美国扼制日本经济发展的重要方式。

具体来说，在20世纪70年代，中东战争的爆发导致了石油危机，美国经济陷入“滞胀”。这一时期美国经济特点是经济增长放缓和通货膨胀明显。1970年美国GDP的增长率为0.2%，1974年和1975年美国GDP增长率已下降到了-0.5%和-0.2%，较20世纪60年代大幅降低。与此同时，美国通货膨胀日趋严重，1961年美国CPI增长率仅为1%，而1974年美国CPI增长率已达到11%，1980年美国CPI增长率已高达13.5%（详见图3－5）。1971年，美国的对外贸易开始出现逆差，1978年，美国对外贸易逆差扩大到297.63亿美元（详见图3－6）。

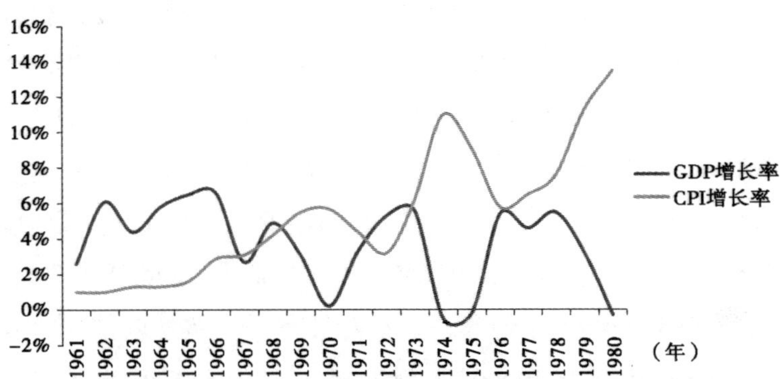

图3－5　1961—1980年美国GDP增长率和CPI增长率

资料来源：Wind，川财证券研究所

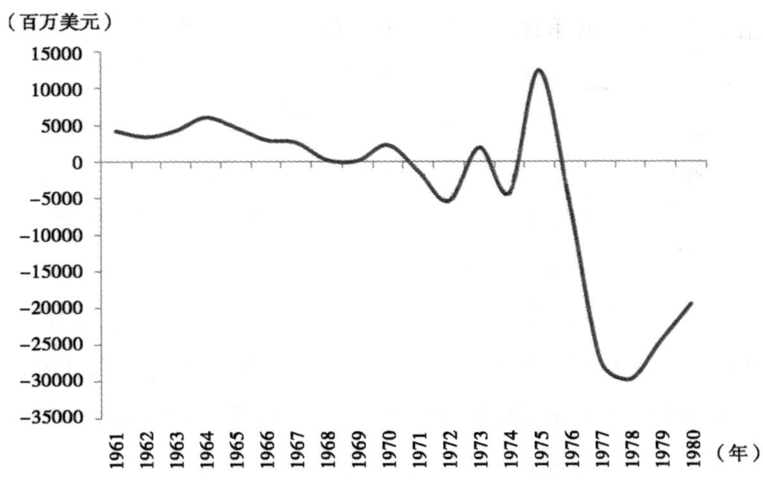

图3－6　1961—1980年美国对外贸易差

资料来源：Wind，川财证券研究所

另一方面，二战之后日本的经济开始逐渐恢复，到20世纪60年代和70年代，日本经济进入高速发展时期。尤其是1961—1969年，日本GDP增速保持在5.82%—12.88%之间。日本经济是出口导向型经济，日本出口占GDP总量的比例较高。1960—1979年，日本的出口占日本GDP总量都在9%以上。1980年开始，该比重还在不断上升，1984年甚至达到了14.72%。20世纪60年代，日本对外贸易频繁出现逆差，但是1971—1985年期间，除了1973—1975年和1979—1980年日本对外贸易出现逆差，其他大多数时间日本对外贸易均处于顺差。尤其是1981—1985年期间，日本对外贸易顺差急剧扩大，从1981年的20048亿日元扩大到1985年的108707亿日元，使1985年的贸易顺差增加到了1981年的5倍以上。1979—1985年，日本对美国的贸易顺差也逐步扩大。

1983年以后，日本对美国的贸易顺差急速增长（详见图3-7）。1979年，日本对美国的贸易顺差为13158亿日元，1983年扩大为43232亿日元，1985年已扩大到了93693亿日元。另外，日本贸易出口严重依赖美国。1979年，日本对美国出口额占了日本总体出口额的26%。到1985年，该比例已提升到37%，日本出口对美国市场依赖程度不断加深。日本日益庞大的经济规模及强劲的经济增速使美国决定扼制日本的高速发展。再加上日本对外贸易顺差逐渐扩大，抢占了美国的市场。于是针对日本经济严重依赖于出口且出口市场对美国严重依赖的问题，美国通过发动贸易战来抑制日本经济竞争力。

根据金圣荣的《贸易战：全球贸易进化史》，早在20世纪50年代，日本与美国在部分领域产生了贸易摩擦，日本通过适

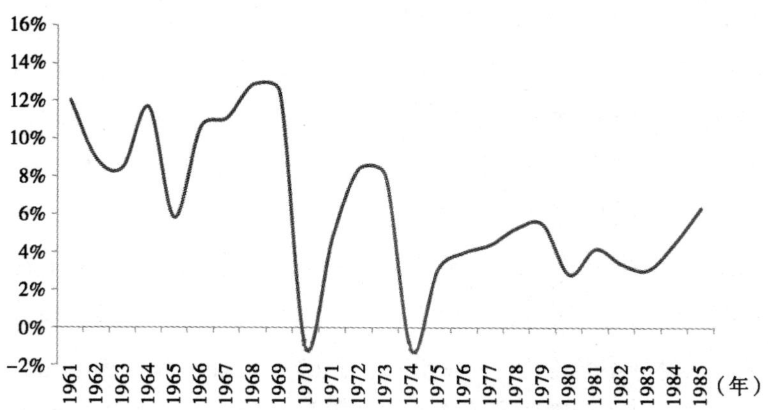

图 3－7　二战后日本 GDP 增长率

资料来源：Wind，川财证券研究所

当的让步巧妙避免了贸易摩擦的升级。但随着日本出口竞争力逐渐增强和日本经济规模的扩大，美国对日本接连发起针对不同行业的贸易战。美日之间这六次贸易战持续时间超过 40 年，均以谈判、签订贸易协议、日本自愿实施出口限制及日本自愿扩大进口、日本开放市场的方式解决。

第一次“日美贸易战”是在 20 世纪 50 年代，由于日本纺织业产能过剩的情况日益加深，导致日本向美国大量出口低价棉纺织品，日本棉纺织品大量出口美国严重打击了美国本土的纺织业，导致了这一时期日美之间贸易摩擦。日美两国在纺织品行业的贸易摩擦最后以签订《1957 年日美纺织品协议》《1962 年日美纺织品短期协定》《1963 年日美纺织品长期协定》《1972 年美日纺织品贸易协定》而告一段落。

第二次贸易战发生在钢铁行业，20 世纪 60 年代初，日本钢铁产量开始大幅超过美国，到 1969 年，美国从日本进口钢铁的需求量从15%上升到了40%，造成了美国钢铁企业的恐慌，美国就钢铁出口多次和日本磋商，磋商的结果是日本自愿限制钢铁出口。日美钢铁贸易战最终以双方签订《1968年日美钢铁产品协议》《1976年美日特殊钢进口配额限制协定》等贸易保护协议的方式结束。

20世纪60年代起，日本电视制造业发展迅速，引发了日美之间的第三次贸易战。随着日本电视机大幅占领美国市场和新款机型的不断推出，导致20世纪70年代美国对日本电视行业实行了反垄断措施。1977年日美达成协议，日本自愿对彩电进行限制出口。

20世纪70年代末到80年代，日美之间打响了第四次贸易战，这次贸易战发生在汽车领域。20世纪70年代，日本汽车产量大幅增加。到1980年，日本汽车产量已位居世界第一，在日本对美国的贸易顺差中，日本出口的汽车占据了出口主力地位，导致了日美贸易摩擦不断。最后，汽车行业贸易战以双方签订《1981年日美汽车及零部件协议》、日本自愿限制出口、日本同意开放市场以及日企到美国直接投资的方式解决。

20世纪80年代到90年代初，日美之间迎来了第五次贸易战——半导体行业贸易战。20世纪80年代以来，日本大规模出口低价芯片，严重打击了美国芯片市场，导致了美国采取一系列贸易保护措施。半导体行业贸易战最终以签订《1987年日美半导体协议》、限制日本出口产品价格等方式了结。

日美之间第六次贸易战发生在20世纪80年代到90年代中期，这次贸易战拓展到电信领域。之后日美之间实行了电信行业开放，打破了日本的电信贸易壁垒。

二、广场协议及其相关影响

日美之间几次不同行业的贸易战并未真正削弱日本的经济实力，但贸易战中广场协议的签订却严重打击了日本经济，使日本陷入“失去的20年”困境。1985年9月22日，美国、日本、联邦德国、英国和法国在美国纽约广场饭店签订广场协议。广场协议的内容包括抑制通货膨胀、减少贸易干预、扩大内需、干预外汇市场，使美元对主要货币汇率实行有序下调。美国、日本、联邦德国、英国和法国在广场协议中主要做出了五项关键承诺：实现无通胀基础上的均衡增长；缩小公共开支，减少政府需求占社会总支出的比例，转变经济增长方式，扩大内需和民间投资；推动金融和资本自由化以及汇率弹性化，提倡汇率应反映国家经济和全球经济的基本面情况；促进贸易开放，抵制保护主义；对于德国和日本的汇率而言，实施灵活管理的货币政策。其中，汇率政策是广场协议内容的关键点。根据广场协议，为加快金融和外汇市场的自由化程度，日本政府需使日元变化充分反映日本经济的基本面。另外，德国政府和德意志银行也必须为有效率的货币市场和资本市场的发展提供框架。

广场协议签订后，日本经济发生了重大转折。根据广场协议，日元大幅度升值，日元的升值打击了日本的出口贸易。另一方面，日本政府为防止通货紧缩风险，采取过度宽松的货币政策。广场协议签订后的两年里，日本政府5次下调贴现率，使贴现率从1983年的5%大幅下调至1987年的2.5%，在短时间内快速下调了250BP（基点）。

广场协议签订后，日本存款利率一路下调（详见图 3－8）。日本存款利率从 1985 年年底的 3.5% 下降到了 1987 年 3 月的 1.76%。宽松货币政策使大量资金流入日本股市和房地产市场，造成日本股市和房地产市场过热，出现大量泡沫。1989—1990 年，面对股市和房地产的资产泡沫，日本央行开始实行紧缩的货币政策，迅速将贴现率和存款利率上调。1989—1990 年日本五次上调贴现率，1990 年 8 月，贴现率上调至 6%。1990 年 12 月，日本存款利率上升至 4.08%，这促使日本经济泡沫迅速破灭。

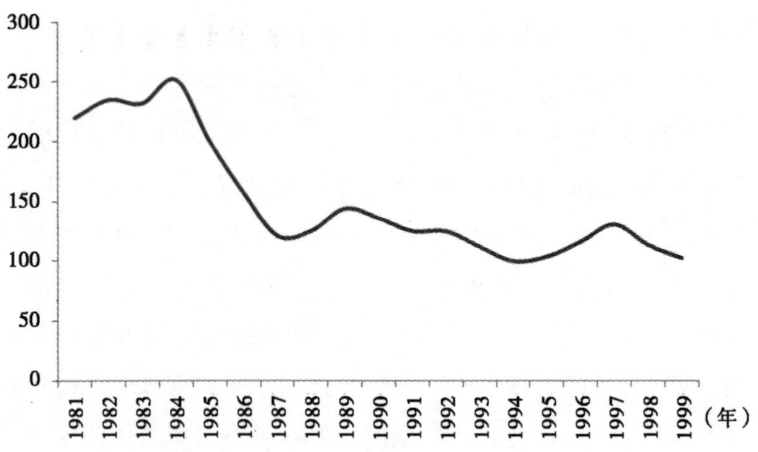

图 3－8　1981—1999 年美元兑日元汇率

资料来源：Wind，川财证券研究所

从 1985 年年底开始，日元出现了明显的大幅升值。美元兑日元汇率开始不断下降，从 1985 年 12 月的 200.25 下降至 1991 年的 124.85。日元的升值使日本的对外贸易顺差开始减少（详见图3-9）。从1987年开始，日本的对外贸易顺差开始缩小。日本的贸易顺差从1986年的最高点13.74万亿日元减少到了1990年的7.6万亿日元，直到1998年，日本对外贸易顺差才恢复到接近1986年的水平。

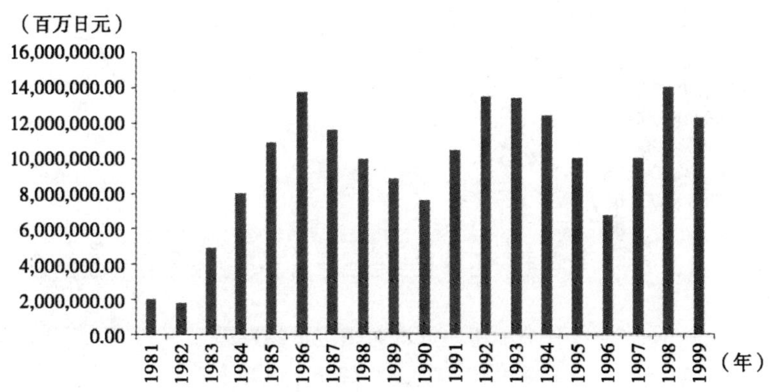

图3-9　日本对外贸易顺差

资料来源：Wind，川财证券研究所

日元的大幅升值使日本对美国的贸易顺差呈现缩小趋势（详见图3-10）。1979—1985年，日本对美国贸易顺差一直呈现出不断扩大的趋势，而广场协议签订后，日本对美国的贸易顺差急速下降。1985年日本对美国的顺差扩大到93693亿日元，而1996年日本对美国的贸易顺差已减少到35461亿日元。直到20世纪90年代末，日本对美国贸易顺差减少的趋势才有所改善。净出口对日本实际GDP同比增长的拉动在广场协议之后也出现了逆转（详见图3-11）。从1986年开始，净出口对日本实际GDP增长的拉动开始下降。1986年净出口对日本实际GDP

增长的拉动为-1.1%，较1981—1985年而言有明显下滑。1986—1989年日本净出口对实际GDP增长的拉动保持在负值。

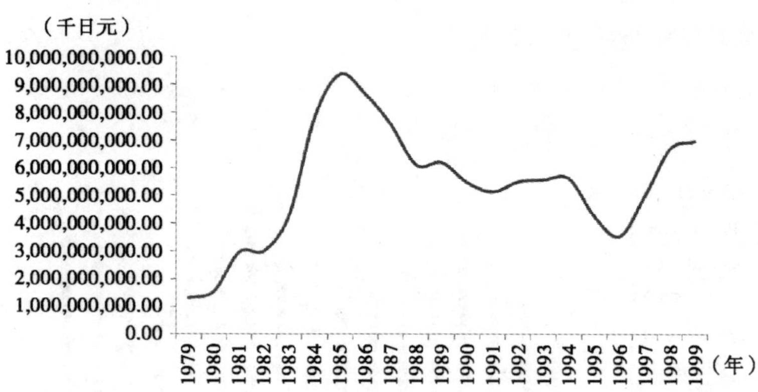

图3-10　日本对美国贸易顺差

资料来源：Wind，川财证券研究所

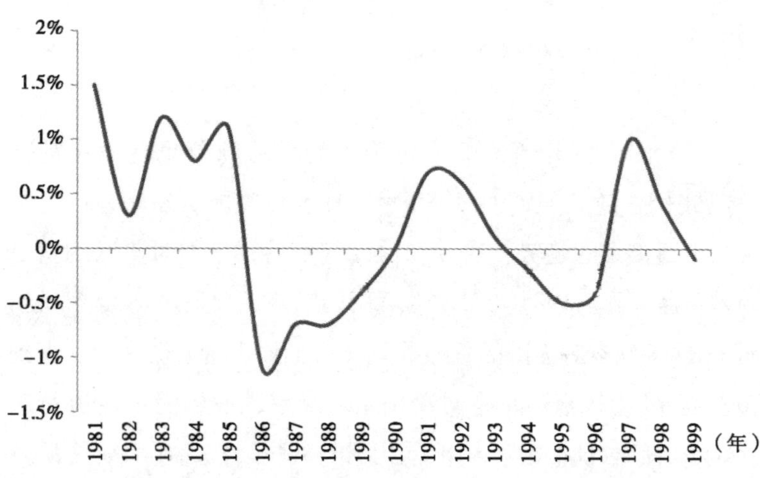

图3-11　日本净出口对实际GDP增长的拉动

资料来源：Wind，川财证券研究所

尽管20世纪90年代初净出口对日本实际GDP增长的拉动有所回升，但1994—1996年以及1999年该值均为负数。

从M2和CPI的增长速度来看（详见图3-12），1985年广场协议签订以后，M2增速大大高于CPI增速，这反映出超宽松货币政策带来的流动性增加并没有大幅拉动消费，大量的资金涌向了房地产和资本市场。

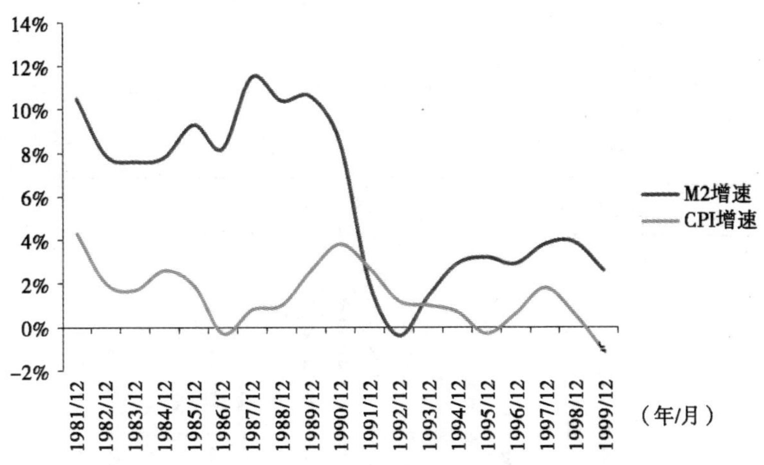

图3-12　1981—1999年日本M2和CPI的增长速度

资料来源：Wind，川财证券研究所

1985年12月，日本M2的增速为9.3%，而CPI的增速仅为1.9%。M2的增速大大高于CPI的增速的情形一直持续。1989年12月，M2的增速为10.6%，而CPI的增长速度仅为2.6%。直到1990年，当紧缩政策出台后，日本M2增速大大高于CPI增速的情形才逐渐改善。

从房地产市场来看，随着1986—1987年货币宽松政策出台，日本大量的资金涌入了房地产市场。日本城市土地平均价格指数开始迅速上升（详见图 3 – 13），从 1985 年的 91.5 上升到 1991 年的 147.8。随着紧缩政策的执行，日本房地产泡沫破灭，日本土地价格迅速下降，到 1995 年，日本城市土地价格指数已经下降到了 126.1。日本住宅市场投资额增长率的走势也反映了广场协议后日本房地产泡沫的产生和破灭（详见图 3 – 14）。1986 年，住宅市场投资额增长率为 9.46%；1987 年，住宅投资额增长率甚至超过了 24%。但随着 1989—1990 年货币政策收紧，房地产泡沫挤出，住宅投资额增长率自 1991 年开始呈现负增长。

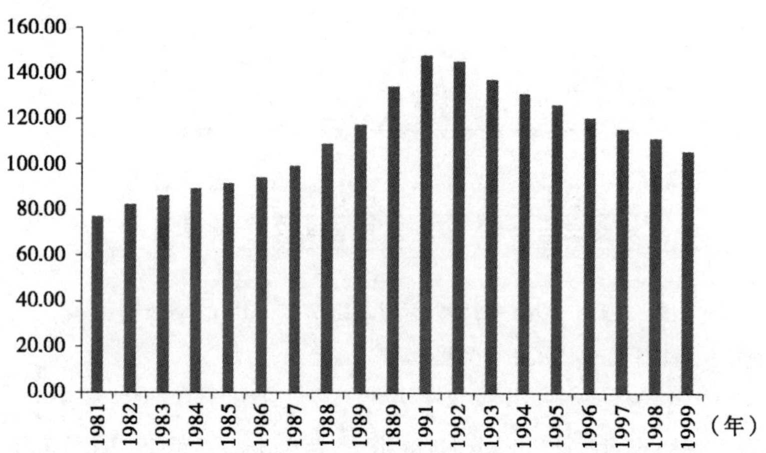

图 3 – 13　1981—1999 年日本城市土地价格指数

资料来源：Wind，川财证券研究所

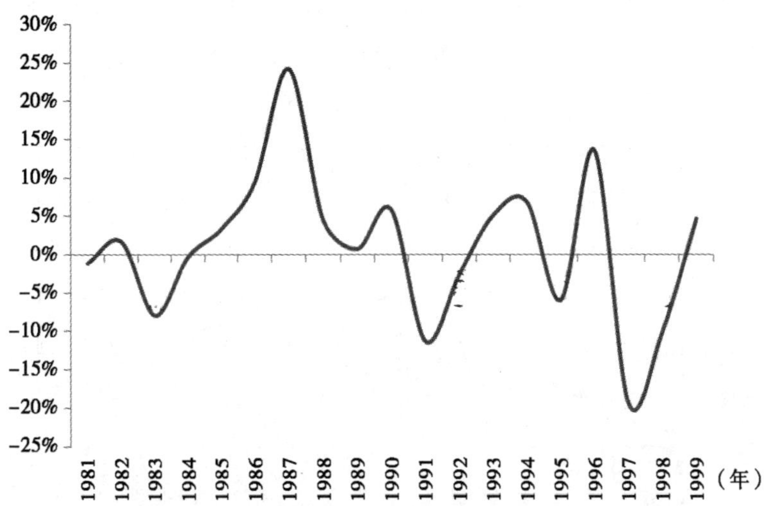

图 3－14　1981—1999 年日本住宅市场投资额增长率

资料来源：Wind，川财证券研究所

三、日本股票市场受到的冲击影响

从股票市场来看，自 1985 年 12 月到 1986 年 12 月，日经 225 指数从 13083 点上升到了 18821 点，上涨幅度超过了 5000 点。从 1987 年到 1988 年，日经 225 指数从 21564 点上涨到了 30159 点，上涨了超过 8000 点。

到 1989 年年底，日经 225 指数已经上升到了 38916 点的历史高位（详见图 3－15）。自 1989—1990 年紧缩的货币政策实施以来，日本股票市场泡沫破灭，日经 225 指数开始进入急速下跌阶段。1990 年 12 月，日经 225 指数以 23849 点收盘，较

1989 年 12 月的 38916 点的高点下跌超过了 15000 点。到 20 世纪 90 年代末，日本股市都处于萧条之中。

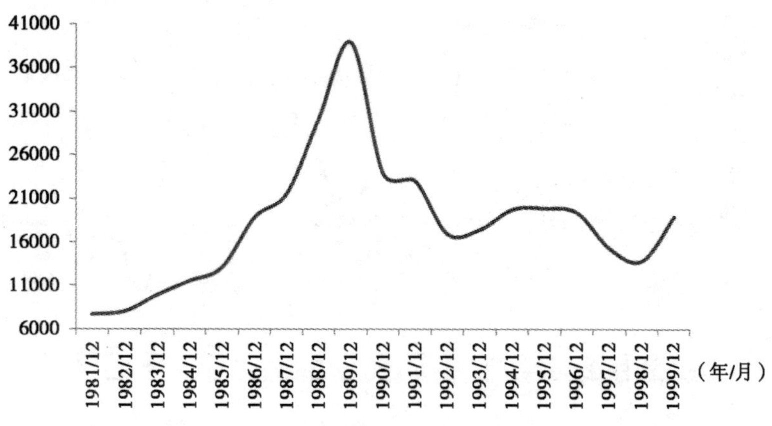

图 3－15　1981—1999 年日经 225 指数走势

资料来源：Bloomberg，川财证券研究所

经济泡沫的破灭使日本整体经济陷入严重衰退的局面。广场协议后，虽然日本 GDP 的增长率从 1985 年的 6.3% 下跌到 1986 年的 2.8%，但随着之后日本超宽松货币政策的实施，大量资金涌入房地产和股票市场，日本进入“平成景气”这一经济过热时期。其中，1988 年日本 GDP 涨幅甚至在 7% 以上。随着 1989—1990 年的紧缩政策实施后，日本的经济泡沫破灭。从 1991 年开始，日本的 GDP 开始迅速下滑，到 1993 年，日本 GDP 增长率已跌到 0.17%。

从日本景气动向指数的表现来看，广场协议签订后，随着货币宽松政策的实施，“平成景气”时期的经济过热形成，这段时间日本景气动向指数开始急剧上升（详见图 3－16）。1989

年，日本景气动向指数甚至达到119.9的高点。随着紧缩政策开始实施，日本经济泡沫破灭，大量企业破产，日本景气动向指数自1991年开始迅速下滑。1993年甚至最低跌到了87.5的低点。这一时期消费者信心指数也呈现相似走势（详见图3-17），1987—1989年，宽松的货币政策使日本内需增大，消费者信心指数开始大幅上升，1988年达到50.5的历史高点。1989—1990年紧缩政策实施后，日本经济泡沫破灭，消费者信心指数开始大幅下滑。1993年消费者信心指数下跌至35.7的低点。整个20世纪90年代，日本的消费者信心指数都没有达到80年代中后期的高位。从失业率方面来看，20世纪90年代初，日本经济泡沫破灭后，日本的失业率开始迅速飙升，从1991年的2.1%上升到了1999年的4.7%（详见图3-18）。

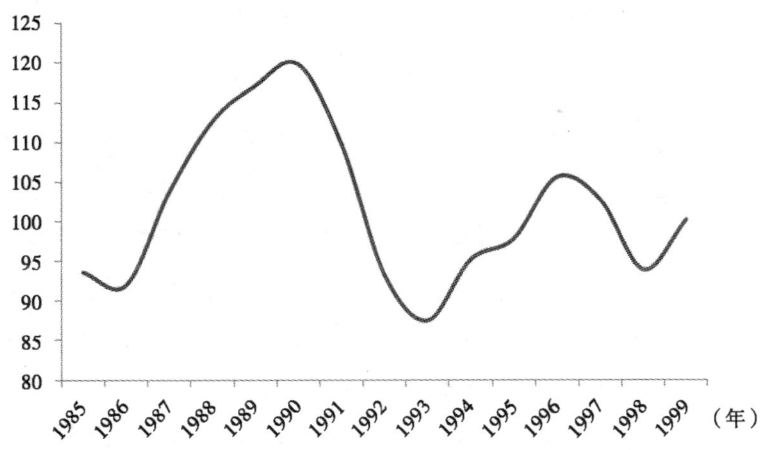

图3-16　广场协议前后日本景气动向指数走势

资料来源：Wind，川财证券研究所

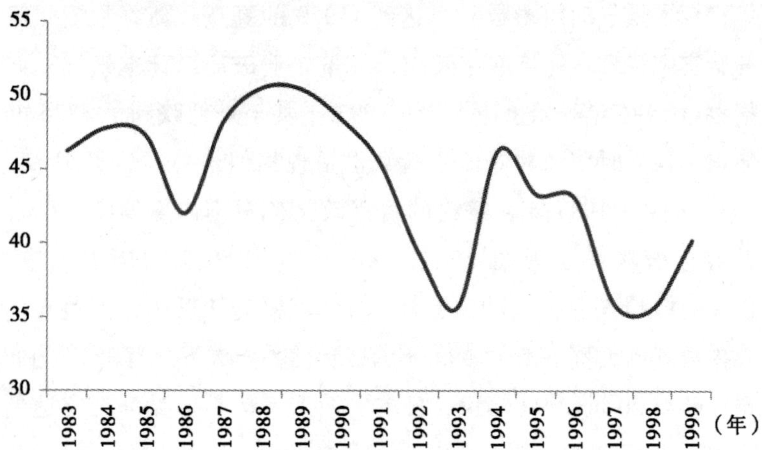

图 3 – 17 广场协议前后日本消费者信心指数走势

资料来源：Wind，川财证券研究所

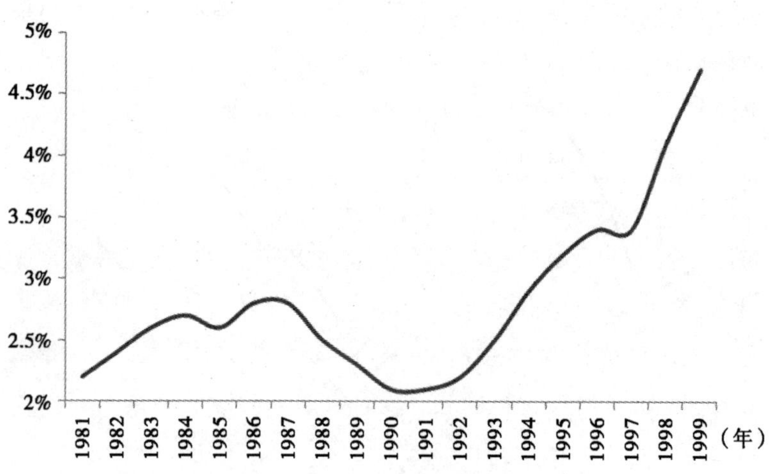

图 3 – 18 1981—1999 年日本失业率

资料来源：Wind，川财证券研究所

20 世纪 90 年代初日本经济泡沫破裂以来，一直到 2011 年，日本经济几乎一直呈现出低迷态势。虽然这一时期出台过紧缩政策，但以凯恩斯主义为主导的积极的财政政策和宽松的货币政策基本是这一时期的主流。在财政政策方面，日本政府出台了超过 20 次紧急经济对策，实施了 200 万亿日元以上的财政投资，导致政府债务数额庞大。

与此同时，日本实行超宽松的货币政策。另外，经济危机爆发后的 1991—2011 年之间，日本政局陷入混乱，政权更迭频繁，除小泉纯一郎以外，其他首相的任命时间都较短，这极大地影响了经济政策制定和施行的连贯性和延续性。小泉内阁时期（2001—2006 年），日本实行新自由主义政策，政府推进规制缓和计划，加快国有企业民营化进程，增强企业活力；进行财政结构的改革和减税政策；推出“金融再生计划”，增加中小企业的融资渠道，解决不良债权问题，调整产业结构。小泉内阁时期的政策一定程度上改善了日本的经济状况，推动了日本经济危机后经济的复苏（详见图 3－19）。

从 1991—2011 年日本经济政策的施行效果来看，虽然这一时期的日本经济依然处于持续低迷状态，但是基本较为稳定。虽然其间日本受到了 1997 年亚洲金融危机、2008 年全球经济危机、2011 年大地震和福岛核电站核泄漏事件的冲击，但整体来看，这一时期的日本经济增速仍然缓慢，通货紧缩特征明显，形成了经济低增长、物价低、政府负债高的经济局面（详见图 3－20）。

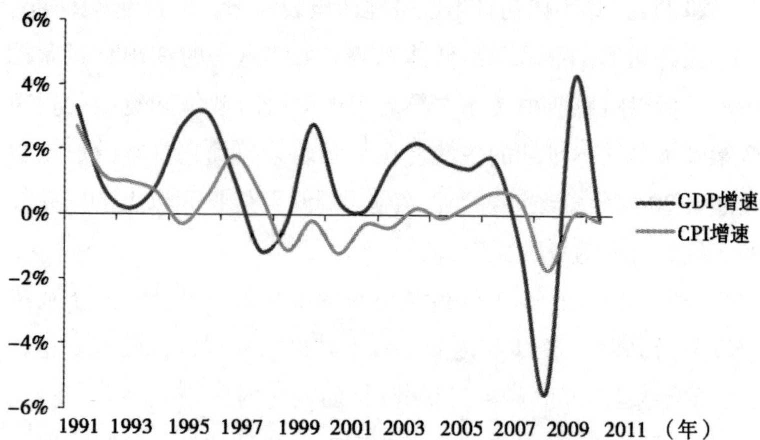

图 3－19　1991—2011 年日本实际 GDP 增速和 CPI 增速

资料来源：Wind，川财证券研究所

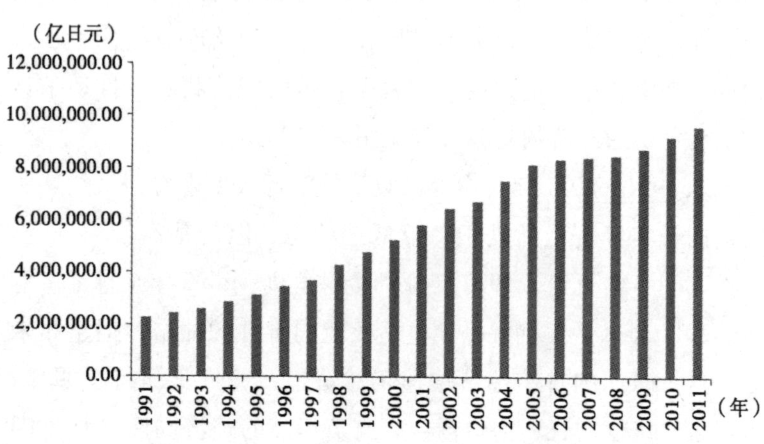

图 3－20　1991—2011 年日本政府债务

资料来源：Wind，川财证券研究所

四、安倍经济学的“三支箭”

2012年12月，随着安倍晋三上台，“安倍经济学”的三支箭成为恢复和发展日本经济的主导。这三支箭分别为宽松的货币政策、扩大的财政支出和结构性改革。另外，安倍晋三提出了三个目标：两年内实现通胀率提高2%；2013—2020年期间，实现年均实际GDP增长率2%；到2020年基础财政收支实现盈余。

“安倍经济学”短期内取得了一定成效。2013年，实现了2%的实际GDP增长率。另外，安倍执政时期股市上扬，日经指数从2012年12月的10395点上升到2017年12月的22765点（详见图3－21），失业率从2012年的4.3%下降到2017年的2.8%（详见图3－22），家庭平均收入从2012年的1178万日元上升到2017年的1211万日元（详见图3－23）。

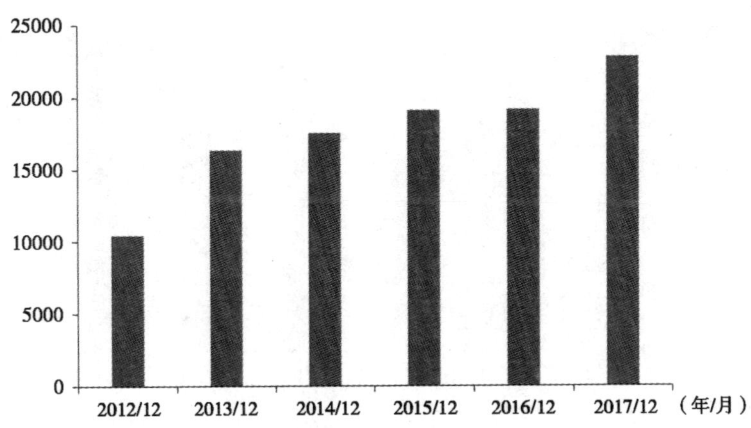

图3－21　2012—2017年日经225指数走势

资料来源：Bloomberg，川财证券研究所

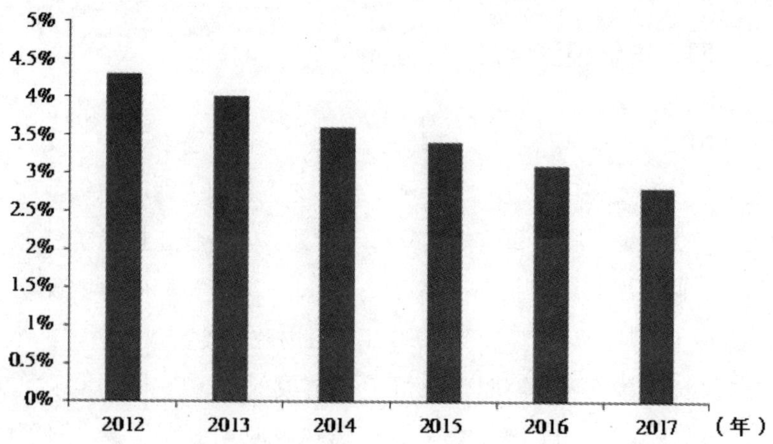

图 3－22　2012—2017 年日本失业率

资料来源：Wind，川财证券研究所

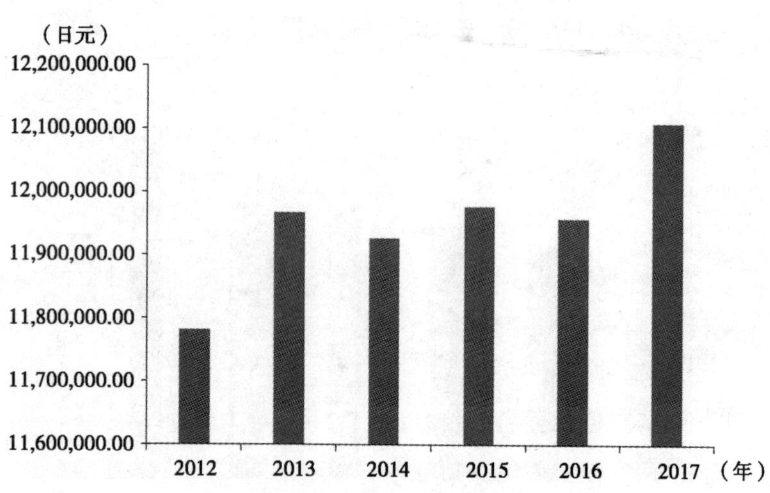

图 3－23　2012—2017 年日本家庭平均收入

资料来源：Wind，川财证券研究所

但是“安倍经济学”依然没有达到恢复和发展日本经济的预期。虽然 2014 年 CPI 增长了 2.4%，但是 2015—2017 年 CPI 不超过 1%，没有达到“安倍经济学”设定的通胀率提高 2% 的目标。2013 年，日本实际 GDP 实现了 2% 的涨幅，但是 2014—2017 年实际 GDP 的增长率只在 0.37%—1.71% 之间波动，没有实现平均 2% 的实际 GDP 增长率（详见图 3－24）。2015 年 9 月，安倍晋三又提出了“安倍经济学”的新三支箭。

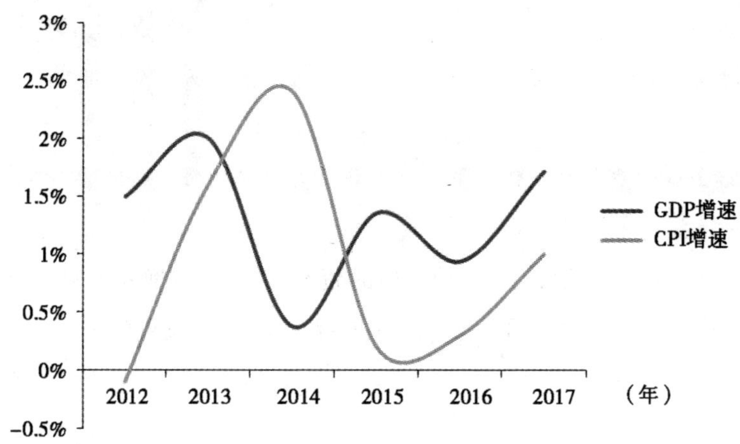

图 3－24　2012—2017 年日本 GDP 增速和 CPI 增速

资料来源：Wind，川财证券研究所

新三支箭的目标是，到 2020 年，日本实现 600 万亿的 GDP 总量；其次是改善年轻人的待遇和实现稳定就业，达到理想生育率 1.8 的目标；第三是延长寿命，提升养老看护环境，目标是护理离职率为零。安倍的新三支箭针对的是日本经济发展的核心阻力——人口结构问题，但日本人口结构问题短时间难以逆转。2015 年，日本 65 岁人口占总人口的比例已达到 26%（详见图 3－25）。日本人口老龄化带来的经济结构性失衡和需求不足极大地影响日本经济的恢复和发展，但是短期内传统的经济刺激政策难以解决这一问题。

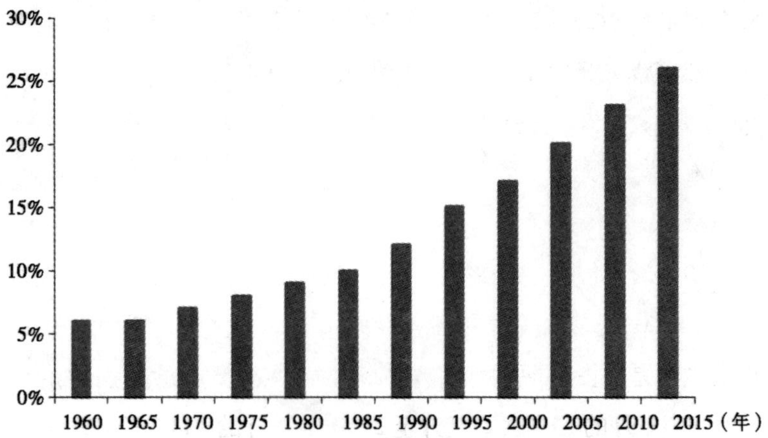

图 3－25　日本 65 岁以上人口占总人口比重

资料来源：Wind，川财证券研究所

另外，从行业角度来看，日本经济泡沫破灭之后，日本的重要产业——信息科技产业和房地产业均受到一定冲击。在近三十年的经济恢复中，日本信息科技产业的国际地位和泡沫一度最大的房地产业繁荣程度仍然没有恢复到经济泡沫破灭之前的水平，与此同时，这对日本信息科技股和房地产股的走势也造成一定影响。

五、信息科技成为日本的支柱产业

在日本“失去的20年”里，20世纪90年代日本经济的大幅衰退、2000年的互联网泡沫、2008年美国次贷危机引发的全球经济危机使日本信息科技股经历了较长时间的回调和波动。随着2008年全球经济危机的影响逐步减小，日本股市在2011年11月—2018年9月经历了20世纪90年代初经济泡沫破灭后最长时间的牛市，日本信息科技股也经历了一轮较大幅度的上涨行情。

2011年11月—2018年9月，日经225指数从8434.61点上升到24120.04点，上升了185.97%。在这轮牛市中，日经225指数主要是靠盈利驱动。日经225指数的EPS（每股收益）从2011年11月的514日元上升至2018年9月的1447日元，上升了将近182%，而PE（市盈率）则是从16.42上升至16.67，仅仅上升了1.52%，PB则是从1.1上升至1.85，上升了68%。另外，日经225指数的ROA（总资产收益率）和ROE（净资产收益率）在这轮上涨行情中有了明显的提升，从2011年11月到2018年9月，日经225指数的ROA从2.1%上升至3.58%，ROE从6.67%上升至11.29%。

在2011年11月至2018年9月的这轮上涨行情中，日经225信息科技行业上涨了249.44%。虽然上涨幅度在日经225指数的所有行业中位列第七，低于医疗保健（374.62%）、日常消费品（360.54%）、非日常生活消费品（357.77%）、能源（338.43%）、通信服务（315.94%）、原材料（292.99%），但是高于工业（247.75%）、房地产（207.02%）、金融（196.49%）和公用事业（78.24%）的涨幅。

2011年11月至2018年9月，日经225信息科技行业涨幅最大的年份为2013年和2017年，涨幅分别为60.8%和40.12%。日经225信息科技板块在2017年12月至2018年9月这一阶段的涨幅是这轮牛市中涨幅最小的阶段，仅为2.15%。从2011年11月至2018年9月日经225信息科技行业的上涨驱动力来看，总体上日经225信息科技行业主要是靠盈利驱动。从2011年到2018年，日经225信息科技行业的EPS从208.47日元上升至444.46日元。而PE从2011年12月的15.44仅上升至2018年9月的19.72。

分阶段来看，在上涨幅度最大的2013年和2017年，日经225信息科技行业的上涨驱动力有所不同。2013年日经225信息科技行业的上涨主要是靠估值的驱动，受盈利驱动的程度较小。2013年9月底，日经225信息科技行业的PE达到103.62，比2012年12月底的38.23上升了171%。日经225信息科技行业的EPS自2011年之后开始呈现下降趋势，2012年和2013年日经225信息科技行业的EPS分别为95.7日元和63.44日元，较2011年的208.47日元有较大幅度的下降。

2017年日经225信息科技行业的上涨主要是靠盈利驱动。从2016年12月到2017年12月，日经225信息科技行业的PE从22.22下降至21.72。而日经225信息科技行业的EPS从2016年的253.52日元上升至2017年的368.2日元，上升了45%。

从营业收入来看，近十年来，日经225信息科技行业的营业收入基本呈现出不断上升的趋势。日经225信息科技行业营业收入从2009年的10.6亿日元上升至2018年的14.2亿日元。日经225信息科技行业营业收入增速最大的年份是2014年和2018年。2014年和2018年日经225信息科技行业营业收入增速分别达到了9.17%和10.94%。

从净利润方面来看，近十年来日经225信息科技行业的净利润在2157万—9289万日元之间波动。净利润最高的年份是2018年，达到了9289万日元。日经225信息科技行业净利润增速较快的年份是2011年、2015年和2017年，净利润增速分别达到了193.42%、65.42%和29.57%。

日经225信息科技行业一共有23个上市公司，普遍是拥有数十年甚至上百年历史的高市值公司。日本电气株式会社（NEC）是其中历史最悠久的上市公司，建于1899年，至今已有120年的历史。成立最晚的是日本三菱住友株式会社（SUMCO），成立于1999年，至今也有20年的历史。其中市值最大的是日立公司，市值达到16.5万亿日元。市值最小的是冲电气工业，为1140亿日元。日经225信息科技行业的上市公司业务范围主要集中在半导体设备、电子设备和仪器、电脑硬件、电子元件、系统软件和信息科技咨询与其他服务。

从这轮牛市的个股涨幅来看，这轮行情涨幅前十的公司依次为阿尔卑斯电气（498.07%）、安川电机株式会社（475.41%）、东京电子（353.98%）、精工爱普生有限公司（344.27%）、太阳诱电株式会社（339.86%）、趋势科技（286.79%）、NTT数据（270.64%）、横河电机（268.85%）、TDK株式会社（263.93%）和富士胶片控股株式会社

(217.65%)。

在涨幅前十的公司中，阿尔卑斯电器的上涨主要集中于2013年和2014年，涨幅分别达到了133.41%和94.54%。安川电机株式会社的上涨主要集中于2017年和2013年，幅度分别达到了175.91%和104.02%。东京电子的上涨主要集中于2017年和2014年，上涨幅度分别为91.22%和62.23%。精工爱普生有限公司的上涨主要集中于2013年和2014年，上涨幅度分别为311.58%和83.57%。太阳诱电株式会社上涨最多的年份为2013年，上涨幅度为83.28%。趋势科技的上涨主要集中在2015年和2017年，涨幅分别为50.9%和57.37%。NTT数据上涨最多的年份为2013年，上涨幅度为47.1%。横河电机的上涨主要集中在2013年，涨幅为73.25%。TDK株式会社上涨最多的年份在2013年，涨幅为64.74%。富士胶片控股株式会社上涨最多的年份是2013年，上涨幅度为76.33%。

从这轮牛市涨幅前十的公司的营业收入来看，除了安川电机株式会社和富士胶片控股株式会社自2017年后营业收入有所下降以外，涨幅前十的日本信息科技上市公司的收入基本呈现出增长趋势。其中，营业收入上涨幅度最大的公司为NTT数据，2018年比2011年收入上涨了82%；收入上涨幅度第二的公司为东京电子，2018年比2011年收入上涨了69%；收入上涨幅度第三的公司是阿尔卑斯电器，2018年比2011年收入上涨了56%。其中，东京电子和阿尔卑斯电气为这轮牛市中该板块涨幅排名第三和第一的公司。

从这轮牛市涨幅前十公司的净利润来看，除了横河电机和太阳诱电株式会社净利润呈现下跌趋势以外，其他上市公司的净利润基本呈现出上升趋势。净利润上升幅度较突出的公司为阿尔卑斯电气、精工爱普生有限公司、东京电子，2018 年比 2011 年净利润分别上涨了 326%、309% 和 184.15%。而东京电子和阿尔卑斯电气是这轮牛市中日经 225 指数信息科技行业涨幅排名第三和第一的公司。

从这轮牛市涨幅前十公司的 ROA 来看，其中有六家公司的 ROA 在 2011—2018 年期间处于上升趋势，分别为东京电子、富士胶片控股株式会社、精工爱普生有限公司、阿尔卑斯电气、横河电机和太阳诱电株式会社。东京电子的 ROA 从 2011 年的 9.55% 上升到 2018 年的 18.87%；精工爱普生有限公司的 ROA 从 2011 年的 1.23% 上升到 2018 年的 4.17%；富士胶片控股株式会社的 ROA 从 2011 年的 2.34% 上升到 2018 年的 4%；阿尔卑斯电气的 ROA 从 2011 年的 2.66% 上升到 2018 年的 7.44%；横河电机的 ROA 从 2011 年的 -1.76% 上升到 2018 年的 4.82%；太阳诱电株式会社的 ROA 从 2011 年的 -2.41% 上升到 2018 年的 5.84%。在 ROA 上升幅度较为明显的公司中，阿尔卑斯电气和东京电子为这轮牛市中该板块涨幅位居前三的公司。

从这轮牛市涨幅前十公司的 ROE 来看，其中有七家上市公司的 ROE 在 2011—2018 年期间处于上升趋势，分别为东京电子、NTT 数据、富士胶片控股株式会社、精工爱普生有限公司、阿尔卑斯电气、横河电机和太阳诱电株式会社。东京电子的 ROE 从 2011 年的 13.22% 上升到 2018 年的 28.84%；NTT 数据从 2011 年的 6.29% 上升到 2018 年的 7.13%；精工爱普生有限公司的 ROE 从 2011 年的 3.72% 上升到 2018 年的 8.33%；富士胶片控股株式会社的ROE从2011年的3.74%上升到2018年的6.83%；阿尔卑斯电气的ROE从2011年的9.76%上升到2018年的17.04%；横河电机的ROE从2011年的-4.54%上升到2018年的8.12%；太阳诱电株式会社的ROE从2011年的-4.13%上升到2018年的10.08%。在ROE上升幅度较为明显的公司中，阿尔卑斯电气和东京电子为这轮牛市中该板块涨幅位居前三的公司。

在2013年这轮日本信息科技股上涨行情中，一些上涨较强的个股存在较为明显的估值溢价。阿尔卑斯电气在2013年9月底的PE为151.53，东京电子在2013年9月底的PE为382.82，均较大幅度超过同一时间信息科技板块的PE值103.62。东京电子在2013年3月底的市盈率达到122.79，TDK株式会社在2013年3月的市盈率达到346.03，均超过同一时间信息科技板块的PE值82.79。从2011年11月到2018年9月涨幅排名前十的股票中，大多EPS经历了较大幅度的上涨。东京电子的EPS从2011年的401.73日元上升到2018年的1245.48日元；TDK株式会社的EPS从2011年的350.9日元上升到2018年的502.8日元；NTT数据的EPS从2011年的26.6日元上升到2018年的41.48日元；富士胶片控股株式会社的EPS从2011年的132.92日元上升到2018年的322.62日元；精工爱普生有限公司的EPS从2011年的25.63日元上升到2018年的118.78日元；阿尔卑斯电气的EPS从2011年的62.14日元上升到2018年的241.91日元；横河电机的EPS从2011年的-25.98日元上升到2018年的80.27日元；太阳诱电株式会社的EPS从2011年的-46.82日元上升到2018年的138.8日元。

在近一轮牛市中，美国信息科技股的上涨对日本信息科技股的回升起到了一定的驱动作用。1999 年以后，日本和美国股市的联动性较大，日经 225 指数基本和标普 500 呈现出高度共振。

日本近一轮信息科技股的走势和美国信息科技股也存在一定的联动效应。在近一轮牛市中，美国标普 500 信息科技行业是从 2009 年 2 月开始上涨，上涨行情一直持续到 2018 年 8 月，较日经 225 信息科技行业启动较早，但是和日经 225 信息科技行业近一轮牛市在时间上较为接近。从涨幅来看，在近一轮牛市中标普 500 信息科技行业是从 215 点上升至 1327 点，上涨幅度约为 517%，高于日经 225 信息科技行业的涨幅。

从 2009 年 2 月到 2018 年 8 月，标普 500 信息科技指数的 PE 从 12.74 上升至 23.57，PB 从 2.52 上升至 6.71，EPS 从 16.88 美元上升至 56.31 美元。对比 1999—2002 年互联网泡沫前美国信息科技股主要呈现出靠估值拉动的特点，标普 500 信息科技指数这轮牛市虽然有靠估值驱动，但是更大程度上是靠利润驱动，这与日经 225 信息科技行业上涨的驱动因素较为相似。在这一轮牛市中，标普 500 信息科技指数的 ROA 和 ROE 都呈现出显著升高的态势，这与日经 225 信息科技行业的表现较为相似。标普 500 信息科技指数的 ROA 从 2009 年 2 月的 6.93% 上升至 2018 年 8 月的 9.12%。标普 500 信息科技指数的 ROE 从 2009 年 2 月的 14.48% 最高上升至 2018 年 8 月的 22%。

在这一轮上涨行情中，标普 500 信息科技指数上涨前十的公司为英伟达、Salesforce.com 股份有限公司、IPG 光子公司、苹果公司、希捷科技公司、美光科技股份有限公司、奥多比、思佳讯解决方案公司、高德纳咨询股份有限公司、万事达股份有限公司，上涨幅度在1328.20%—3562.34%之间，高于日经225信息科技行业上涨前十公司的涨幅。

标普500信息科技指数从2018年9月开始进入回调状态。2018年9月底至12月底，标普500信息科技指数从1327.21点下降至1088.31点。2018年8月底，标普500信息科技指数的PE已达到23.7，PB已经达到了6.7，虽然低于互联网泡沫时的水平，却已经高于2007年底的水平。随着2018年9月开始了标普500信息科技指数的回调，该指数的估值在2018年12月底完成了一轮修正，在2018年年底，标普500信息科技指数PE降低至17.15，PB降至5.81。

在这一轮回调中，美国标普500信息科技行业下跌前十的公司是英伟达、DXC技术公司、西部数据公司、美光科技股份有限公司、联合数据系统公司、IPG光子公司、网域存储技术、苹果公司、FLIR系统公司和Arista网络股份有限公司，回调幅度在-52.39%到-29.53%之间。受美国信息科技股回调的影响，日本信息科技股从2018年10月开始也出现了一轮回调。在2018年10月至12月的回调中，日经225信息科技行业跌幅为-21.08%，仅次于跌幅最大的能源行业（-34.43%）和通信服务行业（-21.44%），高于工业（-18.91%）、原材料（-16.63%）、金融（-16.52%）、医疗保健（-15.03%）、非日常生活消费品（-10.21%）、房地产（-4.55%）、日常消费品（-4.4%）和公用事业（-3.56%）的跌幅。在2018年10月至12月的回调中，日经225信息科技行业回调幅度排名前十的公司是TDK株式会社（-37.69%）、太阳诱电株式会社（-35.94%）、网屏控股株式会社（-30.65%）、西铁城钟表株式会社（-27.64%）、阿尔卑斯电气（-26.02%）、日立（-23.95%）、SUMCO（-23.60%）、NTT数据（-23.39%）、日本电气硝子公司（-23.18%）和横河电机（-20.89%）。其中，TDK株式会社、太阳诱电株式会社、阿尔卑斯电气、NTT数据和横河电机是2011年11月至2018年9月牛市涨幅排名前十的公司。

标普500信息科技指数在2019年初开始反弹，到2019年2月底，标普500信息科技指数已回升至1244点，反弹了14%。值得注意的是，这一轮行情反弹后，标普500信息科技指数的ROA在2019年2月底回升到了12.28%，接近2012年3月的水平；而ROE回升到了34.4%，是近二十年来的最高值。

从估值上来看，2019年2月底，标普500信息科技行业的PE回升到了19.72，PB回升到了6.66，均回到了2018年10月的水平。在2019年初这一轮反弹中，施乐、赛灵思、IPG光子公司、西部数据公司、是德科技公司、Arista网络股份有限公司、Cadence设计系统股份有限公司、KLA-Tencor公司、泛林集团和美光科技股份有限公司是标普500信息科技行业涨幅排名前十的公司，上涨幅度在29.29%到59%。

受2019年初以来美国信息科技股反弹的影响，日经225信息科技股也出现了一轮反弹。在2019年1—2月以来的反弹中，日经225信息科技行业在日经225指数所有行业的反弹表现中排名第三，上涨11.95%，仅次于通信服务（21.18%）和医疗保健（14.3%），表现优于公用事业（10.15%）、工业（8.79%）、金融（7.49%）、原材料（5.92%）、能源（5.08%）、房地产

(5.02%)、日常消费品（0.99%）和非日常生活消费品（-0.18%）。日经225信息科技行业涨幅排名前十的公司是太阳诱电株式会社（33.99%）、东京电子（21.05%）、安川电机株式会社（18.22%）、爱德万测试（17.16%）、富士胶片控股株式会社（16.89%）、西铁城钟表株式会社（16.79%）、SUMCO（15.16%）、日本电气株式会社（13.78%）、日立公司（13.60%）和横河电机（12.78%）。值得关注的是，太阳诱电株式会社、阿尔卑斯电气和横河电机活跃度较高，均为该板块在2011年11月至2018年9月牛市涨幅和2018年9月至12月回调中跌幅均排名前十的公司。

从宏观经济方面来看，日本经济本身呈现出一定的疲软趋势，而和日本经济联系较为密切的美国经济的增速也有一定的趋缓迹象，大环境将对现阶段日本信息科技股的大幅上涨构成一定的影响。从2018年年底最新的GDP增长情况来看，日本在2018年12月的GDP季度同比增长幅度为0，是近两年来的最低水平。从美国2018年底GDP季度同比增长幅度来看，美国保持了3.08%的较为强劲的增长率，短期内美国经济出现巨大衰退的可能性不大。但是由于特朗普执政以来的美国股市上涨主要靠税改和美股回购的拉动，而在2019年，美国经济刺激的推动力基建计划的施行依然存在着不小阻力，叠加特朗普时期的美国政府动荡事件，美国股市再次创造2017年—2018年9月之前的大幅上涨局势仍然存在着一些挑战。这对于紧跟美股走势的日经225指数来说少了一定的提振作用。

从标普500波动率指数（VIX）来看，2018年2月和3月标普500波动率指数（VIX）上升至19以上，2018年10月标普500波动率指数（VIX）达到了21.23，而到2018年12月底标普500波动率指数（VIX）上升至25.42，高于2016—2017年期间标普500波动率指数（VIX）的水平。虽然在2018年2月，标普500波动率指数（VIX）已降至14.78，但是在2018年标普500波动率指数（VIX）多次出现高数值的预警，一定程度上表明现阶段美股市场大幅上升存在一定的压力。这对于受美股走势影响较大的日本股市来说是一个较为负面的因素。

从日经225平均波动指数的表现来看，2018年2月底和3月底，该指标已经超过了22，2018年4月底虽然呈现出一定的下降趋势，但是到2018年10月底，该指标上升到了26.28，在2018年12月底，该指标达到了29.32。虽然在2019年2月底该指标已降至16.78，但是该指标在2018年12月底的高数值对于日本股市创新高来说并不是一个较为乐观的信号。

从信息科技发展来看，虽然日本在工业机器人和芯片等领域占据一定优势，但是仍然面临着激烈的竞争。在1995年《财富》世界500强企业中，有149家是日本企业，有151家是美国企业，有3家是中国企业。而在2018年《财富》世界500强企业中，中国公司达到了120家，美国公司达到了126家，日本公司减少至52家，其中日本的信息科技公司仅有两家，分别是日本电气公司和日立。

从日本信息科技行业生产指数的表现来看，很多分项都有一定的下降趋势。工业机器人、半导体和平板显示器制造设备、电子计算机、电子零件和设备、半导体器件和半导体零件的生产指数在2017年底后基本都呈现出下降趋势。其中，下降最明显的是半导体和平板显示器制造设备、电子计算机、电子零件和设备的生产指数。半导体和平板显示器制造设备的生产指数从 2017 年 12 月的 171.6 下降至 2019 年 1 月的 105.5。电子计算机的生产指数从 2017 年年底的 122.8 下降到 2019 年 1 月的 111.4。电子零件和设备的生产指数从 2017 年底的 108 下降到 2019 年 1 月的 95.9。

从全球范围来看，现阶段以美国和日本为代表的发达经济体信息科技行业的估值并不具有明显优势。截至 2019 年 3 月 15 日，MSCI 日本信息科技指数的 PE 为 18.69，PB 为 1.66。从 MSCI 日本信息科技指数的 PE 来看（详见图 3 - 26），虽低于 2017 年和 2018 年的水平，但是高于信息科技行业急速上涨前的 2016 年时的平均水平。截至 2019 年 3 月 15 日，MSCI 美国信息科技指数的 PE 为 20.98，PB 为 6.85。现阶段 MSCI 美国信息科技指数的 PE 虽然大大低于 2000—2002 年的互联网泡沫时的水平以及 2008 年金融危机时的水平，但是高于 2010—2015 年的 PE 平均值。

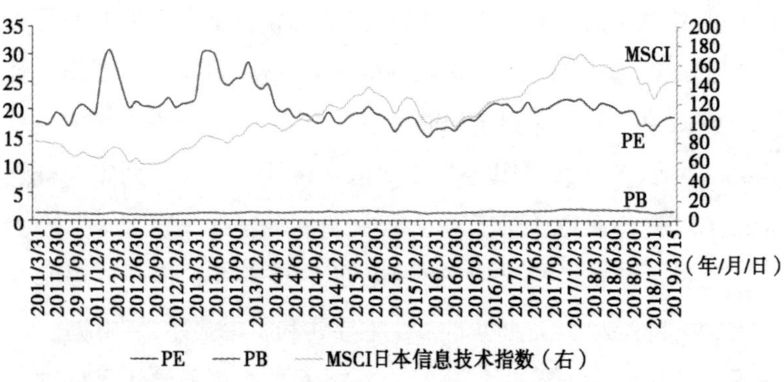

图 3 - 26　MSCI 日本信息科技指数与该指数的 PE 和 PB

资料来源：Bloomberg，川财证券研究所

另外，值得注意的是 MSCI 美国信息科技指数的 PB 值是 2000 年 10 月以来的最高值。较日本和美国这些发达经济体的信息科技股而言，一些以中国为代表的新兴市场国家的信息科技股更有估值优势。

六、日本经济已摆脱房地产依赖陷阱

在日本整体经济恢复不够理想的情况下，日本房地产市场热度的恢复程度依然较为有限。20 世纪 90 年代初日本房地产泡沫破灭之后，日本房价长期内呈现出大幅回落的态势。日本首都圈新建公寓楼平均单价从 1991 年 4 月的每平方米 104.4 万日元的最高点回落至 2002 年 5 月的每平方米 49.3 万日元的低位后，之后大体呈现出缓慢回升的态势。在 2017 年 1 月达到每平方米 97.6 万日元的高位之后，又开始呈现出小幅震荡回落的态势。2019 年 10 月，日本首都圈新建公寓楼平均单价为每平方米 91.4 万日元，虽然较 2002 年 5 月的每平方米 49.3 万日元上升了 85.4%，但是离 1991 年 4 月的高位仍有一定差距（详见图 3－27）。

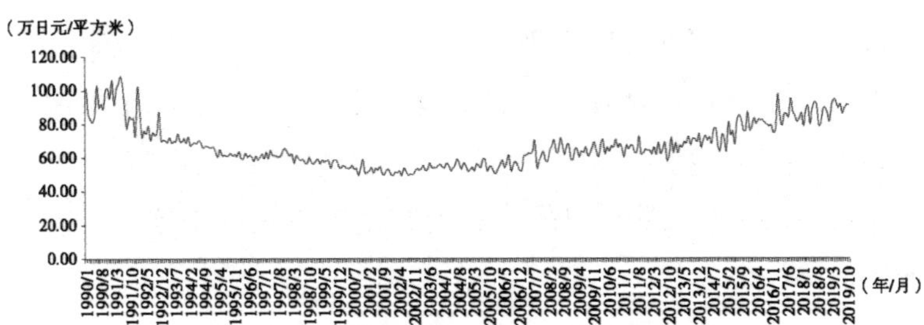

图 3－27　日本首都圈新建公寓楼平均单价

资料来源：Wind，川财证券研究所

从土地价格指数来看，日本东京圈城市土地价格指数在1991年3月达到243.50之后就开始回落，到2013年3月跌至95.97，2019年3月回升至102.90，但是远低于20世纪90年代初的水平。1997—2007年期间基本维持在负值状态，2016年7月最高回升至30.30，而后出现回落，2019年10月回落至10.30。

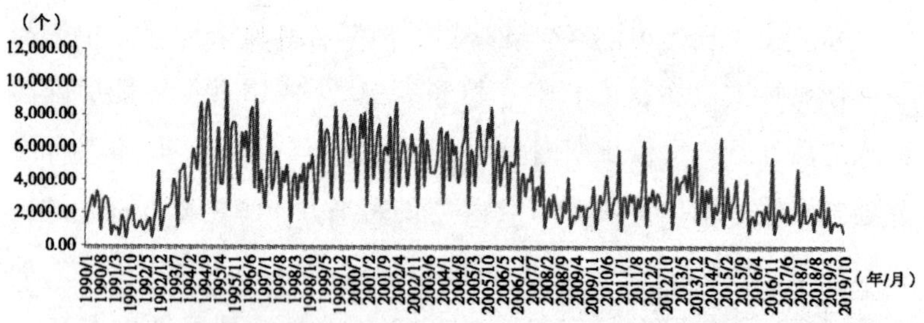

图3－28　日本首都圈新建公寓楼签约户数

资料来源：Wind，川财证券研究所

从日本住宅的新开工建筑面积来看，日本住宅新开工建筑面积从1997年7月的1562.7万平方米的高位开始回落，到2019年9月已降至641.2万平方米。20世纪90年代以来，日本人口增长呈现出增速放缓的趋势。日本人口在2010年达到1.28亿的高点之后，2015年日本人口数量回落至1.27亿。从日本人口的增长来看，日本人口对房地产发展的支撑力度较为有限。

自日本经济泡沫破灭之后，日经225指数从1989年12月的38957.44点开始下跌，而且在历经将近三十年的时间之后，都没有重回38957.44点的高位。2011年12月以后，日本股市开启了经济泡沫破灭之后的最长牛市，日经225指数在2018年10月2日达到了目前这一轮牛市中24448.07点的高位后，在2018年四季度经历了一轮回调。2019年之后，日经225指数开始回暖，截至2019年11月13日，日经225指数收于23319.87点。从估值来看，截至2019年11月13日，日经225的PE上升至14.71，占近十年历史分位点的31%。截至2019年12月13日，日经225的EPS下降至1258.84日元。从ROA和ROE来看，2019年8月日经225指数的ROA和ROE分别达到3.44%和10.79%之后就开始下滑，到2019年11月13日，ROA和ROE分别下降至3.06%和9.69%。从经济泡沫破灭后至近三十年最长牛市开启前，日经225指数表现最好的行业是医疗保健；另外，受房地产泡沫破灭影响，房地产板块下跌了-41.99%，在所有行业中跌幅排名第二。

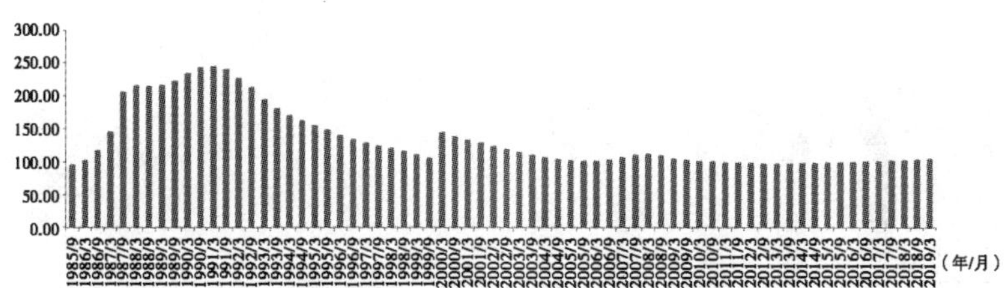

图3-29　日本东京圈城市土地价格指数

资料来源：Wind，川财证券研究所

2011年年底之后，日本进入经济泡沫破裂之后的最长牛市。从2011年底到2019年11月13日，日经225表现最好的板块分别为医疗保健、非必须消费和信息技术，分别上涨427.23%、381.27%和375.93%（详见图3-30）。日经225房地产板块表现相对较弱，涨幅在所有行业中位居倒数第四，仅上涨 226.73%。2011—2019 财年，日经 225 房地产板块 PE 呈现出明显的下降趋势，日经 225 房地产板块 PE 从 2011 财年的 29.65 下降至 2019 财年的 15.75，下降 46.88%；日经 225 房地产板块 PB 在 2011—2019 财年略有上升，从 2011 财年的 1.25 上升至 1.45；日经 225 房地产板块 EPS（每股收益）从 2011 财年的 50.78 日元上升至 2019 年的 240.92 日元，上升了 374.44%（详见图 3－31）。

而在 2011—2019 财年期间，日经 225 房地产板块 EPS 上升幅度最快的是 2017 财年，2017 财年房地产板块 EPS 上升至 193.13 日元，较 2016 年的 137.61 日元上升了 40.35%。

2019 财年，日经 225 房地产板块 EPS 增速出现了明显放缓，2019 财年日经 225 房地产板块 EPS 为 240.92 日元，较 2018 财年的 230.2 日元仅仅上升了 4.66%。另一方面，从

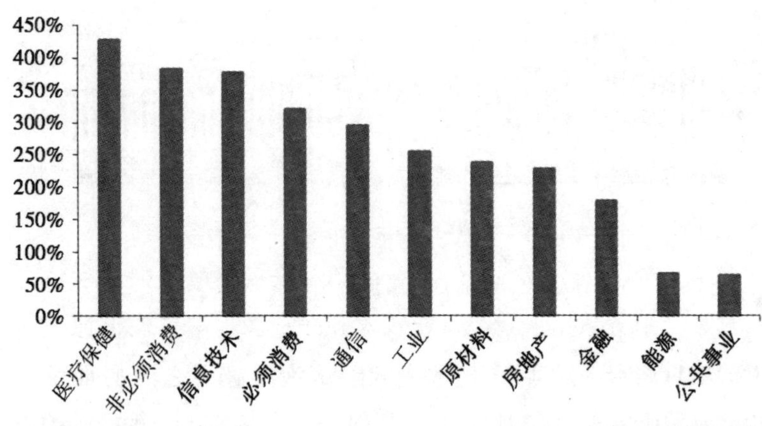

图 3－30　2011 年 12 月 31 日—2019 年 11 月 13 日日经 225 各行业涨幅

资料来源：Bloomberg，川财证券研究所

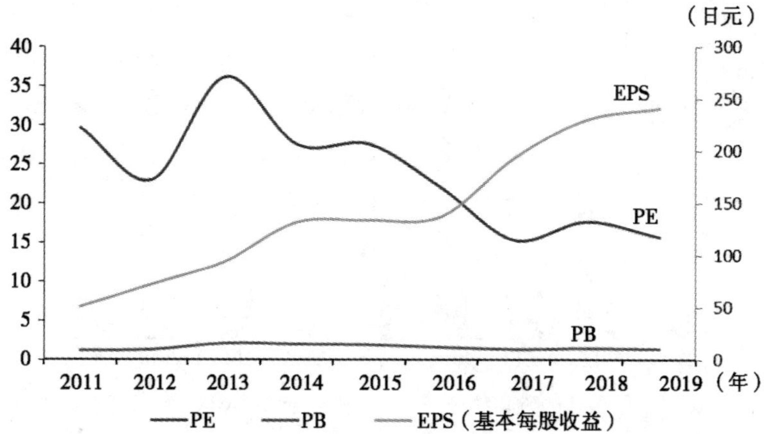

图3－31　2011—2019财年日经225房地产板块PE、PB和EPS

资料来源：Bloomberg，证券研究所

2011—2018财年日经225房地产板块ROA和ROE的表现来看，这8年日经225房地产板块ROA和ROE基本呈现出明显的上升趋势。但是2019财年日经225房地产板块ROA和ROE较2018财年出现了一定的下滑，ROA从2018财年的3.44%下降至2019财年的3.30%，ROE从2018财年的11.38%下降至2019财年的10.78%（详见图3－32）。

从近十年日经225房地产板块的上市公司（大和房屋工业、三井不动产、三菱地所、住友不动产、东京不动产和东京建物共六家）财务数据来看，营业收入和净利润基本呈现出稳中向上的增长趋势。从2011财年至2019财年，日经225房地产公司的营业收入基本呈现稳步上升的态势。从2011财年至2019财年，大和房屋工业的营业收入从16901.51亿日元上升至41435.05亿日元，是近十年上升幅度最大的公司，三井不动产

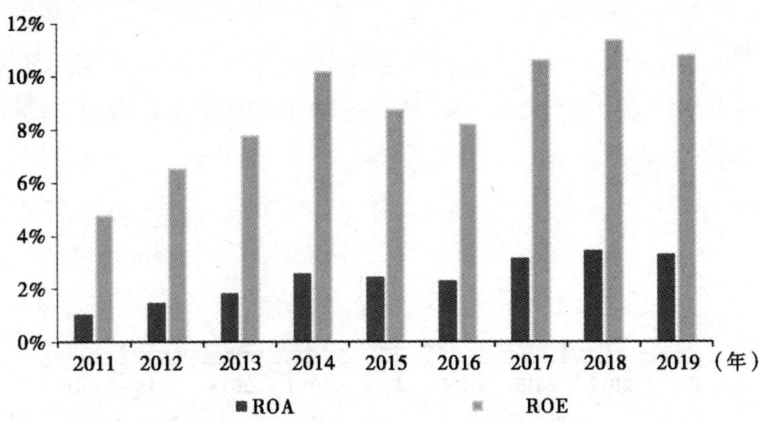

图 3－32　2011—2019 财年日经 225 房地产板块 ROA 和 ROE

资料来源：Bloomberg，证券研究所

的营业收入从 2011 财年的 14052.69 亿日元上升至 2019 财年的 18611.95 亿日元，三菱地所的营业收入从 2011 财年的 9884.47 亿日元上升至 2019 财年的 12632.83 亿日元，住友不动产的营业收入从 2011 财年的 7447.56 亿日元上升至 2019 财年的 10132.29 亿日元。另外，东京不动产的营业收入从 2014 财年的 7802.73 亿日元上升至 2019 财年的 10132.29 亿日元，东京建物的营业收入从 2011 财年的 1669.43 亿元上升至 2018 财年的 2733.02 亿元。

从营业收入增速来看，近十年三井不动产和三菱地所的营业收入增速上升比较明显，三井不动产的营业收入增速从 2011 财年的 1.48% 上升至 2019 财年的 6.29%，三菱地所营业收入增速从 2011 财年的－2.46% 上升至 2019 财年的 5.8%。

从净利润来看，大和房屋工业、三井不动产、三菱地所和住友不动产的净利润在近十年有明显提高。其中，提升幅度最明显的是大和房屋工业和三井不动产，大和房屋工业的净利润从2011财年的272.67亿日元上升至2019财年的2374.39亿日元，三井不动产的净利润从2011财年的499.09亿日元上升至2019财年1686.61亿日元。

另一方面，从近三年的净利润增速来看，日经225房地产公司基本呈现出净利润增速放缓的趋势，其中净利润增速放缓最明显的是大和房屋工业，大和房屋工业净利润增速从2017财年的94.74%下滑至2019财年的0.46%。从资产负债率来看，日经225房地产公司的资产负债率基本呈现出逐步下降的趋势。2011—2019财年，大和房屋工业资产负债率从67.16%下降至62.07%，三井不动产资产负债率从72.44%下降至64.41%，三菱地所资产负债率从69.03%下降至66.11%，住友不动产资产负债率从83.14%下降至76.44%。

从2019财年的资产负债率来看，大和房屋工业、三井不动产和三菱地所的资产负债率较低，分别为62.07%、64.41%和66.11%。从近十年日经225房地产公司经营活动现金流量来看，日经225房地产公司资金链较为宽松。其中，资金链最为宽松的是大和房屋工业和三菱地所，近十年的经营活动现金流量平均值分别为3322.41亿日元和3714.39亿日元。东京不动产和东京建物的经营活动现金流量表现稍弱一些，2015年，东京不动产下跌至-229.48亿日元，2017年，东京建物的经营活动现金流量降低至141.96亿元。从近十年的ROA来看，三井不动产和大和房屋工业的ROA表现较好。近十年三井不动产和大和房屋工业的ROA平均值分别为1.97%和3.93%。从ROE

来看，三井不动产、住友不动产和大和房屋工业表现较好，近十年的 ROE 平均值分别为 6.79%、11.1% 和 11.79%。

另一方面，2019 财年日经 225 房地产行业的 ROA 和 ROE 与日经 225 大多数行业相比明显偏低。2019 财年日经 225 信息技术、医疗保健、原材料和非必须消费行业的 ROA 分别达到 10.00%、8.24%、7.48% 和 6.83%，而日经 225 房地产行业 ROA 仅为 3.3%；日经 225 通信、信息技术、非必须消费和医疗保健行业的 ROE 高达 18.55%、16.60%、15.28% 和 12.48%，而日经 225 房地产行业的 ROE 仅为 10%。

从 2011 年以后的日本 REITs（房地产信托投资基金）市场表现来看，由于得益于日本庞大的租房市场的发展，日本 REITs 市场收益也比较好。东证房地产投资信托指数从 2011 年 12 月底的 834.36 点上升至 2019 年 11 月 13 日的 2106.76 点。从估值来看，东证房地产投资信托指数的 PE 从 2011 年底的 16.41 上升至 2019 年 11 月 13 日的 27.48，EPS（最近加权每股收益）从 2011 年底的 50.86 日元上升至 2019 年 11 月 13 日的 76.65 日元。从 2011 年 12 月底到 2019 年 11 月 13 日，东证房地产投资信托指数 ROA 从 2.04% 上升至 3.03%，ROE 从 4.19% 上升至 5.88%。

七、德国与日本广场协议后经济发展对比

与日本形成鲜明对比的是，德国也签订了广场协议，但是德国的经济发展没有出现日本“失去的 20 年”的困境。德国成功地避免了广场协议后的经济泡沫产生，主要得益于德国稳健

的货币政策、合理的产业结构以及德国大力发展欧洲经济贸易一体化。

广场协议签订后，德国也开始下调贴现率，但是德国的货币政策较日本来说更加稳健（详见图 3－33）。1986—1987 年德国也曾 3 次下调贴现率，贴现率从 1985 年 12 月的 4% 降到 1987 年 12 月的 2.5%，下降幅度为 150BP，小于日本 250BP 的下降幅度。仅过了一年，德国的贴现率又开始上调。1988—1991 年，贴现率从 1987 年 12 月的 2.5% 上升到 1991 年 3 月的 6.5%。另外，德国稳健的货币政策也体现在银行存款利率上（详见图 3－34）。虽然广场协议后，德国的银行存款利率开始下降，到 1988 年 6 月已降为 2.78%，但是从 1988 年 9 月开始，德国的银行存款利率开始持续上升。1991 年 3 月，银行存款利率已上调至 7.47%。德国稳健的货币政策避免了热钱流入资本

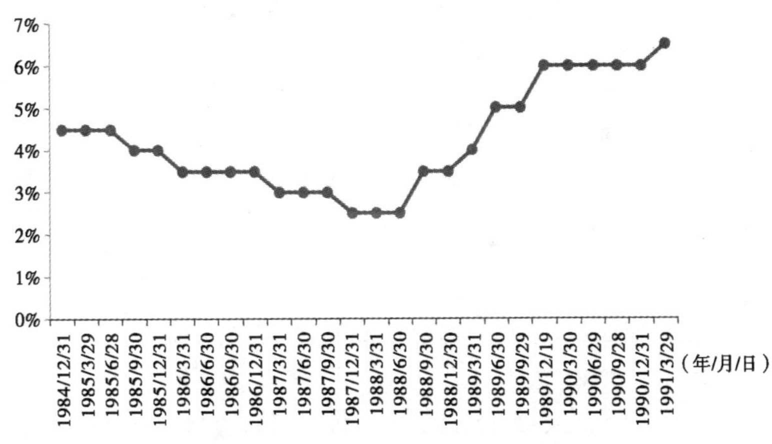

图 3－33　1984—1991 年德国贴现率

资料来源：Bloomberg，川财证券研究所

市场。从德国 DAX 指数的走势来看（详见图 3-35），1985—1991 年德国 DAX 指数从 1366 点稳步上升到 1578 点，并没有出现日经 225 指数大幅上涨的情况。德国股市的这轮涨幅一直持续到 1999 年，中途没有出现 1991 年之后日本股票市场急速大幅暴跌的局面。

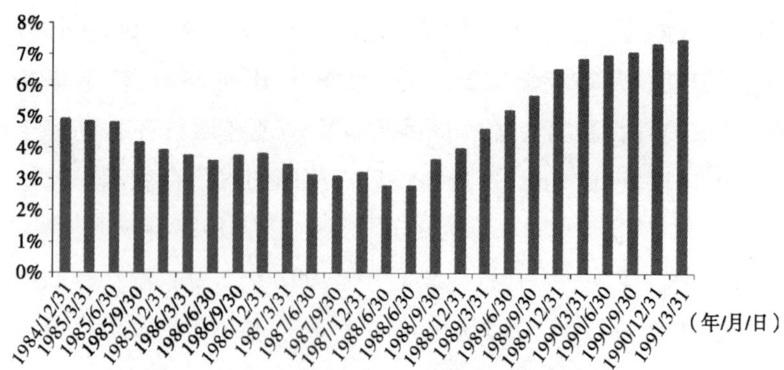

图 3-34　1984—1991 年德国存款利率

资料来源：Bloomberg，川财证券研究所

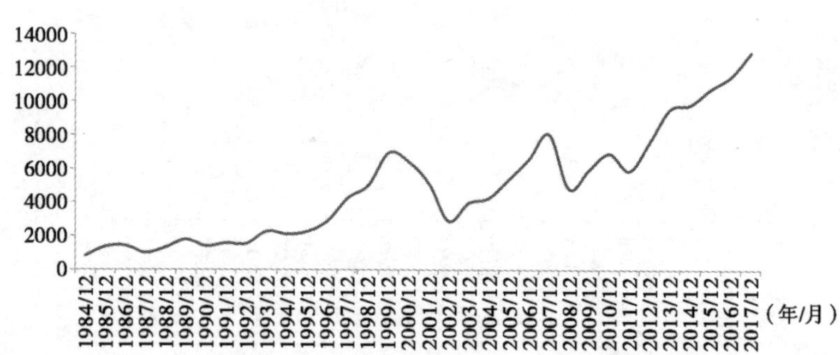

图 3-35　德国 DAX 指数走势

资料来源：Bloomberg，川财证券研究所

从房地产行业来看，1985—1991 年之间，德国住宅用地指数在 56—72 之间（详见图 3 – 36），该指数走势较为平稳，1991 年以后也没有出现大幅下跌情况。德国新房价格指数在广场协议前后也基本保持平稳（详见图 3 – 37），1985—1991 年，德国住宅用地指数仅从 79 上涨到了 85，1991 年以后也基本保持平稳。广场协议也使德国马克有一定幅度的升值，造成 20 世纪 90 年代初的德国经济增长受到了一定影响，但是德国稳健的货币政策使德国避免了日本“平成景气”时期经济泡沫的产生，之后的近二十多年里，德国经济增长在大多数时间内比日本表现更好（详见图 3 – 38）。

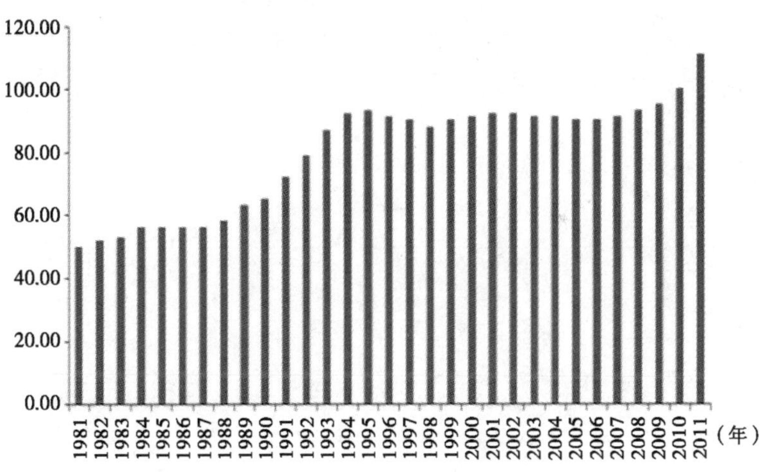

图 3 – 36　德国住宅用地指数

资料来源：Wind，川财证券研究所

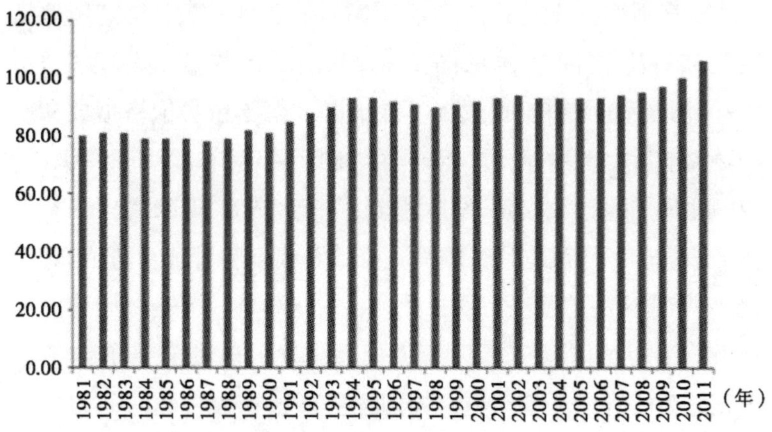

图 3－37　德国新房价格指数

资料来源：Wind，川财证券研究所

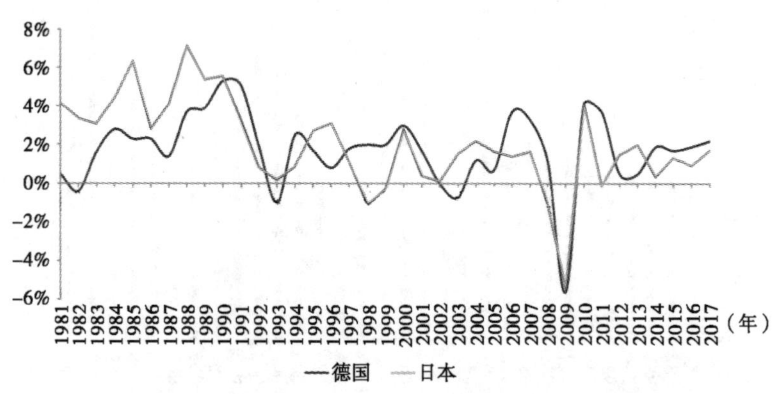

图 3－38　1981—2017 年德国 GDP 增速和日本 GDP 增速

资料来源：Wind，川财证券研究所

除了 2009 年受经济危机的影响德国制造业略有下滑之外，1991—2017 年德国制造业增加值占总增加值的 20% 以上（详见图

3－39）。而这一时期房地产增加值占总增加值的比重不超过12.5%（详见图3－40），德国制造业增加值的比重大大超出房地产增加值比重。专业、科技行业增加值占总增加值的比重自1991年以来就维持在9%以上（详见图3－41），而同一时期金融业增加值占总增加值的比重却一直维持在6%以下（详见图3－42）。

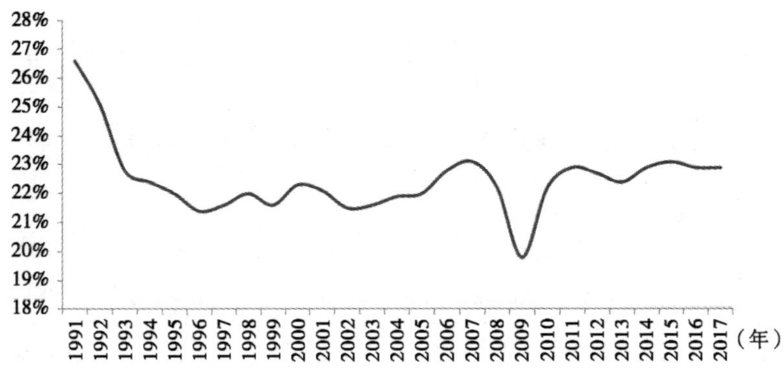

图3－39　德国制造业增加值占总增加值比重

资料来源：Wind，川财证券研究所

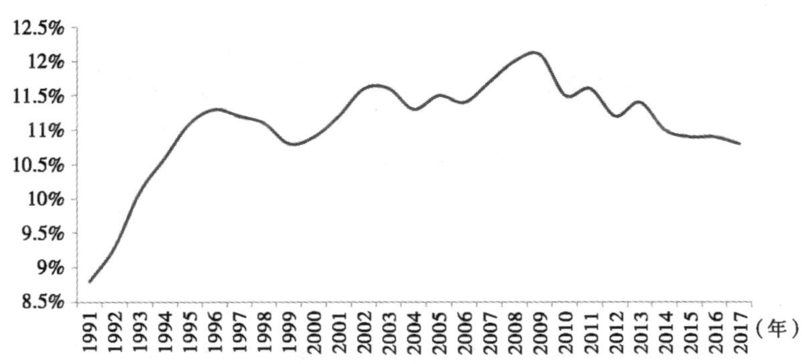

图3－40　德国房地产增加值占总增加值比重

资料来源：Wind，川财证券研究所

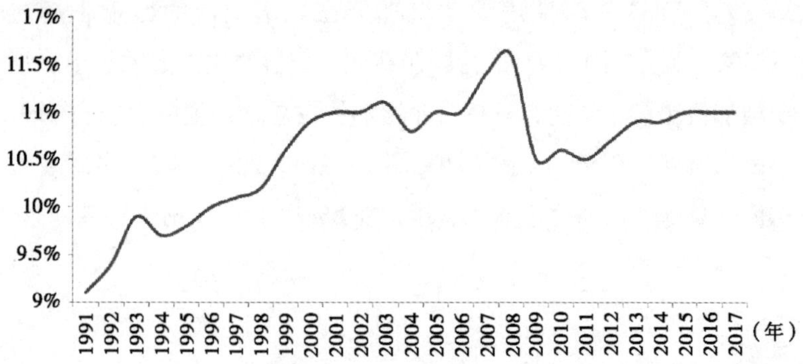

图 3－41　德国专业、科技增加值占总增加值比重

资料来源：Wind，川财证券研究所

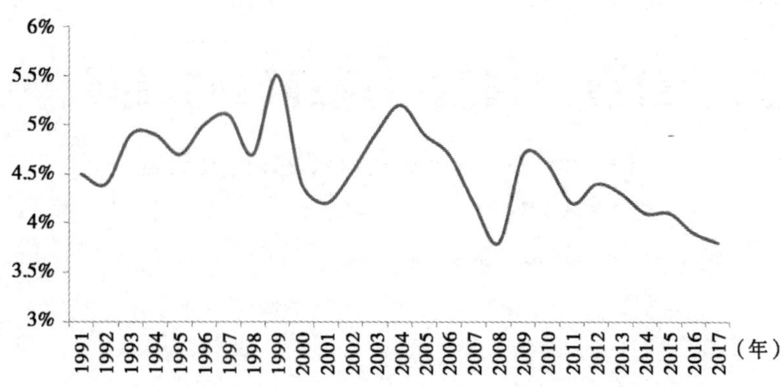

图 3－42　德国金融业增加值占总增加值比重

资料来源：Wind，川财证券研究所

另外，德国合理产业结构使德国没有出现 20 世纪 90 年代初日本经济泡沫破灭的情况。德国政府非常重视产业结构调整，利用财政开支促进新兴产业的发展，积极推动企业的研发，使制造业以及科技行业在国家整体经济地位中占据重要地位。

由此可见，德国非常重视实体经济的发展。德国对实体经济发展的重视使德国避免了经济往脱实向虚的方向发展，德国房地产市场没有出现像日本那样的过热现象，避免了经济泡沫的产生。

德国大力发展欧洲经济贸易一体化也使得德国避免出现曾经日本对美国出口市场过度依赖的情况。第二次世界大战后，德国致力于推动欧洲国家的经济贸易合作，从欧洲煤钢共同体、欧洲原子能共同体和欧洲经济共同体到欧洲共同体，再到欧盟的建立，德国均发挥了重大作用。欧洲经济贸易的一体化促使德国的出口市场呈现多元化。和广场协议前美国是日本的主要出口国不同，德国的主要出口国家较为分散，除美国以外，德国对法国、英国和意大利的出口份额也非常大（详见图3－43）。

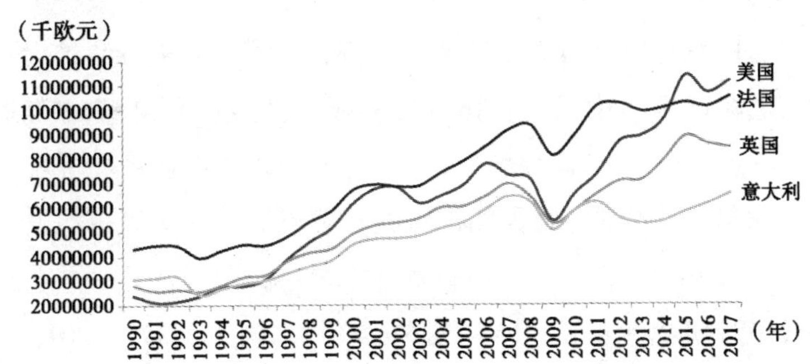

图3－43　1990—2017年德国对欧美主要国家出口金额

资料来源：Wind，川财证券研究所

八、海外市场对中国贸易摩擦的借鉴意义

值得引起重视的一点是中日两国在两次贸易战中的国际经济总量排位、贸易地位、经济转型局面和产能转移方面相似。首先，“日美贸易战”期间，日本是全球第二大经济体，并且日本的经济保持高速增长：1970 年，日本超过当时的西德成为全球第二大经济体。广场协议签订的 1985 年，日本 GDP 的增长率为 6.2%。而 1985 年美国经济总量约占世界的 32%，日本经济总量约占世界的 10%，日本经济总量约达到美国经济总量的三分之一。

中美贸易摩擦期间，中国也是全球第二大经济体。2017 年中国的 GDP 已有美国 GDP 的 60% 以上，2017 年中国的 GDP 增长率为 6.9%，经济发展速度较快。另外，两次贸易战中，中国对美国贸易顺差和日本对美国的贸易顺差都处于持续扩大的阶段。2017 年，中国对美国的贸易顺差已经扩大到 3752 亿美元。除此以外，“日美贸易战”时，日本处于产业结构升级的关键时期，日本日益强大的高科技产业使日本对美国出口的高科技产品不断增长。这次中美贸易摩擦中，中国也处于产业结构转型时期。中国在 2015 年发布了《中国制造 2025》，2016 年发布了《“十三五”国家战略性新兴产业发展规划》，政府大力推进产业结构升级。

当然，中日两国在两次贸易战中也存在不少迥异之处。首先，日本房地产在广场协议签订后进入泡沫快速增长阶段，中美贸易摩擦时期中国已开始控制房价，政策已经从“去杠杆”

阶段进入到“稳杠杆”。其次，20世纪80年代，世界贸易组织（WTO）还没有成立，“日美贸易战”中美国很多单边贸易行为不能受到有力的制约。中美贸易摩擦时期，美国单边贸易政策会受到WTO的约束。第三，日本属于美国的战略盟国，在军事安全上日本依赖于美国，所以日本容易在日美贸易摩擦中向美国的单边条约妥协。而中国一直以来都坚持走独立自主的道路，中国和美国之间不存在任何依附关系。面对美国的单边贸易条约，中国的处理方式有别于日本。第四，中美两国之间的出口贸易结构与“日美贸易战”时期美国和日本之间的出口贸易结构不同。日本对于美国的贸易依存度较高，美国和日本贸易出口结构相似度较大。中美贸易之间更多的是一种互补关系。

2018年以来，随着美国对中国采取的贸易保护主义措施不断升级，中国应吸取日本在“日美贸易战”中的教训，采取合理有效的措施来应对贸易摩擦。首先，中国应坚持稳健的货币政策防止经济泡沫的产生。鉴于日本在广场协议后，日本政府实施的不合理的宽松货币政策带来了大量经济泡沫，中国应该控制好货币政策的松紧，对于货币政策的实施要保持谨慎的态度。相对稳健的货币政策能防止经济脱实向虚，较好地降低经济泡沫出现的概率。其次，中国要坚持进一步改革开放，尽可能地促进海外贸易出口市场的多元化。“日美贸易战”时期，日本的贸易出口严重依赖美国，这使美国更容易打击日本的出口贸易。中国应大力拓展在更多海外市场的贸易出口，同时可以通过海外直接投资来应对贸易壁垒。第三，中国应不断推进产业结构的升级。广场协议后，德国通过产业升级和提高科学技术来推动经济发展。而日本则有大量资金涌入房地产和股票市场，实体经济没有得到合理的发展。中国应该吸取日本和德国的教训和经验，进一步推进科技发展，推动产业升级。

第四章

在不断打破中重塑：政策与创新双轮驱动视角

第一节 政策变量：牵一发而动全身、与时俱进的环保因素

跟紧国家政策，制定相应的投资策略往往也是宏观经济研究的重要目的，对于当前我国的支柱产业及正在大力发展的环保产业，均应给予高度关注。

一、解决环保问题刻不容缓

改革开放以来，我国经济进入高速发展阶段。但由于早期我国经济的发展模式较为粗放，环境污染问题由此产生。近年来，经济高速发展、居民生活水平提高，工业排放、能源消耗及居民生活产生的废气、废水和固体废弃物成为我国环境的主要污染源。

正本清源，概念为先。环境污染是指人类直接或间接地向环境排放超过其自净能力的物质或能量，从而使环境的质量降低，对人类的生存与发展、生态系统和财产造成不利影响的现象。

现阶段我国主要面临来自三方面的环境污染问题。

（一）水体污染

在我国，水资源污染的源头多样且程度较为严重，工业生

产、农业生产均对我国水资源造成较为严重的影响。工业生产方面，部分违法违规企业为节约治理成本，将未经过治理的工业生产废水直接排入江河湖海，导致水资源严重污染。同时，在我国精耕细作的农业生产中，含有有机磷、有机氯的农药往往被大量使用，且事后处理不规范。在农村，农民将使用过的农药器具直接扔进河道、水沟中，导致水体受到农药成分污染。此外，农作物上的农药残留也会在降水的作用下，渗入土壤，对地下水造成污染。再加上在日常生活中，洗涤、医疗等活动对水资源造成的污染，使得我国水资源污染问题不容忽视。

（二）土壤污染

我国土壤污染较为多样。但在根本上，是人类生产活动乱砍滥伐及不加控制的开采导致植被被破坏，水土流失严重。同时，开采矿石和工业企业生产排放还会造成土壤被重金属废水污染，导致土壤中的重金属含量超标。此外，在其他农业、工业生产活动中，持久性污染物一旦进入到土壤中，很难自然降解，只会越积越多，土壤污染程度日益加重。

（三）空气污染

对于环境污染，人类最直观的感受就是生活环境受损，对人们的生活质量、身体健康和生产活动产生影响。近年来，超一线、一线城市的空气污染问题受到持续关注，空气污染问题对人们的生活质量、身体健康的影响日益凸显。而水资源环境的恶化，也使得饮用水源的质量普遍下降，威胁人的身体健康，引起胎儿早产或畸形等。

面临当前较为严重的环境问题，我国政府及时地提出了“绿水青山就是金山银山”的理念。习近平总书记多次强调“绿水青山就是金山银山”，更进一步指出“树立正确的政绩观，不能只要金山银山，不要绿水青山”。“绿水青山就是金山银山”已经成为习近平生态文明思想的重要组成部分，对我国生态环境和经济发展产生了深远的影响。

多年以来，习近平总书记始终对环境问题保持很高的关注度。2005 年 8 月，时任浙江省委书记的习近平在浙江安吉考察时，提出了“绿水青山就是金山银山”的科学论断，强调不要以环境为代价推动经济增长。2017 年 10 月，党的十九大首次将“必须树立和践行绿水青山就是金山银山的理念”写入中国共产党的党代会报告，且在表述中与“坚持节约资源和保护环境的基本国策”一并成为新时代中国特色社会主义生态文明建设的思想和基本方略。2018 年 5 月，习近平总书记出席了全国生态环境保护大会，明确提出了六项重要原则：一是坚持人与自然和谐共生；二是绿水青山就是金山银山；三是良好生态环境是最普惠的民生福祉；四是山水林田湖草是生命共同体；五是用最严格制度最严密法治保护生态环境；六是共谋全球生态文明建设。“绿水青山就是金山银山”作为六大重要原则之一，为我国新时代推进生态文明建设指明了方向。

为了更好地贯彻习近平总书记提出的“绿水青山就是金山银山”科学理念，促进我国经济的合理健康发展，我国经济正迫切向高质量发展转型。环境保护作为供给侧结构性改革中的关键手段之一，被各级政府作为贯彻始终的时政纲要。供给侧结构性改革的重点工作是“三去、一降、一补”，即去产能、去库存、去杠杆、降成本、补短板。而从根源上讲，环境保护能够强化环境硬约束，推动去除落后和过剩产能，本身就能够在供给侧结构性改革的重点工作中发挥充分的积极作用。

二、供给侧结构性改革也是在算环保账

去产能是供给侧结构性改革的首要任务，在优化产能结构的过程中，加大环境监管力度，就可以积极促进企业淘汰落后产能和化解过剩产能。本着“不忘初心”的原则，笔者以最熟悉的“黑色产业链”为例，解析一下钢铁、煤炭行业中的污染问题及治理过程。

我国钢铁、煤炭行业中的产能过剩问题十分严重，与此同时，两个行业的环境污染问题也较为严重。

从钢铁冶炼的工艺流程看，环保诉求贯穿着整个生产环节。钢铁冶炼过程的主要反应是把氧化铁（铁矿石）还原为铁。铁矿石经过粉碎和磁选工序成为铁精粉，铁精粉经过烧结和球团工序成为烧结矿。煤炭经过炼焦工序成为焦炭，焦炭为高炉炼铁提供必需的反应温度和还原剂将烧结矿还原为铁水。铁水经过转炉或者电炉进一步除去杂质得到钢水，再经冷却得到连铸坯，经压延加工得到各种钢制品。钢铁冶炼过程中涉及的反应温度高，反应活跃，几乎每个环节都有废气、废水和废渣产生。钢铁冶炼产生的污染物有废气、废水和废渣三种形态，其中废水通过物化方法和生化方法降低污染后排放或者循环使用，废渣通过回收综合利用。相较于废水废渣，废气在技术和应用层面都比较难以回收利用，很多钢铁企业选择直接排放大气污

染物。

废气排放造成的污染扩散快，污染面积大，污染程度难以从源头进行有效检测和监督。钢铁冶炼废气的主要治理手段是加装除尘设备和脱硫脱硝设备。以二氧化硫为例，烧结、球团环节排放的二氧化硫占总排量的70%以上，因此烧结机除尘、脱硫设备的安装成为大气污染物治理的关键。

在烧结烟气脱硫工程中，脱硫方法众多并且设备指标复杂。我国现已量化投产的脱硫技术种类非常多，其中依照反应原理可以简单分为石灰石/石灰—石膏湿法、循环流化床法、半干法、氨—硫铵法、双碱法、脱氧镁法等。根据环保部公布的数据显示，使用石灰石/石灰—石膏湿法的脱硫设备占比大，并且该方法的脱硫副产品可作为水泥缓凝剂循环利用，废水经过处理可用于原料堆场的加湿和抑尘，相比其他方法有较高的运行效率和经济效益。脱硫工程涉及一系列的化学反应和物理反应，需要安装成套的烟气收集、处理、尾料排放以及循环利用设备。以石灰石/石灰—石膏湿法为例，该工艺的脱硫系统包括烟气系统、吸收系统、石灰石浆液制备系统、脱硫副产物处理系统、浆液排空系统、工艺水系统、压缩空气系统及电气与控制系统等。工程规模较大，各部分功能相互联系，设计起来比较复杂，而且设备脱硫效率容易受到烟气的温度、含尘量以及风机负压等指标变动的影响，设备脱硫产物可能对设备产生腐蚀等其他问题。

在烟气脱硫行业中，工程质量良莠不齐。由于烟气本身成分复杂，温度、含水量以及风机负压等指标变化都有可能对脱硫效率产生影响，因此产品的设计质量直接决定了脱硫效果。

目前国内尚缺乏统一的钢铁烧结烟气脱硫规范，技术厂商提供的服务差异性大，脱硫项目建成投运后烟气排放仍不达标的情况也或有出现。为了保护环境，规范钢铁建设项目环境影响评价工作，环保部在其网站上发布了《钢铁烧结机烟气脱硫工程技术规范湿式石灰石/石灰—石膏法》征求意见稿，随后又发布了《环境影响评价技术导则钢铁建设项目》，为钢铁企业建设项目中的环境影响评价标准做出了规范性说明。

在看完前面这段高深的专业分析后，我们需要明白供给侧结构性改革的好处并不仅体现在生态环境上，也对行业的“可持续发展”有积极意义。从长远角度来看，通过加强环保方式淘汰落后产能能够进一步提高行业集中度，提高企业的规模效应，增加企业利润率，使得行业能够更好地推动经济的整体发展。

当前，冶炼企业生产吨钢的环保成本超过百元，违规生产的罚金上不封顶，企业的环保改造将不得不进行到底。而在那些率先完成产业改造升级的“排头兵”企业，也将在这场“大浪淘沙”中，获得较强的竞争优势，而那些既承担不起环保成本也承担不起违规成本的企业将像浪中的沙子一样，就此被淘汰。

第二节 科技是第一生产力——大国博弈，科技为王

环保是可持续发展的保障，那么科技就是以后推动经济增长的主要动力。

一、发达国家对持续发展的科技投入

美国国家科学基金会（National Science Foundation，简称NSF）是美国科学界最高学术机构之一，通过资助基础研究、改进科学教育和增进国际合作等途径促进美国科技发展。从1993年开始，NSF每两年发布一期科学与工程指标报告（Science and Engineering Indicators），把美国科学、技术和工程发展水平与其他国家进行综合比较。该报告已发布2018年版，统计数据截至2015年。

（一）各国政府愈发重视科研活动对经济增长的推动作用

最新NSF报告显示，全球范围内科研投入（即实际支出）持续大幅增加，各国政府愈发重视科研活动对经济增长的推动作用。2000—2015年这15年间，全球科研经费支出累计增长超过一倍。以当前购买力平价计算，2015年全球研发总投入由2000年和2010年的7220亿美元和1.415万亿美元增长至1.918

万亿美元。按地域划分，研发活动主要集中在北美、欧洲、东亚和东南亚以及南亚地区。按国家划分，美国科研投入最高，中国紧随其后，日本位列第三；美国、中国和日本研发总支出合计约 1.9 万亿美元，占全球研发支出一半以上。

（二）美国研发投入全球领先，世界研发投入高度集中

就具体经济体而言，研发投入地理分布高度集中的情况较为明显。排名前15 的国家和地区研发投入占全球的85%，其中美国仍然是研发投入最多的国家，其国内研发支出总额为 4970 亿美元，占全球总量的 26%，在美国 GDP 中的占比为 2.7%。中国位列第二，研发支出4090 亿美元，占全球21%的份额，占本国 GDP 的2.1%。排名第三和第四的分别是日本和德国：日本投入1700 亿美元，占全球份额 9%，占本国 GDP 的比例为 3.3%；德国投入 1150 亿美元，占全球份额的 6%，占比本国 GDP 的 2.9%。前 15 名中其他 11 个国家或经济体分别是韩国、法国、印度、英国、巴西、俄罗斯、中国台湾、意大利、加拿大、澳大利亚和西班牙，其研发支出范围在 200 亿至 610 亿美元之间（详见图 4 –1）。

（三）知识和技术密集型行业在全球经济总量中的贡献率提高

2015 年，知识和技术密集型行业（Knowledge – and Technology – intensive，简称 KTI）在全球经济总量中的贡献率达到了近三分之一（详见图 4 –2），知识技术密集型行业不仅研发投入巨大，其产品和服务也在指引着知识和技术进步的方向。相关领域包括制造业中的飞机和宇宙飞船、计算机设备、通信

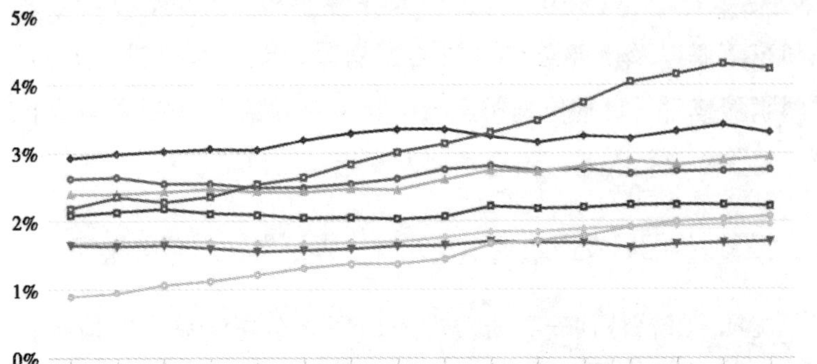

图 4－1　2000—2015 年世界主要国家研发经费支出占本国 GDP 比例

资料来源：National Science Foundation，NCSES，川财证券研究所

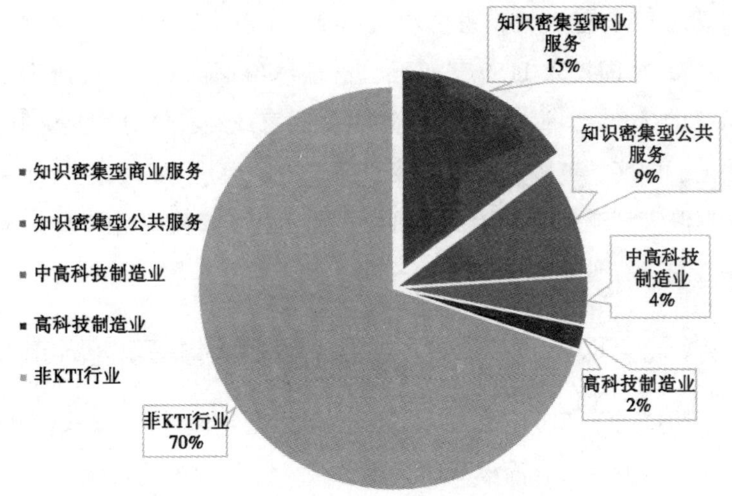

图 4－2　KTI 行业在全球 GDP 总量中占比

资料来源：NSF，ISIC，川财证券研究所

和半导体、化学品药品、测试测量和控制仪器、机动车和零件、铁路及其他运输设备等细分领域；也包括服务行业中的教育、健康、商业、金融和信息服务等细分领域（详见图4－3）。

	分类	行业	GDP 占比
知识密集型服务业	商业服务	商业	15%
		金融	
		信息	
	公共服务	教育	9%
		医疗	
中高科技制造业		汽车和零部件	4%
		化学品	
		电机	
		机械设备	
		铁路和其他运输设备	
高科技制造业		航空航天	2%
		通信和半导体	
		电脑及办公设备	
		制药业	
		测量和控制工具	

图4－3　KTI行业由知识密集型服务业和中高科技制造业构成

资料来源：NSF，ISIC，川财证券研究所

KTI行业是全球经济的重要组成部分。KTI行业由5个知识密集型服务业、5个高科技制造业和5个中高技术产业组成，在2016年占世界国内生产总值（GDP）的近三分之一。其中，

知识密集型商业服务（商业、金融和信息）占 GDP 的比例最高（15%）。知识密集型公共服务（教育和医疗保健）占 9% 的份额。中高科技制造业（汽车及零部件、电机、机械设备、化学品，铁路和其他运输设备）是第三大产业（占 GDP 总量的 4%）。高科技制造业（航空航天、通信和半导体、电脑、药品和测试、测量和控制工具）占全世界 GDP 总量的 2%。

（四）KTI 行业比重不断提高

发达国家 KTI 行业在国民经济中的比重高于发展中国家，一个重要因素是发达国家 KTI 服务行业的比重较高。即便是发达国家之间，KTI 行业的发展水平也存在差异。全球范围内，美国 KTI 行业在 GDP 中占比最高（38%），处于领先地位，主要因其 KTI 服务行业的贡献率高，超过发达国家平均水平。英国和日本并列位居第二（36%），其中英国同样受益于 KTI 服务行业，而日本主要得益于发达的中高端制造行业。德国排名第三（35%），和日本的情况相似，德国也拥有较高的中高端制造能力。值得注意的是，中国在所有发展中经济体的 KTI 份额最大（35%），其 KTI 份额与发达国家或经济体水平相当，明显超过其他发展中经济体的 KTI 水平。

（五）研发投入增长速度快

中国的研发投入增长速度引人注目，过去 15 年来一直处于高位，2000—2010 年平均增长率为 20. 5%，2010—2015 年平均增长率为 13. 9%。韩国研发增长率也比较高，2000—2010 年平均每年增长 10. 9%，2010—2015 年增长率为 7. 3%。日本相应的研发支出增长速度一直较慢，分别为3.6%和3.9%。东亚、东南亚和南亚在2000年占全球研发总额的25%，2015年增长至约40%，成为全球研发投入增长的主要驱动力量和研发活动最密集的地区。

二、美国每年研发投入全球最高

尽管美国和欧盟仍旧是全球研发投入最多的国家或经济体，但其全球占比和年均增速持续显著下滑。美国的研发投入年平均增长率从2000—2010年间的4.3%，降至2010—2015年间的4.0%，美国研发投入占全球研发总投入的比例已由2000年的37%降至2015年的26%。欧盟国家在2000年占全球研发总量的25%，但在2015年下降至20%。从增长速度上来看，2000—2010年，欧盟国家的研发总量年平均增长率为5.4%，2010—2015年为4.6%；与此对应，德国为5.0%和5.7%，法国为4.4%和3.6%，英国为4.1%和4.2%。

美国联邦政府战略保障，完善创新生态系统。根据美国国家科学基金会报告，美国目前的研发重心主要集中在以下五个领域——化学制造业（包括制药业）、计算机和电子产品制造业；运输设备制造业（包括汽车和航空航天工业）、信息产业（其中包括软件出版业）以及专业、科学和技术服务行业（包括计算机系统设计和科学研发服务行业）。虽然每个行业的研发绩效总量受总体经济规模和研发需求强度的影响（通常以R&D绩效除以产品总销售额来衡量），但是五个行业在国民经济中研发投入的密集程度明显高于其他行业。

美国政府2015年《创新战略》强调联邦政府投资要为创新

过程提供基本保障，加强美国创新生态系统的四大基础——基础研究、高质量的 STEM 教育（科学、技术、工程和数学）、21 世纪先进的基础设施和下一代数字基础设施的投资力度。2016 年 2 月，美国政府公布 2017 财年联邦研发预算为 1523 亿美元，比 2016 财年的 1461 亿美元增加了 4.2%。其中，基础研究和应用研究预算共 728 亿美元，占 48%，较之 2016 财年增加了 39 亿美元，增幅为 5.7%。预算案提出继续增加国家科学基金会、能源部科学办公室和商务部国家标准技术研究院三大基础研究资助机构的预算。另外，开发研究预算为 767 亿美元，占总研发预算的 50%，增长 22 亿美元，增幅 3%；研发设施设备预算为 28 亿美元，约占总研发预算的 2%，较上年增长 2.2%；针对提高 STEM 教育预算为 30 亿美元，与 2016 年基本持平。

2017 年 3 月公布的 2018 财年政府预算案中，在特朗普政府总预算受限而增加国防相关预算的情况下，对主要联邦科研机构的经费进行了较大幅度的削减，但 5 月获得国会通过的 2017 财年联邦研发预算案不仅维持大部分科研机构的研发预算不变，甚至大幅增加了部分机构的研发预算。

三、欧洲科技研发投入各有侧重

（一）德国可持续数字经济建设，智能导向增加产值就业

德国政府重点扶持可持续能源、数字经济社会、创新就业环境、智能交通、健康生活和公民安全等关乎社会发展、未来经济增长的核心领域。2016 年德国政府出台了《数字化战略 2025》，旨在以计算机、网络、大数据等信息技术为基础，建设

智能交通、智能工厂、智慧城市和智能家居等数字化系统，全面提高德国竞争力，推动社会创新发展。根据新战略，德国计划投入千亿欧元，在2025年前建成覆盖全国的千兆光纤网络。德国企业如能持续应用数字技术，未来五年可增加820亿欧元产值。

《联邦研究与创新报告2016》显示德国研发投入近年来持续增长。2013年德国全社会研发总投入达797亿欧元，占GDP的2.85%，2014年增至839亿欧元，接近GDP的3%，其中企业研发投入占研发总投入的2/3。德国政府对研发的支持力度不断增强，2016年联邦政府的研发预算达到158亿欧元，2017年联邦政府研发预算约176亿欧元，占整个政府预算的5.4%。大量研发投入确保了德国创新能力的持续增长。欧洲最具创新能力的10家企业中德国有5家，2004—2015年德国劳动力市场产生了12.6万个与科研有关的新岗位。

（二）法国创新驱动工业转型升级，引领未来生活方式变革

随着法国工业增加值和就业率持续下降，法国政府意识到创新的重要性，在2013年9月推出了《新工业法国》战略，旨在通过创新驱动法国工业转型，使法国重返全球工业第一梯队。《新工业法国》战略是一项为期10年的中长期规划，主要为解决三大问题：能源、数字革命和经济生活。战略包含34项具体计划，包括可再生能源、环保汽车、无人驾驶汽车、新一代飞机、新一代卫星、新式铁船舶、建筑物节能改造、智能电网水网、绿色化工、生物医药技术、大数据、云计算、网络教育、物联网、超级计算机、机器人、未来工厂等。

法国政府在2016年对《新工业法国》做了阶段性总结，总体布局调整为“一个核心、九大工业解决方案”。一个核心即“未来工业”，旨在实现工业生产向数字制造、智能制造转型，以生产工具的升级带动商业模式变革。九大解决方案包括大数据经济、环保汽车、新资源开发、现代化物流、新型医药、可持续发展城市、物联网、宽带网络与信息安全、智能电网等，一方面为“未来工业”提供支撑，另一方面提升人们日常生活质量。法国政府将在“未来工业”计划框架内为2015年4月至2017年4月实施的工业投资提供为期6年、共50亿欧元的税收优惠，帮助1500余家中小企业改进经营模式。

根据法国政府2017年预算草案，法国政府将增加高等教育和研究预算，其增幅是15年来最多的一次。2017年，法国政府总体预算增加2%，而高等教育与科研预算计划增加3.7%，达238.5亿欧元，其中研究预算计划增至79亿欧元。2017年法国国家科研署预算较2016年的实际支出额增加9%，达到6.09亿欧元，其项目资助申请成功率从2015年的9%提升至2017年的20%。

（三）英国优先研发基础设施建设，税收减免利好创新企业

尽管面临消减财政赤字的压力，英国始终大力支持科研活动，巩固其世界一流的研究地位。根据英国政府2016年发布的预算，2016—2020年，英国科学经费预算将由每年47亿英镑逐步增至51亿英镑，其中包括新增设的总额15亿英镑的“全球挑战研究基金”（GCRF）和4.35亿英镑的“牛顿基金”（Newton Fund）。此外，英国政府划拨30亿英镑建设“世界一流实

验室”（WCL），划拨29亿英镑“大挑战基金”（GCC）用于战略优先领域基础设施建设。

未来五年，英国政府科研投入将达263亿英镑，在财政开支非常紧张的情况下实现2011—2020年稳定的研发投入。为实现经济可持续增长，英国政府还实行研发税收减免政策。自2015年4月1日起，英国大企业研发税收减免的比率由10%提高到了11%，中小企业的研发税前加计扣除比率由225%提高到了230%，而大企业的研发税前加计扣除比率高达130%。

（四）欧盟跨行业跨地域扶持科技创新，加速工业数字化进程

尽管面临重重困难，欧盟始终着眼未来，重视研发创新投入。2016年7月欧盟公布了《地平线2020》计划，确定欧盟2017年研发创新投入为85亿欧元，其中，针对跨部门、跨行业研发创新活动的扶持力度最大。可持续发展方面，欧盟计划投入3.25亿欧元支持“工业2020”计划；智慧城市方面，计划投入11.5亿欧元，用以实现环境、交通、能源及数字化网络之间的高效协同运转；自动驾驶技术方面计划投入5亿多欧元；物联网研发投入3.7亿欧元，以扩大数字技术在欧洲的应用。

随着物联网、云计算、机器人、5G通信等信息技术的进步，产品、工艺和商业模式将面临变革，并随着全球价值链的变化创建新的产业模式。为抓住数字经济给工业带来的机遇，欧盟委员会于2016年4月发布《欧洲工业数字化》，计划投入500亿欧元加速欧洲工业数字化进程，增强欧盟在数字技术领域的竞争力，并确保欧盟不同地域、不同规模的工业都能从数字创新中获益。

四、日本研发强度与投入高速增长

日本研发强度与投入高速增长，重视科技创新体系改革。为确保日本科技和经济发展处于全球领先地位，日本政府自2015年以来相继出台了《科技创新综合战略2015》《第五期科学技术基本计划（2016—2020）》等一系列重大科技相关战略、计划和措施。其2016年1月发布的《第五期科学技术基本计划（2016—2020）》提出，未来五年日本政府研发总投入为26万亿日元，将占日本GDP的1%，并力争使全社会研发投入达到GDP的4%以上。第五期基本计划的核心内容是“四大政策支柱”：一是推动未来产业创新发展和社会变革；二是解决经济社会发展面临的重大挑战；三是强化科技创新的基础能力；四是构建人才、知识和资金的良性循环体系。其中，前两大支柱是日本未来科技创新发展的重点，决定了日本未来五年研发投入的基本方向；后两大支柱着重于日本科技创新体系的改革，奠定了未来日本在人才培养、科技计划和科研经费管理等方面的改革方向。

根据日本总务省统计局发布的“2015年科学技术研究调查结果”，2014年日本国内研发总投入为18.97万亿日元，较2013年增长4.6%，实现了连续三年的增长。研发强度达到3.87%，仅次于韩国和以色列，位居世界第三。无论是研发投入总额还是研发强度，都达到日本历史最高水平。

五、科技股在全球股票市场表现强势

值得注意的是，标普全球行业指数前 10 大权重股中（详见表 4－1），6 家为美国科技龙头股，分别为 Apple，Microsoft，Amazon，Facebook，Alphabet Inc C 和 Alphabet Inc A。由此可见以信息技术为代表的科技股不仅明显跑赢了全球市场，其强劲势头对全球股票市场整体表现也起到了拉动作用。

表 4－1 美股市场主要科技股上市公司一览表

代码	证券名称	公司名称	公司简介
AAPL. O	苹果公司（APPLE）	APPLE INC.	苹果公司是美国的一家高科技公司。设计、生产和销售个人电脑、便携式数字音乐播放器和移动通信工具、各种相关软件、辅助设施、外围设备和网络产品等。产品主要面向教育界、创业者、消费者和商业以及政府
AMZN. O	亚马逊（AMAZON）	AMAZON COM INC.	亚马逊公司是全球商品品种最多的网上零售商和全球第三大互联网公司，也是网上最早开始经营电子商务的公司之一。亚马逊及它的其他销售商为客户提供数百万种独特的全新、翻新及二手商品，如图书、影视等
MSFT. O	微软公司（MICROSOFT）	MICROSOFT CORP.	微软是跨国电脑科技公司，世界 PC 软件开发先导。公司以研发、制造、授权和提供广泛的电脑软件服务业务为主。最著名和畅销产品为 Microsoft Windows 操作系统和 Microsoft Office 软件，是全球最大的电脑软件提供商

（续表）

代码	证券名称	公司名称	公司简介
GOOG. O	谷歌（ALPHABET）C类股	Alphabet Inc.	谷歌（Alphabet）是谷歌及其旗下各子公司的控股公司，于2015年进行重组成立。Alphabet涉足各个领域，包括技术，生命科学，资本投资和研究。其中谷歌公司致力于互联网搜索、云计算、广告技术等领域
FB. O	FACEBOOK	Facebook Inc.	Facebook是美国的一个社交网络服务网站。公司建立各种工具，使用户能够连接、分享、探索并与对方在移动设备和电脑进行通信
INTC. O	英特尔（INTEL）	INTEL CORP.	英特尔是一家研制CPU处理器的公司，全球最大个人计算机零件和CPU制造商。为计算机工业提供关键元件，如微处理器、芯片组、板卡及软件等，产品是标准计算机架构的重要组成部分
CSCO. O	思科（CISCO SYSTEMS）	CISCO SYSTEMS, INC.	思科公司是全球领先的网络解决方案供应商。该公司从事设计、制造和销售基于与通信和信息技术的网络产品的互联网协议。其客户包括各种规模的企业、公共机构、电信公司、服务供应商和个人
T. N	美国电话电报（AT&T）	AT&T INC.	美国电话电报公司（AT&T）是美国最大的无线电通信服务供应商。AT&T业务：无线通信、本地交换服务、长途服务、数据宽带和互联网服务、视频服务、通信器材、网络管理、批发服务等
VZ. N	威瑞森电信（VERIZON）	Verizon Communications Inc.	威瑞森是一家提供创新通信和技术解决方案的企业，美国最大的本地电话公司、无线通信公司、全世界最大的印刷和在线黄页信息提供商。主要业务包括电信业务、移动通信、话音、数据业务等
ORCL. N	甲骨文（ORACLE）	ORACLE CORP.	甲骨文是世界上最大的企业级软件公司，世界领先的信息管理软件供应商和继Microsoft后全球第二大独立软件公司。提供数据库、工具、应用软件、相关咨询和培训支持服务

（续表）

代码	证券名称	公司名称	公司简介
NVDA. O	英伟达（NVIDIA）	NVIDIA CORP.	英伟达是以设计智核芯片组为主的无晶圆IC半导体公司，图形处理技术领袖，专注于打造增强个人和专业计算平台的人机交互体验的产品。公司图形和通信处理器被多种计算平台采用，包括个人数字媒体PC、商用PC等
NFLX. O	奈飞公司（NETFLIX）	NETFLIX INC.	奈飞公司是美国一家在线影片租赁提供商，向顾客提供DVD电影的租赁服务，而且能向顾客提供影片或者电视剧的在线观看服务
IBM. N	IBM	International Business Machines Corp.	IBM是全球最大的信息技术和业务解决方案公司，提供电子商务和计算机软件技术服务。IBM为计算机产业领导者，在大型机、小型机和便携机（ThinkPad）方面成就非凡。其个人计算机（PC）标准，被沿用和发展
ADBE. O	奥多比系统（ADOBE SYSTEMS）	ADOBE SYSTEMS INC.	Adobe公司是世界领先数字媒体和在线营销方案的供应商，为世界各地企业、知识工作者、创意人士和设计者、OEM合作伙伴，以及开发人员提供一系列的软件和服务
PYPL. O	PAYPAL	PayPal Holdings，Inc.	PayPal是一家代表全球消费者和商家进行数字化和移动支付的领先技术平台公司。提供安全、简单的方式为企业接受来自商家的网站，移动设备和应用支付，解决离线零售平台的支付问题
QCOM. O	高通公司（QUALCOMM）	QUAL COMM INC.	高通公司是一家美国的无线电通信技术研发公司，以其CDMA（码分多址）数字技术为基础，开发并提供富于创意的数字无线通信产品和服务。业务涵盖技术领先的3G、4G芯片组，系统软件以及开发工具和产品等等
SNE. N	索尼	Sony Corp.	索尼公司是世界上民用及专业视听产品、游戏产品、通信产品核心部件和信息技术等领域的先导之一。它在音乐、影视、电脑娱乐以及在线业务方面的成就也使其成为全球领先的电子和娱乐公司

（续表）

代码	证券名称	公司名称	公司简介
TSLA. O	特斯拉	Tesla，Inc.	特斯拉从事纯电动汽车的设计、制造和销售，致力于纯电动汽车、电动汽车零部件及电力动力研究和制造；用创新技术，加速可持续交通的发展
EBAY. O	EBAY	EBAY INC.	eBay 公司是全球最大的网络交易平台之一，为个人用户和企业用户提供国际化的网络交易平台。其网站（eBay. com）是一个基于互联网的社区，买家和卖家在一起浏览、买卖商品
HPQ. N	惠普公司（HP）	HP INC.	惠普公司是面向个人用户、企业和研究机构的全球技术解决方案提供商，产品涵盖信息技术基础设施、个人计算与接入设备、图像与打印设备等
ERIC. O	爱立信	ERICSSON LM TELEPHONE CO	爱立信公司于 1876 年成立于瑞典首都斯德哥尔摩。是世界领先的电信解决方案和服务供应商，产品组合包括移动和固定网络基础设施，针对运营商、企业客户和开发商的宽带和多媒体解决方案
TWTR. N	推特	Twitter Inc.	Twitter 是一个实现公众自我表达交流的全球平台，为人们创造一种全新的方式去分享和发现内容。该平台使未过滤的声音在世界各地迅速传播
XLNX. O	赛灵思（XILINX）	XILINX INC.	赛灵思公司是 All Programmable FPGA、SoC 和 3D IC 的全球领先提供商，主要提供设计、开发和销售完整的可编程的逻辑解决方案
DBX. O	DROPBOX	DROPBOX，INC.	Dropbox 是全球协作平台，提供文件同步、备份、共享的云存储软件。以网络储存和资料管理为核心业务。Dropbox 是 2018 年首家申请上市的大型互联网科技独角兽企业
AMD. O	超威半导体（AMD）	ADVANCED MICRO DEVICES INC.	AMD 公司专门为计算机、通信和消费电子行业设计制造各种创新微处理器（CPU、GPU、APU、主板芯片组、电视卡芯片等）、闪存和低功率处理器

资料来源：Bloomberg，Wind，川财证券研究所

据专注科技的英国投行 GP Bullhound 报告，2016 年欧洲共诞生了 10 家估值过 10 亿美元的科技初创独角兽企业，欧洲的独角兽总数达到 47 家。这 47 家独角兽企业的平均估值为 28 亿美元。从国家分布来看，英国独角兽数量最多，总共 18 家，超过 1/3 的欧洲独角兽都创始于英国；瑞典排名第二，共有 7 家独角兽；德国和法国位列其后，各有 6 家和 3 家独角兽。

其中，来自瑞典的音乐流媒体公司 Spotify 是欧洲最具价值的初创企业之一。自 2008 年上线以来，Spotify 已占全球流媒体音乐市场份额的 42%，成为全球最大的流媒体音乐服务商，是当之无愧的行业领导者。Spotify 在全球拥有高达 1.59 亿的月活跃用户，其中付费用户达 7100 万人，是 Apple Music 用户量的两倍，让 Amazon 和 Google play 等对手难以望其项背。2018 年 4 月 3 日，Spotify（SPOT. N）在纽约证券交易所直接上市，成为全球第一家直接上市的独角兽企业。除了瑞典的 Spotify，德国电子商城 Zalando 和生鲜 O2O 平台 Hello Fresh，芬兰游戏巨头 Supercell，英国房地产门户 Rightmove、云服务 Anaplan 和增强/虚拟现实（AR/VR）新秀 Blippar 等企业也因其创新业务模式和快速增长被广为看好。

欧洲独角兽公司往往展现出较强的创收能力。根据 GP Bullhound 报告，虽然美国初创企业通常可以募集到更多的资金，但他们的创收能力却不如欧洲初创公司。欧洲独角兽企业平均营业收入为 3.15 亿美元，而美国独角兽企业的平均营业收入为 1.29 亿美元，前者几乎是后者的 3 倍。但是，美国独角兽的平均估值水平却远高于欧洲独角兽。从营收倍数（EV/Rev）来看，美国独角兽的平均值是 46 倍，而欧洲独角兽为 18 倍。

欧洲独角兽企业的估值明显较美国低，一定程度上说明欧洲投资者重视企业高估值背后的支持因素和企业持续盈利能力。2016 年约有 60% 的欧洲独角兽企业已经实现盈利。除了创收，增长速度也为欧洲独角兽所重视，2016 年欧洲独角兽企业平均增长率达到 99% 。从行业分布看，欧洲独角兽企业与科技创新紧密联系，其主要集中在电子商务、软件、平台这三个领域，占到整个独角兽企业总数的 64% 。软件业占比从 2015 年的 20% 上升至 2016 年的 26% ，已成为欧洲的主导产业。

第二节 全球科技发展主要领域和未来趋势展望

一、人工智能让机器拥有人类智力

（一）人工智能概念的提出与发展

在1956年达特茅斯会议上，人工智能（Artificial intelligence，简称AI）的概念被首次提出。当时科学家对于AI的畅想是建造一台极其复杂的机器，让机器展现出人类的智力特征。这种概念逐渐发展为我们所说的“强人工智能”（General AI）——机器不仅像人类一样拥有灵敏的感知，还能推理、思考和解决问题，甚至拥有自我意识。科幻电影里的超能力机器人，基本属于这个范畴。与此相对应的是“弱人工智能”（Narrow AI）概念，其在当前科技发展阶段研究和实践较为广泛。弱人工智能可以帮助人类完成具体任务，比如图像识别、语音识别等，比如Facebook通过AI识别脸部、Pinterest通过AI对图片分类。弱人工智能擅长解决特定问题，是优秀的信息处理者，比如谷歌的AlphaGo和IBM的Watson。受技术限制，弱人工智能仍无法达到模拟人脑的水平。

（二）机器学习

机器学习（Machine Learning）是人工智能的核心，是计算机获得智能的根本途径。简单来说，机器通过分析大量数据进行学习，像人类一样通过重复解决一类问题获取经验、寻找模式，并将经验运用到新的问题解决和预测中。机器学习的数学基础是信息论、统计学、控制论等。根据给定任务的不同，会用到一种或多种算法，比如朴素贝叶斯、支持向量机、神经网络、遗传算法、决策树等。科学家并不亲自编写指令让程序完成特定任务，而是通过大量数据和算法训练机器，让其学会如何完成任务。

机器学习的过程包含六个步骤。数据分组，把数据分成训练数据、验证数据和测试数据三组；数据建模，使用训练数据来构建模型；验证模型，把验证数据接入模型来检验模型；测试模型，使用测试数据检查被验证模型的表现；使用模型，使用完全训练好的模型在新数据上做预测；优化模型，使用更多数据、不同的指标或调整过的参数来提升算法的性能。

（三）深度学习

深度学习（Deep Learning）是机器学习的一个分支领域，它试图建立一种模拟人脑的神经网络（Neural Network），效仿人脑机制实现声音、图像和文本等数据的分析。人脑中有 150 多亿个神经元，相互连接的节点更是数不胜数；神经元可以连接到特定物理距离内任何其他神经元。人工神经网络则分为很多不同的层（Layer），连接（Connection）数据传播方向（Data

Propagation）。最简单的神经网络包括一个输入层、一个隐藏层和一个输出层（详见图4－4）。每一层都由多个神经元组成，每一层的每个神经元都与下一层中的所有神经元相连。

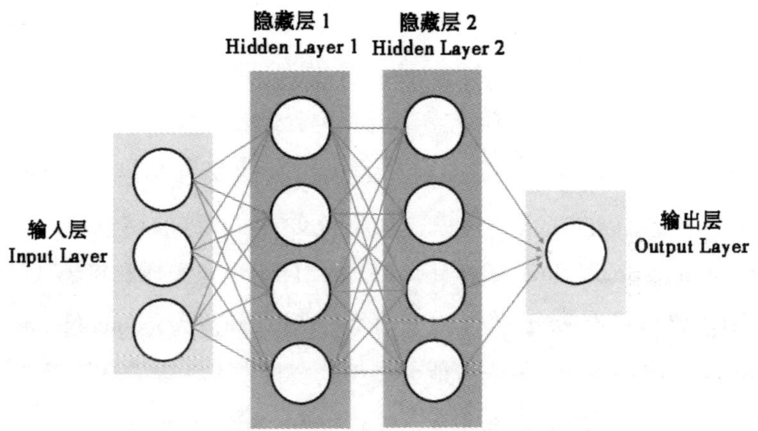

图4－4　人工神经网络包括输入层、隐藏层和输出层

资料来源：公开资料整理，川财证券研究所

1. 深度学习的目标是让机器掌握自己学习的能力

2012年，斯坦福大学教授Andrew Ng主导的Google Brain项目用16000个CPU Core的计算平台训练一种机器学习模型——深度神经网络（Deep Neural Networks）。该模型突破之处在于让神经网络变得非常大（10亿个节点），不断增加层数和神经元数量；让系统运行大量数据，不断训练。该项目在图像和声音识别上获得了成功，系统通过深度学习可以领悟和准确识别“猫”。

一些经过深度学习的机器甚至比人类拥有更好的识别能力，

能够识别血液中的癌细胞特征，识别 MRI 扫描图片中的肿瘤等；AlphaGo 学习围棋的方式，也是通过与自己不断下棋的过程来学习和优化策略。

2. 有了深度学习，机器学习才有了实际的应用，人工智能的范围得以不断扩展

深度学习将任务细化，使各种类型的机器辅助成为可能。当深度学习应用到自动化系统时，可以帮助实现无人驾驶、自动飞行、预防性治疗等目标；如果数据收集自传感器（Sensor），并通过网络进行传输，就是深度学习在物联网领域（Internet of things，IoT）的应用。另外，自然语言沟通和机器人情感的研究将有助于增强人机互动（Human – Machine Interaction）。在未来，机器人可能会承担更多日常生活中的具体工作，比如买菜、照顾老人和儿童、收获粮食、维护公共设施等。

（四）人工智能的技术发展

自 2015 年以来，AI 的迅猛发展很大程度上归功于 AI 芯片的发展，让并行处理变得更快、更强大。我们知道，深度学习分为训练端（Training）和推理端（Inference）。简单来说，就像学生需要上课一样，神经网络也需要通过海量的数据训练来学习如何工作，而训练好的神经网络，可快速高效地从新数据中“推断”出各种结论。这个过程称之为“推理”。

深度学习需要通过大量的数据训练来达到理想效果。以语音识别为例，仅在声学建模部分，算法就需要十亿到千亿级别的训练样本数据。大数据时代的到来满足了深度学习对于数据量的要求，但是算法的实现还需要处理器极高的运算速度作为

支撑。传统的 CPU 架构面对深度学习的海量数据运算变得不堪重负。

AI 芯片的技术路线有三种：GPU、FPGA 和 ASIC。

GPU 芯片以英伟达（Nvidia）的 Tesla 系列为代表。GPU 最初是用于 3D 图形渲染与处理的图形处理器，因为拥有出色的并行运算能力，被应用于深度学习的训练和推断。GPU 采用并行架构，超过 80% 部分为运算单元，具备高性能运算速度。相比较，CPU 仅有 20% 为运算单元，更大部分是逻辑单元，因此 CPU 擅长逻辑控制与串行运算，而 GPU 擅长大规模并行运算。通过 GPU 训练的神经网络能比人类更好地检测模式和物体。

随着人工智能的技术不断成熟，深度学习需要融合传统的高性能串行计算和新兴的并行运算，因而异构计算平台成为产业热点。Nvidia 把握时机，基于异构计算方式推出了专门用于深度学习或人工智能定制的硬件，包括 Pascal 系列（Tesla P100，Tesla P4，Tesla P40）和 Volta 系列（Tesla V100）的 GPU 芯片。

FPGA 是 AI 芯片的第二条技术路线，以赛灵思（Xilinx）为代表。FPGA 全称是 Field Programmable Gate Array（可编程逻辑门阵列）。相对于 GPU，它有以下特点：硬件上，其内部集成大量的数字电路基本门电路和存储器，用户可以通过烧入配置文件来定义这些连线，从而达到定制电路的目的；逻辑上，它不依赖于冯诺依曼结构，一个计算结果可以被直接馈送到下一个计算，无需在主存储器临时保存，带宽需求比使用 GPU 或 CPU 时低得多，具有流水处理和迅速响应的特点。

FPGA 全球市场规模大约为 60 亿美元，主要有 Xilinx、Altera、Actel、Lattice、Atmel 等几家公司。其中，Xilinx 规模最大、实力最强，在全世界有 7500 多家客户及 50000 多个设计开端，满足了全球一半以上的需求。Altera 于 2015 年底被 Intel 收购，用于发展 Intel 的“CPU FPGA”AI 芯片战略，约占全球市场份额的 36%。

国内 FPGA 市场规模大约为 9.2 亿美元。具代表性的深鉴科技（DeePhi）由清华大学和斯坦福大学联合成立，是国内基于 FPGA 进行深度学习算法开发的公司。DeePhi 因其在机器学习领域的开创性研究，和在全球顶级 AI 会议上发表的论文而闻名。国内基于 FPGA 的研发还包括地平线机器人的深度神经网络芯片、云知声的 AI 可定制化芯片 UniOne。

ASIC 中文为“专用集成电路”，Google 的 TPU 是 ASIC 技术路线的典型代表。ASIC 与 GPU、FPGA 不同，后者除了是技术路线，还是实实在在的产品，而 ASIC 就是一种技术或方案，其最终形态与功能也是多种多样的。

一般来说，ASIC 研发往往针对专门的领域或产品。我们熟知的 AlphaGo 的背后就是 Google 研发的 TPU。Google 在 2017 年 5 月的开发者大会上正式公布了 TPU2，又称 Cloud TPU。相比 TPU1，TPU2 既可以用于训练端又可以用于推断端。Microsoft 研发的 HPU，即全息处理器，是专为 Hololens 应用开发的。

可以看出，这三种技术路线各有优势，适用于不同的场景，未来或将呈现多种技术并存的局面。除了以上三种主流技术路线之外，还有类脑芯片，如 IBM 的 TrueNorth。

二、物联网发展势头迅猛

物联网正在受到来自世界各国政府、企业和学术界的高度关注。联合国将物联网定义为全球信息社会的基础设施，通过不断发展可交互信息通信技术连接实际和虚拟事物，以提供先进的服务。简单来说，物联网有两层含义。第一，物联网的基础仍然是互联网；第二，物联网用户端延伸和扩展到了物品与物品之间，使万物相连。通过智能感知、智能识别等技术，物联网广泛应用于网络融合中，被称为继计算机、互联网之后世界信息产业发展的第三次革命。

（一）应用创新是物联网发展的核心

物联网不仅可以提高企业生产力、促进消费，还能极大提升生活质量。物联网已见于一些产品和应用，如 Apple Watch 可监测用户的健康指标——如睡眠时间和心率等。通过 Apple Watch 生成的数据通过 iPhone 上传电脑，可分析数据了解身体情况。在农业生产方面，精密农业设备可测量农作物状况，通过连接远程卫星和地面传感器收集的数据，可调整田间每片区域的种植方式。

据保守估计，到 2045 年将有超过 1000 亿台设备连接到互联网，其中包括移动和可穿戴设备、电器、医疗设备、工业传感器、安全摄像机、汽车、服装和其他终端等。所有这些设备将产生并分享海量信息，彻底改变我们工作和生活的方式。

（二）物联网将对全球经济和社会产生广泛而深远的影响

物联网将对全球经济和社会产生广泛而深远的影响，包括提高生产力、节约能源、提供医疗健康服务、实现家务劳动和工业生产自动化、改善公共交通和无人驾驶等。根据 OECD 数据，2025 年物联网经济将影响相当于全球 4%—11% 的生产总值（GDP）。物联网将复杂生产过程自动化，优化库存、节约能源，工业企业将成为物联网应用最大的获益者。IHS Global Insight 预测 2017—2025 年全球物联网设备出货量将增长两倍以上，达到 194 亿台设备。其中，增长最快的是工业部门，从 13 亿台设备攀升至 108 亿台设备，其中物联网设备占比或从 21% 提高至 56%。

未来，人们将利用物联网生成的信息做出更明智的决策，更深入了解自己和周围的世界。与此同时，物联网连接的设备还可以自动执行目前尚需人工实现的工作，比如管理、监控和维护等。物联网、人工智能和数据分析等领域的跨学科融合可以帮助实现全球智能机器网络，自动执行任务，为生产生活服务。

三、云计算应用前景广阔

“云”对我们来说并不陌生，过去几年里，越来越多的应用迁移到了“云”上，比如我们熟悉的“云盘存储”。在不远的将来，几乎所有的计算都会在“云端”完成，通过各式各样的移动设备为我们提供服务。“云计算”的内涵很丰富，人们对它的定义也不尽相同。依据云安全联盟 CSA 的定义，云计算的本质是一种服务提供模型，用户通过模型可以随时、随地、按需获取共享资源池的资源，这个资源池包括计算资源、网络资源和存储资源等。这些资源可以被动态分配和调整，在不同用户之间灵活划分。

我们知道，传统应用的升级带来需求的提升——需要更强的计算能力、支持更多用户、对安全稳定的要求越来越高。为了满足不断扩展的需求，企业不得不购买更多硬件设备（宽带、服务器、存储等）和软件（数据库等），聘请专业团队来负责安装、测试、运营和维护等工作，工作量和费用巨大，而且会随着应用规模的扩张持续增加支出。这也是为什么即使是在那些拥有很出色 IT 部门的大企业中，用户仍在不断抱怨系统难以满足需求。而对于那些中小规模的企业甚至个人创业者来说，创造软件产品的运维成本更加难以承受。

“云”规模庞大，一些知名云供应商如 Google 云计算、Amazon、微软、IBM、阿里等都拥有上百万级的服务器规模。依靠这些分布式服务器所构建起来的“云”能够为使用者提供前所未有的计算能力。

“云计算”采用虚拟化技术，用户无需具体硬件设备，只需通过云服务提供商注册账号、登录到云控制台，便可配置所需服务（云服务器、云存储和 CDN 等）。这比在企业数据中心去布置一套应用要简单方便得多。而且用户可以随时随地通过移动终端来控制资源，就好像云服务商为每个用户都提供了一个数据中心 IDC（Internet Data Center）一样。用户可以根据自己的需要来购买服务，甚至可以按使用量来进行精确计费。这能极大地节省 IT 成本，而资源的整体利用率也将得到明显的改善。

云计算供应商一般会采用计算节点同构可互换、数据多副本容错等措施来保障服务的可靠性。基于云服务的应用可以24小时提供服务，另外“云”的规模可以动态伸缩来满足应用和用户规模增长的需要。此外，网络安全已经成为所有企业或个人必须面对的问题，企业的IT团队或个人很难应对那些来自网络的恶意攻击，而使用云服务则可有效借助专业的安全团队来降低风险。

1999年互联网经济泡沫之后，云计算的先行者Salesforce. com在美国加州旧金山成立，主要向客户销售基于云的SaaS产品，也就是客户关系管理系统CRM。2005年，亚马逊Amazon推出了基于IaaS的AWS服务，将云计算发展推向高峰，强劲的竞争对手微软Azure和SoftLayer（2013年被IBM收购）相继应运而生。2009年，Google开始对外提供基于PaaS的Google App Engine服务，至此云计算产品版图彻底补齐，进入高速发展的繁荣时期。2016年，全球“公共云”服务市场规模约为2086亿美元，较2015年增长17%。云计算市场年增长率已连续4年稳定保持17%左右的较高增长速度。

近年来我国云计算产业发展迅猛，年均增长率超过30%，是全球发展最快的市场之一。新技术、新产品、新应用不断涌现，云计算产业链条日趋完整，产业生态日益繁荣。IDC数据显示，2016年中国云计算整体市场规模将达到523亿元，整体增速38.3%。其中，“公有云”市场规模约为165亿元，比2015年增长61%。

国际巨头争相登陆国内云计算市场，2016年亚马逊、甲骨文、IBM等国际巨头纷纷通过与国内企业合作的方式登陆中国市场。亚马逊AWS同光环新网合作正式落地中国，IBM同世纪互联合作将 Bluemix PaaS 平台落地中国，甲骨文 Oracle 与腾讯合作云服务。中国云计算企业也加速推进海外市场。2016 年，阿里云、腾讯云等国内巨头推出了云计算海外服务节点；其他云计算企业通过与当地企业合作、设立分公司等方式，积极布局海外市场。

随着云计算市场竞争日趋激烈，通过合作、并购补齐自己短板，被各企业视为加强竞争优势的手段。2016 年，云计算领域的合作和并购风起云涌。随着众多企业和商家进入云服务领域，云计算市场竞争日趋激烈，因而持续降价促进云计算更为普及，降价也依然是有效的竞争手段。

当今时代，“云计算”和移动设备正在悄悄地改变着人们的数据交互方式。目前美国 3% 的网页浏览和 40% 的社交媒体使用都是在移动设备上完成的。到 2030 年，全球 75% 的人口将拥有移动连接，60% 拥有宽带接入。移动设备的功能越来越强大，功能越来越丰富，各种嵌入式传感器可以测量天气、位置、环境、光线和声音以及生物识别等。“云计算”与移动数据协同工作，提供近乎无限的计算能力。这样，无需增加 IT 基础设施投资即可轻松扩展。在未来 30 年中，基于云计算的移动计算有可能改变从医疗保健到教育的一切。手机将监测生命体征，并直接与诊断应用相连接。人们将使用移动在线教育学习新技能，应用程序将允许农民连接到实时天气数据和工具以优化农业耕种。

四、生物科技与生命科学将发生质的飞跃

随着生命科学的发展，医学将通过重要技术突破而发生质

的飞跃。比如通过基因组学研究（Genomics）的深入开展，科学家有望研发出针对患者个体基因的药物。这种医疗模式被称为精准医疗，又称为个性化医疗（Personalized Medicine），是指以个人基因组信息为基础，结合蛋白质组、代谢组等相关内环境信息，为病人量身设计出最佳治疗方案，以期达到治疗效果最大化和副作用最小化的一门定制医疗模式。个性化医疗将被广泛用于癌症、心血管疾病、阿茨海默症等目前难以治愈疾病的治疗。

再生医疗（Regenerative Medicine）也是未来医学进步的核心领域。比如，目前的器官移植手术存在诸多限制因素，一方面，找到配型合适的器官往往需要一段时间，这可能导致错过最佳手术时机延误病情；另一方面，移植来的器官可能会与自体发生排异反应，不仅手术无法达到预期效果，还可能造成生命危险。未来生物医学技术或通过患者 DNA 样本的培养，获得移植手术所需的器官，降低因为等待配型和排斥反应带来的风险。除此之外，生物假肢技术会取代没有神经知觉的普通假肢，直接与人体的神经系统相连，从而获得与真实器官极其相似的触感。急救机器人和控制性降温等相关技术会大幅度延长救援的黄金时间。科学家还致力于从基因层面发现衰老的原因，延长人类寿命，使人类保持健康、旺盛和活跃的身体机能。

未来，科技创新将带领人类突破生物能力的界限。例如，由物联网连接的可穿戴设备将会把与实时有关的信息直接注入我们的感官中；外骨骼和与大脑连接的假肢将会使我们变得更加强大，帮助老弱病残人士恢复行动能力；装有探测器和嵌入式计算机的隐形眼镜、植入体内的特殊装备将给我们带来可以穿墙的听力、天然夜视以及获得虚拟和增强现实系统的能力；益智药物也许能帮助我们提升思维能力和记忆能力，改变工作和学习的方式，提高思维质量和效率。相关的技术研究领域包括可穿戴计算设备、机械外骨骼、药物增强、自我量化等。

早在孟德尔发现遗传的基础规律，以及埃弗里·麦克劳德·麦卡蒂实验证明 DNA 是遗传物质之前，人类已经通过选择性育种以及杂交来操纵植物和动物的遗传基因。随着对遗传学认知的加深，我们已经可以通过搭建新的 DNA 来实现“无中生有”，创造新的生物。基因改造农作物则是此项科技的先锋。与此同时，我们正站在一场生物革命的突破口。当我们跨入生物科技的新时代时，生命将会成为信息，如同电脑程序的代码一样，可以被改写的信息。

科学家正在开发一种可以分泌生物柴油的海藻，这种海藻的 DNA 中被编写了数千 GB 的数据。在未来的 30 年里，合成生物科技将制造出可以探测到毒素，从工业废料中制造生物柴油，以及通过共栖来给人类寄主提供药物的生物。合成生物也可能会带来生物武器和难以控制的入侵物种等风险。合成生物科技相关的代表性技术包括建模与仿真、标准化 DNA、DNA 合成与测序等，可以实际应用于编辑胚胎细胞、遗传编程、工业级合成生物学等。

五、航天科技体现各国科技硬实力

航天产业，又称为航天经济，狭义的航天产业即航天硬件制造商（主要为运载火箭和卫星）；广义的航天产业是“参与开发或提供航天产品和服务的所有政府和企业参与者”。从研究开发者到空间硬件制造商，再到航天产品供应商，到最终为用户提供太空支持产品和服务，航天产业包含一条很长的增值链。

2018 年是全球商业航天的元年，整个航天产业风生水起，无论是商业发射、太空旅游、还是天地一体化，都蕴涵着巨大的商机。世界上很多国家都开始发力，2 月 6 日美国商业航天代表企业 SpaceX 以 63.8 吨的猎鹰重型火箭（Falcon Heavy）吸引了全世界的目光，刷新了火箭运载力与发射成本的纪录。1 月 19 日，中国长征 11 号的“一箭六星”首次实现了全部商业发射。

近几年，中国商业航天迅速发展，除了国企在商业领域的拓展，也涌现出不少民营航天企业，在火箭、卫星技术等方面取得进展。然而相对于美国，中国在航天技术、航天政策和产业环境方面，都有明显的差距，缩短这种差距是中国航天发展的方向。

如果说中国的航天产业方兴未艾，那么美国的航天产业市场已相对较为成熟，航天技术长期保持世界领先地位。美国航天产业的历史可以追溯到阿波罗登月之后，美国国家航空航天局（NASA）开始研发相对经济的航天飞机，并在之后要求所有载荷使用航天飞机发射，这使得美国火箭一度停产，航天飞机几乎垄断发射市场。1986 年“挑战者”号航天飞机发生事故，美国政府决定鼓励火箭商业化，于 1989 年重新发射运载火箭。在美国政府资助下，波音（Boeing）、洛克希德·马丁（Lockheed Martin）推出了德尔塔（Delta）、宇宙神（Atlas）等运载火箭系列。

这两家航天巨头于2006年成立了联合发射联盟（ULA），开始垄断美国的发射订单，导致成本飙升。由此美国政府和NASA开始鼓励SpaceX、轨道科学（ATK）等私营公司进军商业市场。2006—2008年，NASA同SpaceX、ATK等公司签署了一系列激励协议和商业补给服务合同。2016年，NASA又与SpaceX、ATK、Sierra Nevada签署了2019—2024年的商业补给服务。2010年，美国政府颁布《美国国家航天政策》，提出鼓励和推动商业航天发展的计划。

基于这些协议，SpaceX在2010—2017年间为NASA空间站运送了13次补给物资；2010—2015年间，SpaceX共执行20次发射，其中10次为NASA服务。值得注意的是，NASA会按照10%—50%的溢价价格购买SpaceX的火箭。2017年，美国的29次火箭发射中，SpaceX的猎鹰9火箭贡献了18次，成为全世界发射频率最高的火箭。SpaceX 2018年发射的猎鹰重型火箭，拥有63.8吨的近地轨道运输能力，是近30年来世界运载火箭的最高纪录。此外，猎鹰重型已将单位载荷成本降至每千克1141美元，对比此前每千克数万美元的价格，堪称经济实惠。重型火箭对人类太空探索意义重大，是载人登月、登陆火星等太空探测活动的必要途径。

2018年中国航天开门红。1月，中国航天科技集团（中航科技）长征系列火箭5次发射将15颗卫星送入轨道，创下史上最高单月发射频率；2月2日，长征二号再次将7颗卫星送入轨道。2018年，全球共有17次发射，其中中国达到了6次，占比超过1/3。

在长征火箭送往太空的22颗卫星中，有16颗商业、科研卫星，来自加拿大、丹麦、乌拉圭等三个国家；1 月 19 日长征 11 号的“一箭六星”首次实现了全部商业发射。2017 年中国 18 次火箭发射中，商业卫星数量只有 8 颗，商业小卫星的高密度发射是从 2018 年开始的。

对中国而言，重型火箭一直是航天科技的瓶颈。2016 年之前，最高运载能力的长征七号只有 14 吨，无法支持空间站建设、探月工程等重型任务。2006 年中国开始研制长征五号，10 年中攻克了 247 项核心关键技术，在 2016 年 11 月实现首飞成功，成为中国运载能力最大的火箭，近地轨道运载能力达 25 吨。

太空行业正在进入一个从 20 世纪 60 年代后就从未出现过的发展阶段。全球航天产业无论发展路线是否相同，最终竞争不可避免，而商业发射的竞争力主要来自商业运载力与发射成本。

在未来，持续的科技创新和突破将大大降低把人和物送入太空的成本和价格，而这会开启太空探险的新机会。技术创新和突破领域包括机器人、先进的推进系统、轻便的材料以及元件小型化等。目前，SpaceX、Blue Origin、Arianespace 等太空行业新兴力量已经开始探索包括可回收火箭在内的颠覆式创新。未来的 30 年，科技研发将会带领人类重返月球。除此之外更加伟大的太空探险，如人类登录火星、开采小行星中的矿物等新兴太空行业也都有可能应运而生。

航天科技创新需要充足的资金支持。据美国航空管理局（FAA）统计，2016 年美国超过 100 名投资者向 43 个太空创业项目投资了 28 亿美元，2017 年数据尚不完整，但规模预计超过2016年。美国互联网巨头Google、Facebook、亚马逊、软银等公司纷纷布局商业航天领域。如今聚集了大量太空创业者的美国莫哈维（Mojave）被称为“太空时代的硅谷”，孕育形成了一个融零部件制造、新材料、引擎、卫星到火箭测试、发射场、培训学校、融资服务于一体的完整太空产业链。相比之下，国内启动航天项目投资的机构只是少数，互联网巨头还没有向商业航天投注精力；即便是航天创业公司聚集的北京亦庄，目前仍尚未形成太空产业链。

不同的政策和产业环境引导出完全不同的产业格局，追求商业发展的美国逐渐形成了在发动机、控制系统、火箭组装、发射等领域开放竞争的产业格局。在工业基础薄弱、缺少技术积累的情况下，中国把资源集中在中航科技以实现突破，除少数私营企业能够提供部分上游材料之外，大部分火箭材料、发动机、控制系统、制造环节以及整个中下游产业环节乃至航天人才均由中航科技掌控。在中国努力突破技术瓶颈、实现更高运载力的同时，美国航天产业已经开始通过鼓励竞争降低商业成本。相比美国，中国在航天技术、航天政策和产业环境方面，都有明显的差距，而缩短这种差距是未来中国航天产业发展的方向和前景。

第四节 金融供给侧结构性改革为科技创新助力

本章前几节对未来发展趋势和未来科技发展进行了系统的展望，未来高新科技将是支撑中国经济发展的主要动力。当前我国还处于“技术升级”阶段，各项科学技术还处于发展阶段，往往需要大量资金投入和支持。因此，如何使金融业服务好科技创新企业是当前需要解决的重大问题之一。

一、金融供给侧结构性改革的背景

供给侧结构性改革并不是一个新鲜名词。早在 2015 年 11 月 10 日，习近平总书记主持召开中央财经领导小组第十一次会议时，就首次提出这个概念。当前，供给侧结构性改革仍然是我国政策体系和经济工作的主线。而“金融供给侧结构性改革”的提出则是在 2019 年中央政治局第十三次集体学习会议上。金融业是国民经济发展的重要支柱，而我国金融市场结构还不能适应经济高质量发展的要求，习近平总书记在会议上提出，必须要“深化金融供给侧结构性改革，增强金融服务实体经济能力”。重视金融体系，加强对其结构的调整和优化，让金融市场的市场结构更完整、机构运作更灵活、产品体系更优质，从而提高金融服务的质量和效率，促进实体经济发展。习近平总书记还提出“金融是国家重要的核心竞争力”，只有深化金融供给侧结构性改革，不断完善我国多层次资本市场体系建设，改善融资结构，大力发展直接融资，提升我国资本配置效率，增强金融服务实体经济能力，才能全面推动经济高质量发展。

中央为什么提出“深化金融供给侧结构性改革”？

谈到供给侧结构性改革，我们首先都会联想到钢铁、水泥、能源等劳动、资本或资源密集型企业，其典型特征是技术含量低、附加值低、高污染、高能耗等。这类企业往往沉淀了大量的厂房、土地、设备和劳动力等生产要素，资源配置效率相对较低。但是，很少有人注意到，隐藏在这些问题背后的其实也有我国金融制度改革滞后，金融资本供需结构错配和资本配置效率低等方面的原因。

首先，当前我国资本配置效率较低。所谓资本配置效率，是指将稀缺的资本配置到边际效益相对较高的地区、部门或行业的有效程度。资本配置逼近帕累托最优状态，即资本按照边际效益最大化的原则在不同地区、不同部门或不同行业之间进行配置。改革开放以来，我国资本市场的发展，一直是以银行信贷（间接融资）为主的金融结构（银行主导型金融结构），并且以国有商业银行为主体。我国的资本市场和国外成熟的市场国家相比，金融产品结构相对比较单一。此外，以国有商业银行为主的金融信贷，最大的弊端就是其具有“重资产”的特征，即银行为了规避风险，更愿意贷款给那些“重资产”的国有大中型企业，而不愿意贷款给那些“轻资产”的民营中小企业。历史的经验表明，江浙一带的“轻资产”民营中小企业比“重资产”国有大中型企业更能适应市场变化和发展。而通过银行信贷的间接融资渠道却不能满足民营中小企业的资金需求，这在一定程度上阻碍了民营企业发展和市场化进程，影响了地区资本配置效率的提高。20世纪90年代之后，随着我国经济的不断开放和发展，这种弊端日趋明显。

其次，在金融机构和金融中介发展不足的背景下，国有大中型商业银行的信贷行为，也受到营业所在地区政府的约束和干预。目前，我国商业银行的贷款对象主要是国有大中型企业。但是，在“去产能”“淘汰僵尸企业”等供给侧结构性改革的推动下，大多数国有企业都面临调结构和改制重组的压力，国有企业盈利能力在短期内很难有改善的空间，偿债能力也必然会有所下降，这导致了银行贷款和资产配置效率下降，反映为最近几年银行坏账率不断攀升。

第三，和间接融资形成鲜明对比的是直接融资在我国的发展，直接融资很大程度上提高了资本配置效率。虽然我国股票市场换手率和投机性普遍比较高，这在一定程度上影响了股票市场的资源配置能力，股票市场也存在深层次的体制机制深化改革问题。但是，从境外成熟市场的发展经验来看，间接融资往往面临较高的中介成本和交易成本，而直接融资不仅降低中介成本和交易成本，而且可以通过信息披露和公司监督制度来提高资金的使用和配置效率。股票和债券市场作为直接融资最主要的两个渠道，融资效率还是相对较高的，对经济增长和资本边际效率的提高也起到了积极的促进作用。中国人民银行的统计数据显示，截至2019年年底，我国社会融资规模增量累计达25.58万亿元，对实体经济发放人民币贷款增加16.88万亿元，占同期社会融资规模的66%。而直接融资规模中，我国非金融企业境内股票融资规模仅为3479亿元，占社会融资总规模的1.4%。总体来讲，我国直接融资规模占比相对而言还是非常低的。

二、我国创新企业面临的融资难现状

目前，我国科技创业融资供给体系包括国家开发银行、农业发展银行、进出口银行这三类政策性银行提供的政策性贷款；国家科技引导基金、专项建设基金以及财政拨款等政策性融资支持；国有商业银行、其他股份制商业银行、地方性商业银行等提供的商业性融资贷款；小额贷款公司、金融租赁公司、信托公司等民间金融机构提供的民间借贷服务；创业风险投资者、私募股权投资者等提供的创业风险投资；P2P、众筹、大数据小贷、传统金融机构互联网金融平台等提供的互联网金融服务；资本市场上的股权与债券融资；保险机构、信用担保机构、创业服务机构等提供的融资中介服务。

然而，针对科技创业这一具有特殊性质的融资服务，现有的供给体系还存在许多缺陷，不能完全支持科技创业融资，总体上表现在以下三个方面。

首先，商业性融资供给乏力，供给体系创新不足。商业性融资供给的收益与风险不匹配，是当前商业性融资供给乏力的重要原因之一。

随着科技创业的迅速发展，科技贷款的需求量逐渐上升，由于信贷主体对科技贷款供给乏力，导致贷款缺口较大，无法满足科技创业日益增长的贷款需求。盲目提高科技贷款的规模会增加信贷主体的风险，可能会破坏信贷系统的稳定。科技创业企业进行贷款融资的成本较高，而抵押品的缺乏又是其进行贷款融资的主要制约因素。从银行角度来看，控制信贷风险是非常关键的，提供贷款一般需要借款者提供抵押资产。科技创业企业尤其是处于创意期和孵化期的科创企业固定资产较为缺乏，难以申请抵押贷款。此外，科技创业的风险主要集中在创意期和孵化期。对信贷供给主体而言，提供科技贷款的风险较高，信息搜寻难度较大，贷款回收可能性较低，收益较小，收益与风险不匹配使得信贷主体向科技创业提供贷款的动力较小。

由于国家利率管制，银行类金融机构对于科技创业的贷款利率不能过高，一些银行为了保证自身的经营利润，变相向借款者收取费用，同时设置了附加条件，增加了科技创业贷款成本。虽然许多银行类金融机构对信贷产品进行创新，通过知识产权质押、应收账款质押、信用担保、还款保证保险等方式为科技创业提供贷款，但这种方式提供的贷款量非常有限，并且同样存在交易成本高的问题。此外，信贷供给主体也更倾向于向处于成长期和成熟期的科技创业企业提供融资服务。

商业性融资供给体系创新不足也是当前科技创新企业融资难的重要原因。因为，信贷机构作出贷款决策首要考虑的是抵押品，这正是科技创业企业所缺乏的。在科技信贷方面，各类金融机构的产品同质化严重。虽然许多机构对信贷产品与服务进行创新，尝试知识产权质押、应收账款质押、供应链融资等新型贷款模式，但业务操作难度较大，知识产权的审核、应收账款的回收、供应链企业的调查等业务较为复杂。同时，知识产权质押融资模式的发展还处于初级阶段，产权评估机制尚不完善。此外，科技银行或者银行的科技支行虽然定位于为科技创业提供贷款服务，但由于科技与金融复合型人才的缺乏，产品和服务的创新严重不足，投贷联动业务虽然已经推出，但尚处于试点阶段，机制不健全，成效有待观察。另外，担保机构、保险机构、创业服务机构等中介在科技信贷中虽然发挥了较大的作用，但产品与服务的创新也存在不足。担保机构与银行的风险分担机制、保险公司针对科技贷款的产品以及创业服务机构的融资服务均比较单一，无法体现出对科技企业融资领域的特色化服务，缺乏科技信贷系列的专业化产品与服务。

其次，资本市场不够健全，股权融资退出渠道不畅。对于当前的资本市场，主板市场对于企业上市的资格要求非常严格，科技创业企业的规模一般较小，难以满足主板市场上市的标准。我国采用的是发行审批制度，流程较长，标准较严。上市审批主要关注的是企业的营运能力与盈利水平，而科技创业的主要优势在于科研水平高、创新能力强等。在上市审批中，科技创业较之传统行业而言，无法通过自身的特殊优势提高上市能力。另外，创业板市场存在市盈率高、资金超募、信息披露不够等问题。创业板市场持续较高的市盈率显示了投资者对创业板公司的过高预期，股票价格不合理，市场风险较高，不利于科技创业企业在创业板融资的持续、稳定发展。资金超募比例较高会影响创业板投资的资本回报率，影响创业板公司的企业管理。信息披露的真实性与有效性不够，会加剧信息不对称问题。此外，科技创业在新三板挂牌后，后续融资功能欠缺，新三板挂牌的公司成功转板数量较少，因此科技创业企业在新三板挂牌动力不足。当前，科创板的推出就是为了使更多科技创新企业更便利的获得融资，目前来看，科创板的上市企业也是比较成熟的科技企业，是否也会扩大规模使更多科技创新企业受益还有待考证。

第三，供需主体间信息不对称导致供给侧不能匹配需求侧。首先，处于创意期和孵化期的科技创业企业尚未成型，科技创业的成长性难以预测，投资风险与收益难以估计。即使是发展较为成熟的科技创业企业，也会存在较为严重的信息不对称问题，科技创业企业的规模一般较小，上市较为困难，未上市或挂牌的科技创业企业财务数据与其他重要信息不透明，融资供给主体能够获取的信息较少。信息不对称问题使得融资供给主体对科技创业的资金流向难以把控。科技创业本身所处的行业风险较高，自身经营风险较大。同时，科技行业的保密性较严，科技创业企业的内外部控制机制欠缺，融资供给主体难以监督科技创业的资金流向。

此外，科技创业属于人才和技术密集型行业，融资供给主体如果没有专业的科技人才进行对接，很难制定审核标准。较为滞后的社会信用体系建设和不健全的风险分担机制对科技创业融资供需主体之间的信息不对称问题来讲无疑是雪上加霜，严重影响了融资供给主体的投资决策与风险管理。因此，处于创意期和孵化期的科技创业企业大多只能依赖自有资金和民间融资。然而，科技创业者的自有资金有限，民间金融运作不够规范，融资供给不够稳定，融资风险较大，利率较高。虽然小额贷款公司能够起到一定的规范作用，但许多传统民间金融以及互联网金融处于监管真空地带。不规范、成本高、风险大的融资供给不利于科技创业的发展。除了天使投资外，风险投资和私募股权投资明显偏向处于成长期和成熟期的科技创业企业，创意期和孵化期的科创企业则难以获取创业风险资本。

三、加强金融供给侧结构性改革，助力科技创新

落实新发展理念，推动高质量发展，全社会要为解决金融供求结构性失衡问题达成共识，积极推进金融供给侧结构性改革。具体而言，要紧紧围绕金融供求结构性平衡主线，侧重从金融业的体制机制、供给结构、双向开放、风险管控等路径入手，以服务实体经济为导向，推动间接融资提质增效，加快直接融资特别是股权融资发展，推动金融业高水平双向开放，完善和升级监管，以改革形成合力，实现高质量发展目标。通过完善政府的政策供给机制，增加政府制度供给效率，解除制度供给抑制，为融资供给主体之间的协同发展创造条件，充分发挥政府的政策供给在科技创业融资中的服务、引导、监管、补充等重要作用。

（一）合理定位政府角色，充分发挥政府的引导作用

政府对科技创业的重视程度与科技创业的发展及其所带来的经济与社会效益正相关，政策性支持不足会抑制科技创业融资规模的扩大。政府是科技创业融资供给侧结构体系中的特殊主体，作为融资供给机构的管理者、资源的调控者以及政策的制定者，政府在科技创业融资的供给侧结构性改革中有着关键的作用。但是，政府的角色定位不清会不可避免地出现干预过

度、监管不严或者监管不到位等问题，影响供给机制的稳健发展。政府的直接参与也会使得融资供给体系在创新与监管的博弈方面难以达到均衡。因此，要推进我国科技创业融资供给侧结构性改革，首先要合理定位政府角色。政府应成为科技创业融资供给侧结构性改革的引导者，推动和维系融资供给主体之间的合作，引导和调控融资供给市场，营造和培育良好的融资供给环境。

（二）改变政府财政支持的方式，促进财政资金与科技创业的有效融合

加强与融资供给主体之间的合作，吸引社会资金参与科技创业领域，将财政拨款的形式改为政府投资形式。处理好政府与融资供给市场之间的关系，发挥政府的引导作用和市场的资源配置作用。加强重视各供给主体之间的利益关系，提供有效的奖惩措施，促进资源的跨界利用，优化不同科技创业行业的资源投入结构。明确科技创业融资供给主体及供给资源的产权界定，提高市场资源配置率。改善政府各部门之间关于科技创业融资的分工、统筹与协调，加强各行政地域之间的交流与合作。完善政府对科技创业及其融资管理各条线的服务模式，强化平台之间的无缝对接，提升统筹管理体制的效率与协同性。优化科技企业创业融资环境，健全科技创业孵化平台，提升政策服务效率。通过增加科技创业补贴力度，简化补助申请审批程序，降低科技创业融资成本。扩大科技创业投资引导基金的规模，增加科技创业企业投资额度，完善科技创业企业担保贷款体系，降低科技创业企业融资难度。

（三）完善科技创业融资的供给侧法律结构

法律制度不健全会增加科技创业融资难度，抑制科技创业规模扩大。正式的、运作良好的科创融资法律供给体系是非常有益的，能够促进融资交易所涉及的契约被顺利执行。但是法律供给制度的交易费用较高，不能盲目出台正式的法律制度，而是根据产权和契约对科创融资制度需求的满足程度，适当出台正式的法律法规。关于鼓励科技创业方面，建议在已有的法律基础上，细化科技创业融资行为的权利与义务，补充关于科技创业的相关法律制度，为科技创业发展提供健全的法律体系。同时，要明确各部门职责，加强法律政策的宣传、落实与执行，提升科技创业融资法律供给支持效率。首先，制定和实施关于科技创业股权融资的相关法律法规，界定股权投资者的范围，规范科技创业股权融资行为，为科技创业通过风险投资型融资、上市融资、私募股权融资、股权众筹等股权型融资行为提供法律保障。其次，出台关于小额贷款公司对科技创业提供融资服务的相关管理制度，降低科技创业资金融入限制，增加小贷机构的税收优惠，确定小贷机构的行业标准，完善科技创业民间借贷融资环境。最后，规范科创企业互联网融资行为，确立P2P 网贷、众筹、“P2P + 众筹”等互联网金融的行业标准、进入门槛以及监管方式等相关法律制度。

（四）加强科技创业融资信息系统建设

信息不对称问题对科技创业融资影响较为关键，不仅增加了信贷主体信息搜寻成本，也增加了信贷供给主体的信贷风险与风险成本。科技创业融资信息系统的完善是解决科技创业融资供需双方之间的信息不对称问题的关键，是促进科技创业融资有效供给的根本，是加速科技创业融资供给创新的助推器。因此，为推进科技创业融资的供给侧结构性改革，需加快建设并逐渐完善科技创业融资的信息系统，具体措施如下。

1. 完善科技创业企业信用交易体系

完善科技创业企业信用交易体系，搭建覆盖各个行业、各个地区的科技创业企业信息系统。科技创业所涉及的行业较多，地区分布较广，信用体系的建设不仅能够缓解不同科技创业行业之间的信息不对称问题，还能够解决地区之间的信息不对称性。因此要加强各参与主体的信用意识，利用各监管机构、行业协会等部门的信息设立诚信档案及信用奖惩机制，建立科技创业企业信息查询系统。

2. 搭建科技创业融资信息平台

利用互联网平台和信息化技术，充分挖掘科创企业信息。将科技创业的内部信息透明化，将融资供给主体的信息整合公开，促进科创企业融资供给竞争市场化。加强科创企业信息登记与追踪，健全关于科创企业的信息登记制度。

3. 完善科创企业融资供给侧信息共享机制

加强科技创业融资供需主体的沟通与合作，联合各参与主体建立信息共享机制，完善信息披露机制与激励约束制度，通过完善科创企业融资供给侧信息共享机制促进监管水平的提升。

（五）健全科技创业信用评估体系

对于科技创业企业的信用评估，政府相关职能部门要联合银行、投资公司等融资供给主体，行业自律机构、监督机构等监管部门，以及产权代理机构与信用评级机构，共同开展科技创业企业的信用评级，规范科创企业以及融资供给主体的信用评估标准与风险定价机制，定期更新评估数量和评级模型，提升科创融资供需双方信用评估数据的真实性与有效性。

（六）完善融资供给主体之间的协同机制

政策性资金供给、商业性资金供给与科技创业融资规模能够相互促进。完善融资供给主体之间的协同机制，就是要通过健全科技创业的股权融资机制、风险分散机制、政府补偿机制、主体协作机制、产权保护机制等，促进各融资供需主体协同发展。要健全科技创业的风险投资等股权融资机制，保障股权融资供给主体能够灵活运转。提升股权融资供给主体的管理效率，畅通股权投资的进入与退出机制。增加科创企业的投资成功概率。发展科创企业融资的相关中介服务机构，促进股权融资机制的建立与完善。

（七）健全科技创业融资的风险分散机制

根据科技创业不同生命周期阶段的融资特征与风险特性可知，科技创业的整个生命周期都存在不同程度、不同类别的风险。为分散科技创业融资风险，需优化银政企三者之间的担保贷款风险分担比例，鼓励保险供给提供科创融资保险服务，鼓励融资供给主体、担保机构、科创企业等对科创融资风险进行投保，促进科创融资供给主体的多元化发展。

（八）健全科技创业融资的政府补偿机制

政府是代偿科创融资损失的主要后台，为壮大科技创业融资供给主体的资金实力，扩大科技创业融资的供给规模，维持科技创业融资供给侧结构稳定发展，政府要支持建立科创融资风险补偿基金，设立科创融资供给侧结构建设引导基金，出台科创融资相关领域的优惠政策与补偿措施。

（九）发展互联网金融与传统金融协作机制

互联网金融与传统金融供给主体之间的合作，能够促进数据共享，丰富科技创业企业及融资供给主体信息，完善信用评级系统，增加风险防范功能。通过实现优势互补，改变科技创业融资业务的发展模式，开拓融资供给渠道，优化融资交易流程。

（十）健全科技创业融资的知识产权保护机制

根据前文分析可知，知识产权融资是改善科技创业融资供给侧结构的主要创新之一。为促进知识产权融资的发展与壮大，需建立完善的知识产权保护机制，鼓励科技创业融资供需主体采用知识产权融资解决科技创业企业的融资困境。因此，要完善对科技创业企业的知识产权保护制度，提高科创企业知识产权保护制度的执行力度与威慑效果，加强科创企业知识产权代理机构与融资供给主体的合作，促进科技创业知识产权融资模式创新。

第五节 “新老基建”协同发力支撑经济发展

一、“新老基建”的定义及具体内容

传统基础设施主要包括铁路、公路、机场、桥梁等。新基建则有别于传统基建，包括5G、大数据、人工智能、工业互联网、特高压和新能源充电桩等七大领域。传统基建的主要作用是补短板，新基建与传统基建的本质区别是新基建在补短板的同时，促进产业优化升级和适应经济高质量发展。

推动新型基础设施建设，提高基础设施供给质量，是中国现代化经济体系建设过程中不可缺少的一步。“新基建”概念最早在2018年12月被首次提出，2020年4月，国家发改委在新闻发布会中首次明确了新型基础设施的范围，新基建进入热点布局期。

据国家发改委权威说法，新型基础设施主要包括三方面内容。

一是信息基础设施，包括以5G、物联网、工业互联网、卫星互联网为代表的通信网络基础设施，以人工智能、云计算、区块链等为代表的新技术基础设施，以数据中心、智能计算中心为代表的算力基础设施等。

表4-2 新基建相关会议及会议内容整理

时间	会议名称	相关内容
2018.12.19	中央经济工作会议	加快5G商用步伐，加强人工智能、工业互联网、物联网等新型基础设施建设
2019.03.03	“两会”	强化逆周期调节，除了传统基建以外，以5G、人工智能和工业互联网、物联网为代表的新型基建将承担更为重要的角色
2019.07.30	中共中央政治局会议	要稳定制造业投资、实施补短板工程、加快推进信息网络等新型基础设施建设
2020.01.03	国务院常务会议	大力发展先进制造业，出台信息网络等新型基础设施投资支持政策，推进智能、绿色制造
2020.02.14	中央全面深化改革委员会第十二次会议	基础设施是经济社会发展的重要支撑，要以整体优化、协同融合为导向，统筹存量和增量、传统和新型基础设施发展，打造集约高效、经济适用、智能绿色、安全可靠的现代化基础设施体系
2020.03.04	中共中央政治局常务委员会会议	要加大公共卫生服务、应急物资保障领域投入，加快5G网络、数据中心等新型基础设施建设进度
2020.04.20	国家发改委新闻发布会	新型基础设施是以新发展理念为引领，以技术创新为驱动，以信息网络为基础，面向高质量发展需要，提供数字转型、智能升级、融合创新等服务的基础设施体系
2020.05.22	政府工作报告	加强新型基础设施建设，发展新一代信息网络，拓展5G应用，建设充电桩，推广新能源汽车，激发新消费需求、助力产业升级

资料来源：政府网站，川财证券研究所

二是融合基础设施，主要指深度应用互联网、大数据、人工智能等技术，支撑传统基础设施转型升级，进而形成融合基础设施，比如，智能交通基础设施、智慧能源基础设施等。

三是创新基础设施。主要是指支撑科学研究、技术开发、产品研制的具有公益属性的基础设施，比如，重大科技基础设施、科教基础设施、产业技术创新基础设施等。

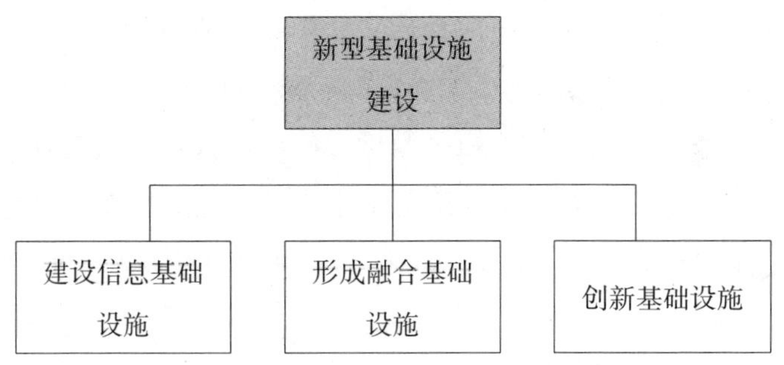

图 4－5　新型基础设施建设的具体内容

资料来源：新华网，川财证券研究所

推动新基建是驱动我国经济高质量发展的关键环节。一方面，新基建促进经济增长，在建设大量新型基础设施的同时，新基建引进大量投资，释放经济活力。另一方面，新基建助力产业结构优化升级，改造传统产业，发展信息技术，推动数字经济、数字产业的发展。

二、政策驱动：多部委发声释放基建信号

2020 年初中央各部委召开的工作会议上便明确了新一年基

建投资的三大方向。老基建方面，全国交通运输工作会议明确指出，2020 年，交通运输将完成铁路投资 8000 亿元，公路水路投资 1.8 万亿元，民航投资 900 亿元，2020 年还要实现具备条件的乡镇和建制村通客车。新基建方面，2020 年 2 月 21 日中央政治局会议中指出加大试剂、药品疫苗研发支持力度，推动生物医药、医疗设备、5G 网络、工业互联网等加快发展；3 月 4 日中央政治局常务委员会会议指出加快 5G 网络、数据中心等新型基础设施建设进度，要注重调动民间投资积极性。工业和信息化部连续出台了推动 5G 加快发展、深入推进移动物联网全面发展等文件，致力于加快数字基础设施的建设发展，更好地发挥对当前稳投资、扩内需、拉动经济增长的重要作用。

2020 年 5 月 14 日，财政部部长撰文《积极的财政政策要更加积极有为》，表明我国外贸受海外疫情蔓延影响，势必对出口形成拖累，而减税和补贴稳定消费有限，因此投资依然是提振经济的重要抓手，从以往经验来看，房地产和基建投资通常是主要对冲手段，但在“房住不炒”的政策基础下，基建投资或成为今年拉动经济的希望所在。

新冠肺炎疫情发生后，在全球疫情和经贸形势不确定性很大的背景下，2020 年政府工作报告对投资进行了更加深入详细的布置。其中第四条“以‘两新一重’建设为着力点，进行重点支持”受机构普遍关注，即新基建（5G、充电桩、新能源汽车）、新城镇化（新开工老旧小区改造）、交通及水利等重大工程建设（增加国家铁路建设资本金 1000 亿元）。

表4－3　各部委相关会议、发文中基建相关表述

时间	具体内容
2020年初	中央各部委密集召开2020年工作会议。交通建设方面，全国交通运输工作会议明确，2020年，交通运输将完成铁路投资8000亿元，公路水路投资1.8万亿元，民航投资900亿元，2020年还要实现具备条件的乡镇和建制村通客车 从已有政策层面上看，截至2019年年底，国家发改委已批复多轮基建项目。时代周报记者统计发现，项目数量已超50个，投资总额逾1.5万亿元，在批复投资项目上，高速公路、高铁、机场等领域是其中的重点 进入2020年，交通领域基建将继续“赶工”。《中长期铁路网规划（2016年）》中要求，2020年铁路运营里程达15万千米，2030年高铁运营里程达4.5万千米。而中国国家铁路集团有限公司日前发布数据预计，2019年年底，全国铁路营业里程为13.9万千米，高铁营业里程为3.5万千米
2020年1月3日	国务院常务会议中提到大力发展先进制造业，出台信息网络等新型基础设施投资支持政策，推进智能绿色制造
2020年2月14日	中央全面深化改革委员会第十二次会议中提到统筹存量和增量、传统和新型基础设施发展，打造集约高效、经济适用、智能绿色、安全可靠的现代化基础设施体系
2020年2月21日	中央政治局会议中指出加大试剂、药品疫苗研发支持力度，推动生物医药、医疗设备、5G网络、工业互联网等加快发展
2020年3月4日	中央政治局常务委员会会议中指出加快5G网络、数据中心等新型基础设施建设进度，要注重调动民间投资积极性
2020年4月20日	国家发改委4月20日召开4月份例行新闻发布会，初步研究认为，新型基础设施是以新发展理念为引领，以技术创新为驱动，以信息网络为基础，面向高质量发展需要，提供数字转型、智能升级、融合创新等服务的基础设施体系。而早在2016年10月24日，国家发改委在《传统基础设施领域实施政府和社会资本合作项目工作导则》第二条适用范围中明确：本导则适用于能源、交通运输、水利、环境保护、农业、林业以及重大市政工程等传统基础设施领域。由此，给出了传统基础设施的范围

（续表）

时间	具体内容
2020年5月14日	财政部部长撰文《积极的财政政策要更加积极有为》在《人民日报》刊登，这是继国家发改委撰文强调适当提高赤字率，发行抗疫特别国债等措施以应对经济下行后，官方的又一次发声。文章强调，积极的财政政策要更加积极有为，大力提质增效，加大逆周期调节力度，有效对冲疫情影响；有保有压，优化财政支出结构，全面实施预算绩效管理；用好地方政府专项债券，防范化解地方政府隐性债务风险。 财政部长认为，通过增加赤字规模、发行抗疫特别国债、地方政府专项债券等多种渠道，有效支持补短板、惠民生、促消费和扩内需。另外，财政资金进一步优化使用结构和方式，聚焦民生以及供需共同受益、具有乘数效应的先进制造、民生建设、基础设施短板等领域，集中资金予以精准保障，把保居民就业作为重中之重
2020年5月19日	交通运输部副部长刘小明在国新办新闻发布会上表示，交通运输部将按照引领发展方向、明确发展底线、引导应用场景、引导发展生态的思路，围绕加快建设交通强国的目标稳步推动自动驾驶技术应用，构建“新基建”的应用场景，促进交通基础设施网、运输服务网、能源网与信息网络融合发展
2020年5月20日	谈到新基建，工业和信息化部新闻发言人、信息通信发展司司长闻库表示，从工业和信息化部的角度来看，我们目前发展的重点是数字基础设施。近期，工业和信息化部连续出台了推动5G加快发展、深入推进移动物联网全面发展等文件，致力于加快数字基础设施的建设发展，更好地发挥对当前稳投资、扩内需、拉动经济增长的重要作用，包括以下几个方面：一是扩大有效投资；二是培育新模式、新业态、新产业；三是对传统产业数字化赋能

（续表）

时间	具体内容
2020年5月20日	近期，工业和信息化部连续出台了推动5G加快发展、深入推进移动物联网全面发展等文件，致力于加快数字基础设施的建设发展，更好地发挥对当前稳投资、扩内需、拉动经济增长的重要作用，包括以下几个方面： 一是扩大有效投资。这里特别讲到是“有效的投资”，来促进消费。以5G网络建设为例，除了网络建设自身需要投入大量的资金以外，还能够带动产业链上下游，包括相关设备、移动终端的研发和生产，以及培育壮大在线教育、智能家居、沉浸式游戏等新型消费。 二是培育新模式、新业态、新产业。例如，我们大家都看到在疫情期间利用5G等网络开展一些业务，像远程医疗、远程签约、线上办公，甚至大学生、硕士生、博士生答辩，还有世卫大会开幕式、20国领导人特别峰会等，这些都是用数字基础设施进行的。通过这些新的基础设施，将技术转化为生产力，为经济社会秩序恢复提供了保障。 三是对传统产业数字化赋能。目前工业互联网领域已有了超过70个具有一定区域和行业影响力的平台，在能源、交通、医疗等行业的应用深度和广度持续拓展，有效地提升了生产效率和质量，支撑传统产业数字化转型，提升传统产业竞争能力和整体发展水平。 下一步，工业和信息化部将按照已经部署的既定方针，抓紧落实好已经出台的文件政策，着力建设好、应用好，我们新型的基础设施。大家经常说的5G、光纤网络、数据中心，这几个重点领域要精准发力，以长补短，加快进程，打好产业基础高级化、产业链现代化的攻坚战
2020年5月25日	工业和信息化部苗圩就新能源汽车表示，从需求侧看，除了落实财税的支持政策外，还要鼓励地方在公共服务领域更多采用新能源汽车，比如执法、物流车，城市的环卫车等，有条件地推广公交、出租车的使用，扩大新能源汽车的需求。在使用侧，要继续加大充电基础设施的建设，鼓励充电设施互联互通，鼓励地方政府对新能源汽车的使用提供诸如停车、限时、限路段的鼓励支持措施

资料来源：各部委相关文件，川财证券研究所

从2020年年初至今中央各部委会议以及发布会中所释放的信号可知，加大新老基建投资势必成为本年政府工作不可或缺的部分。在新老基建孰轻孰重上，我们认为“老基建”与“新基建”同样重要，且在恢复经济、拉动需求方面“老基建”的作用或许更加明显；同时，“新基建”的特点为基建设施和高科技技术的结合，从这个角度来看，“新基建”也要以“老基建”作为载体。整体来看，只有新老基建协调并重、结合发展，才能起到有效拉动内需的作用。

三、新基建驱动我国经济高质量发展

中国在基础设施建设方面仍与发达国家存在数量与质量上的差距，而当前新提出的新型基础设施建设则对我国基础设施建设起到了“提质增量”的关键作用。新基建将有助于我国产业结构优化升级，改造传统产业，在科技、新能源领域实现重大突破，最终达到驱动我国经济高质量发展的目的。

有别于传统基建，新基建的一大目标是实现基础设施的数字化转型，主要可以分为两类：一是以5G、人工智能、工业互联网、大数据中心为主的新型数字基础设施建设；二是以传统的特高压、城际高速铁路和城际轨道交通、新能源汽车桩构成的传统基础设施数字化改造。

新基建与传统基建相比，之所以能够驱动我国经济高质量发展，也在于它的“新”。

（1）更“稳”。新基建通过促进投资，可以稳定国家的经济增长。除此以外，随着国家发展模式的转变，相较于传统基

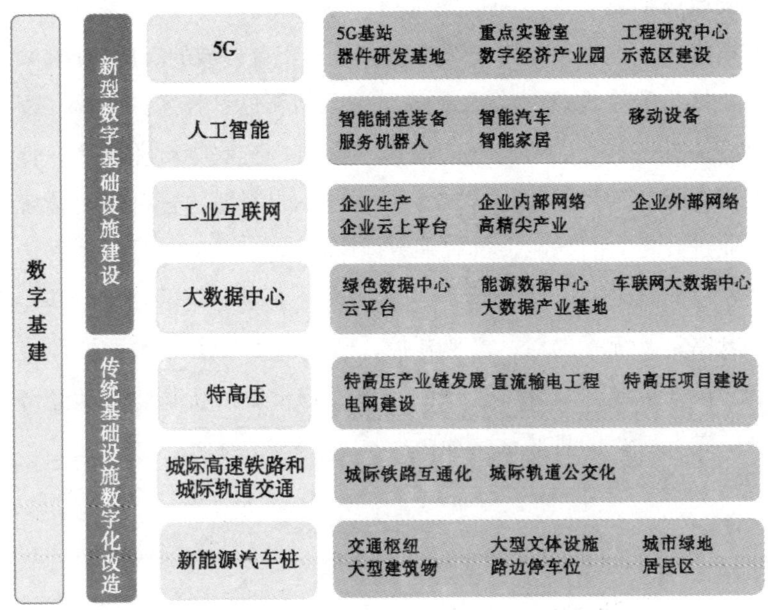

图4－6　数字基建所涉及的科技领域

资料来源：赛迪研究院，川财证券研究所

建的粗放式发展，新基建更加偏重于精做细干。

（2）乘数效应更大。新基建可以促进大量有效投资，并且带动传统基建智能化改造和数字化升级，发挥投资的乘数效应。

（3）技术创新、更新迭代快。新基建需要人工智能、区块链、物联网等信息技术的支持。这些信息技术具备更新迭代快的特点，旧的技术可能很快就被新产生的技术所替代。所以，新基建相较于传统基建会给投资带来更大的不确定性。

（4）加强政府治理。新基建所包含的多个领域为新发展领域，配套政策并不完善。要想促进相关领域有序高效运行，就需要政府加强对这些领域的规划、运营和监管。通过制定配套政策措施，促进领域内公开透明，从而实现领域的有序发展。

（5）行业深度融合。新基建注重创新信息技术的发展。通过将信息技术运用到传统的能源、交通、工业等行业中去，促进传统行业升级优化，实现转型。行业的深度融合可以使传统行业迸发更大的动能，具有乘数效应。

总而言之，启动“新”一轮基建，不能完全重复过去基建的老路，要统筹规划、宏观调控，防止过度投资导致的资源浪费，最终形成“新老基建协同支撑经济发展，新基建驱动经济高质量发展”的良好社会局面。

5

第五章 预见未来："均衡"研究框架对证券研究的后续思考

第一节 美林投资时钟在中国为什么会不完全准

一、美林投资时钟在中国出现过哪些误差

美林投资时钟理论被认为是指导投资周期的重要工具。根据经济增长与通胀的不同情形，美林投资时钟理论将经济周期划分为四个不同阶段，分别是复苏阶段、过热阶段、滞胀阶段和衰退阶段（详见图5-1）。

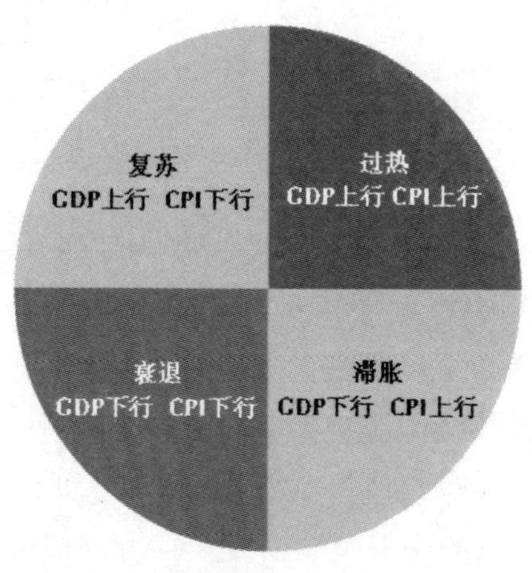

图5-1 美林投资时钟理论模型

资料来源：Merrill Lynch，川财证券研究所

复苏阶段的特征是经济上行，通胀下行，企业利润开始增长，宏观经济环境也在逐渐改善，此阶段不同资产的收益是"股票 > 债券 > 大宗商品 > 现金"；过热阶段的特点是经济上行，通货膨胀压力开始上升，此阶段不同资产的收益是"大宗商品 > 股票 > 现金/债券"；滞胀阶段的特点是经济下行，通胀上行，经济增长的周期从峰值开始下滑，通货膨胀依然持续，此阶段不同资产的收益是"现金 > 大宗商品/债券 > 股票"；衰退阶段的特点是经济下行，通胀下行，由于整体经济处于低谷，为了刺激经济增长，政府一般会实施降息，债券投资价值随之凸显，此阶段不同资产的收益是"债券 > 现金 > 股票 > 大宗商品"（详见表5－1）。

表 5－1　美林投资时钟与各类资产收益

不同阶段	各类资产收益
复苏阶段	股票 > 债券 > 大宗商品 > 现金
过热阶段	大宗商品 > 股票 > 现金/债券
滞胀阶段	现金 > 大宗商品/债券 > 股票
衰退阶段	债券 > 现金 > 股票 > 大宗商品

资料来源：Merrill Lynch，川财证券研究所

近十年我国的经济周期没有出现美林投资时钟理论中复苏、过热、滞胀和衰退四个阶段的轮动。近十年我国经济周期对应美林投资时钟理论的误差明显，一方面是由于我国财政政策和货币政策发挥着较好的主观能动性，使经济免于滞胀和衰退；另一方面是由于我国的货币政策转为适度宽松，使得这一时期

的财政政策和货币政策较好地支撑了经济和股市。

（一）近十年国内财政政策和货币政策回顾

就不同资产的收益而言，尤其是大宗商品的收益，受美国利率形势与全球地缘政治风险影响较大，受我国国内宏观经济影响有限（详见表5－2、表5－3）。

表5－2　近十年我国的财政政策内容

时间	财政政策内容
2008年	2008年11月，政府出台4万亿财政刺激计划；推出进一步扩大内需、促进经济平稳较快增长的十项措施
2009年	政府采取积极的财政政策，增加政府投资，扩大消费需求，实行结构性减税政策
2010年	政府继续实施积极的财政政策，保持适度的财政赤字，实施结构性减税政策，促进扩大内需和经济结构调整，并且加强政府性债务管理
2011年	实施积极的财政政策，保持适当的财政赤字和国债规模；继续实行结构性减税；对地方政府债务进行全面审计，建立规范的地方政府举债融资机制
2012年	政府继续实施积极的财政政策，保持适度的财政赤字和国债规模；严格控制地方政府新增债务，将地方政府债务收支分类纳入预算管理
2013年	政府实施积极的财政政策，发挥积极财政政策在稳增长、调结构中的作用；适当增加财政赤字和国债规模；完善结构性减税政策，不断优化财政支出结构；加强地方政府性债务管理
2014年	政府继续采取积极的财政政策，实施定向减税和普遍性降费；扩展小微企业税收优惠政策范围，增加“营改增”试点

（续表）

时间	财政政策内容
2015 年	政府继续实施积极的财政政策，处理好债务管理与稳增长的关系；继续实行结构性减税和普遍性降费，进一步减轻企业特别是小微企业的负担
2016 年	政府加大力度实施积极的财政政策，继续发行地方政府置换债券；适度扩大财政赤字，主要用于减税降费，进一步减轻企业负担；促进财税体制改革，确定增值税中央和地方分享比例
2017 年	政府实施积极的财政政策，大幅减税降费；加强地方政府债务管理，实施地方政府存量债务置换
2018 年	政府实施积极的财政政策，着力减税降费、补短板调结构；下调增值税税率，增加享受税收优惠小微企业范围，出台鼓励研发创新等税收政策
2019 年	政府推进积极的财政政策，适度提高赤字率，并综合考虑了财政收支、专项债券发行等因素

资料来源：财政部，财经网，搜狐财经，新浪财经，川财证券研究所

表 5－3　近十年我国的货币政策内容

时间	货币政策内容
2008 年	2008 年下半年央行的货币政策从稳健变为宽松。2008 年下半年央行 4 次降准共 2 个百分点，4 次降息共 1.89 个百分点
2009 年	2009 年央行认真贯彻适度宽松的货币政策，保持银行体系流动性充裕，引导金融机构扩大信贷投放，并且恢复一年期中央票据的发行
2010—2011 年	从 2010 年央行开始紧缩算起，这一阶段共有 5 次升息，幅度为 1.25 个百分点，13 次升准，幅度为 5.5 个百分点。2012 年初央行降准 0.5 个百分点补充银行体系流动性

（续表）

时间	货币政策内容
2012 年	两次降准共 1 个百分点；两次降息共 1 个百分点
2013 年	2013 年上半年我国使用 SLO 和 SLF 为市场增加流动性
2014 年	2014 年三季度 MLF 投放基础货币 5000 亿元；2014 年 11 月降准 0.25 个百分点
2015 年	2015 年降准 4 次，共降 2.5 个百分点；降准 5 次，共降 1.25 个百分点
2016 年	稳健的货币政策灵活适度，2016 年降准 0.5 个百分点，以保持银行体系流动性合理充裕，引导货币信贷平稳适度增长
2017 年	货币政策保持稳健中性，2017 年 8 月，金融机构不得新发行期限超过一年（不含一年）的同业存单；2017 年 9 月，将外汇风险准备金率下调至零
2018 年	坚持实施稳健的货币政策，引导金融支持实体经济。2018 年央行四次降准共降 2.5 个百分点
2019 年	2019 年实施稳健的货币政策，央行先后降准三次。包括 1 月份分两次实施的全面降准，5 月份开始分三次实施的定向降准，9 月份开始的全面降准与分两次实施的定向降准。另一方面，11 月央行下调 MLF 利率 5 个 BP；将 7 天期逆回购操作（OMO 利率）中标利率，下调 5 个基点，为 2.5%；国库现金定存中标利率降低到 3.18%，直接下降了 2 个基点；下调一年期 LPR 利率 5 个基点，下调五年期 LPR 利率 5 个基点
2020 年	2020 年 1 月 1 日央行决定于 1 月 6 日下调金融机构存款准备金率 0.5 个百分点

资料来源：中国人民银行，财经网，搜狐财经，新浪财经，川财证券研究所

（二）近十年国内经济发展回顾

按照美林投资时钟在不同经济周期的特点，近十年我国基本是处于复苏时期和过热时期的轮动阶段（详见图5－2）。2008年12月至2009年6月，我国经济上行，通胀下行，处于美林时钟的复苏时期；2009年7月至2011年6月，我国经济上行，通胀上行，处于美林时钟的过热时期；2011年7月至2012年9月，我国经济上行，通胀下行，处于美林时钟的复苏时期；2012年10月至2013年9月，我国经济上行，通胀上行，处于美林时钟的过热时期；2013年10月至2017年3月，我国经济上行，通胀下行，处于美林时钟的复苏时期；2017年4月至2019年12月，我国经济上行，通胀上行，处于美林时钟的过热时期。

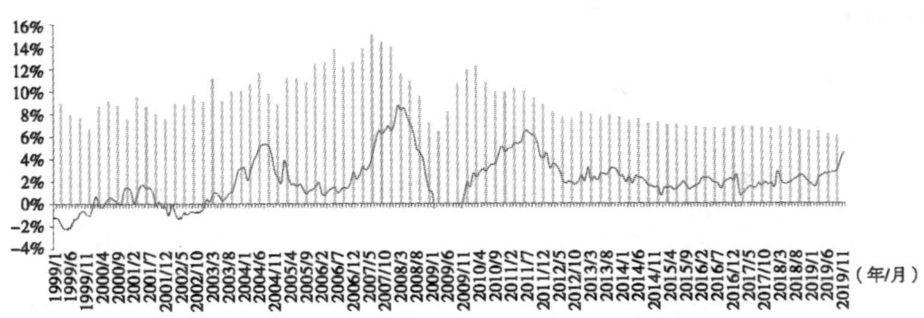

图5－2　中国GDP和CPI的增长率

资料来源：Wind，川财证券研究所

从不同阶段对应的资产收益来看，美林投资时钟的收益理论在我国也存在误差较大的情况。为探索美林投资时钟的收益理论，我们用中债新综合指数考查债券走势，用上证指数考查股票走势，用 CRB 综合现货指数考查大宗商品走势，用 3 个月中债国债到期收益率考查现金走势。

2008 年 12 月至 2009 年 6 月，我国处于美林投资时钟的复苏时期，经济上行，通胀下行，各类资产的收益率并没有出现复苏阶段“股票 > 债券 > 大宗商品 > 现金”的现象。2008 年 12 月至 2009 年 6 月，上证指数从 1820. 81 上涨到 2959. 36，上涨幅度为 62. 53%（详见图 5 – 3）；中债新综合指数从 128. 32 下跌到 128. 27，下跌幅度为 0. 041%（详见图 5 – 4）；CRB 综合现货指数从 315. 08 上涨到 360. 92，上涨幅度为 14. 55%（详见图 5 – 5）；3 个月中债国债到期收益率从 0. 95% 下跌到 0. 89%，下跌幅度为 6. 53%（详见图 5 – 6）。各类资产收益率为“股票 > 大宗商品 > 债券 > 现金”。

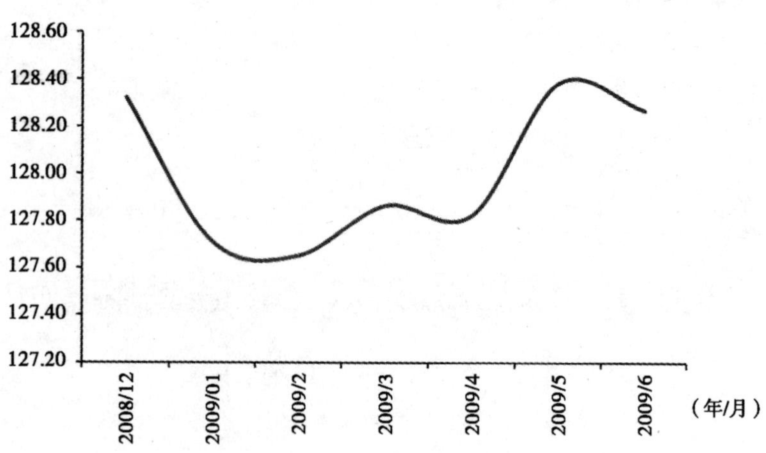

图 5 – 3　2008 年 12 月至 2009 年 6 月上证指数

资料来源：Wind，川财证券研究所

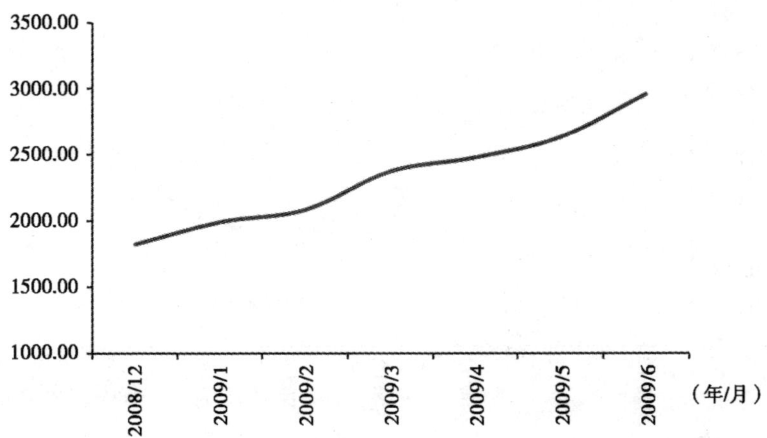

图 5－4　2008 年 12 月至 2009 年 6 月中债新综合指数

资料来源：Wind，川财证券研究所

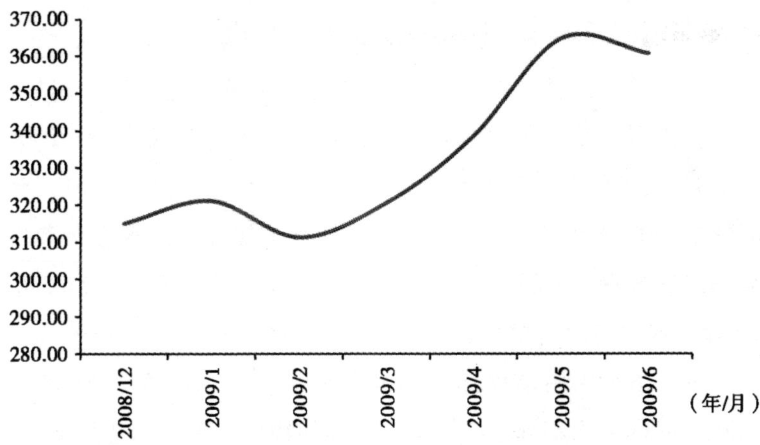

图 5－5　2008 年 12 月至 2009 年 6 月 CRB 现货指数：综合

资料来源：Wind，川财证券研究所

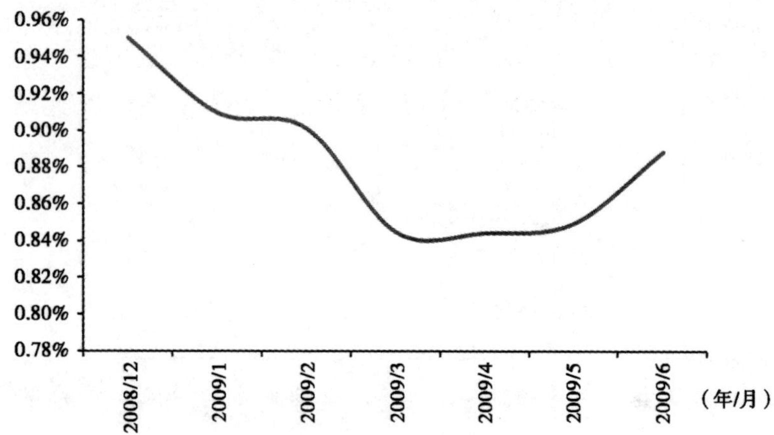

图5－6　2008年12月至2009年6月中债国债到期收益率：3个月

资料来源：Wind，川财证券研究所

这期间股市的上涨，在一定程度上是由于受到我国财政政策和货币政策的支撑。由于美国次贷危机引发了全球金融危机，为了提振国内经济，2008年我国的财政政策从稳健变为积极，以提振内需和防止经济增速大幅放缓。从财政政策来看，2008年8月，我国部分纺织品、服装的出口退税率由11%提高至13%。2008年9月，我国统一停止征收个体工商户管理费和集贸市场管理费，并且股票交易印花税调整为单边征税。2008年10月，我国对储蓄存款利息所得暂免征收个人所得税。

另一方面，中国政府2008年年底出台了今后两年总额达4万亿元的庞大投资计划。同时，我国的货币政策转为适度宽松，2008年9月、10月、11月我国连续四次下调基准利率，三次下调存款准备金率来刺激投资与消费。我国这一时期的财政政策和货币政策较好地支撑了经济和股市。这一阶段大宗商品的上涨主要是由于次贷危机引起的金融危机爆发后，美联储大幅降低利率，低利率环境以及避险情绪促使大宗商品大幅上涨。

2009 年 7 月至 2011 年 6 月，我国处于美林投资时钟的过热时期，经济上行，通胀上行，但是从不同资产的收益上来看并没有出现"大宗商品 > 股票 > 现金/债券"的情况。2009 年 7 月至 2011 年 6 月，中债新综合指数从 127. 48 上涨到 132. 43，上涨幅度为 3. 88%（详见图 5 – 7）；上证指数从 3412. 06 下跌到 2762. 08，下跌幅度为 19. 05%（详见图 5 – 8）；CRB 综合现货指数从 372. 36 上涨到 550. 30，上涨幅度为 47. 79%（详见图 5 – 9）；3 个月中债国债到期收益率从 1. 27% 上涨到 3. 39%，上涨幅度为 167. 01%（详见图 5 – 10）。各类资产收益"现金 > 大宗商品 > 债券 > 股票"。之前由于 4 万亿救市计划推出，大盘资金面空前宽松等条件优势使得大量资金入市而形成上一轮股

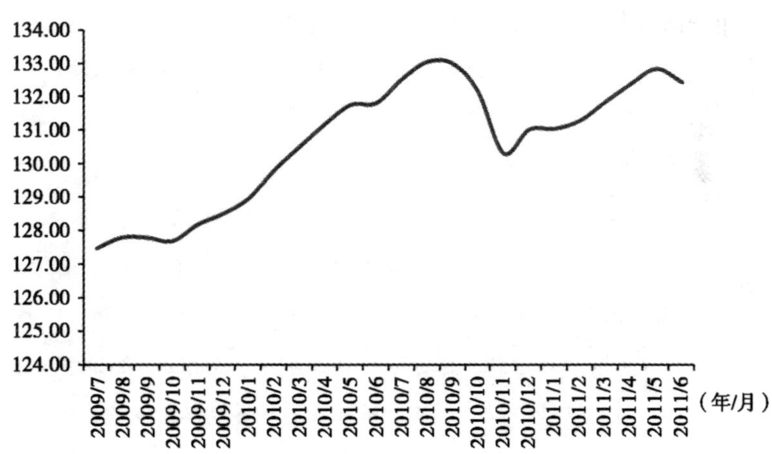

图 5 – 7　2009 年 7 月至 2011 年 6 月中债新综合指数

资料来源：Wind，川财证券研究所

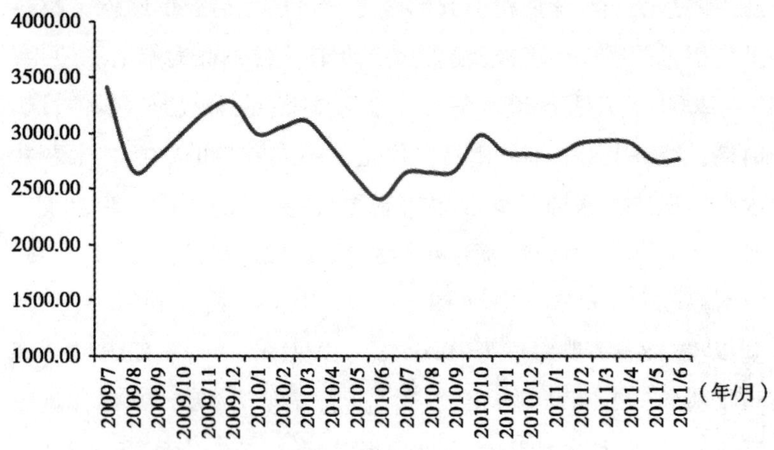

图 5－8　2009 年 7 月至 2011 年 6 月上证指数

资料来源：Wind，川财证券研究所

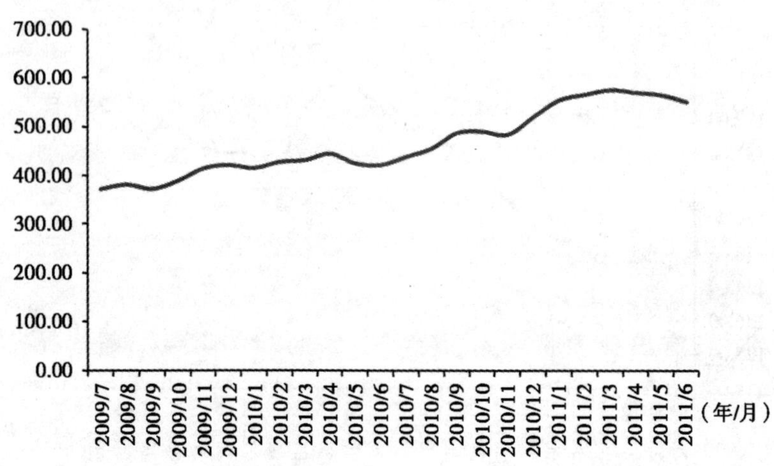

图 5－9　2009 年 7 月至 2011 年 6 月 CRB 现货指数：综合

资料来源：Wind，川财证券研究所

市上涨行情，而当大盘的资金被耗尽以后，股市开始下跌。2010年10月份央行开始收紧货币政策，利率快速上行，使得这一时期债券出现上涨。另外，大宗商品的上涨也是由于美联储在此期间仅加息一次，美国实际利率仍然较低，利好黄金等大宗商品上涨。

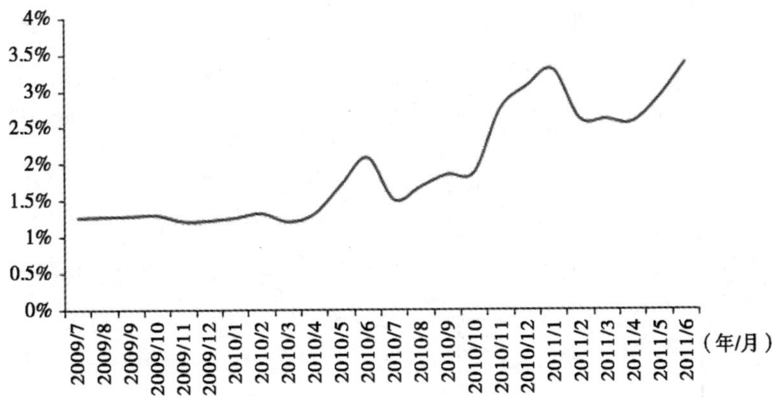

图5-10　2009年7月至2011年6月中债国债到期收益率：3个月

资料来源：Wind，川财证券研究所

2011年7月至2012年9月，我国处于美林投资时钟的复苏时期，经济上行，通胀下行，但是从不同资产的收益上来看并没有出现"股票>债券>大宗商品>现金"的情况。2011年7月至2012年9月，中债新综合指数从131.72上涨到141.67，上涨幅度为7.55%（详见图5-11）；上证指数从2701.73下跌到2086.17，下跌幅度为22.78%（详见图5-12）；CRB综合现货指数从553.92下跌到497.31，下跌幅度为10.22%（详见图5-13）；3个月中债国债到期收益率从

3.30%下跌到2.72%，下跌幅度为17.56%（详见图5－14）。各类资产收益“债券>大宗商品>现金>股票”。A股下跌是因为2012年第二季度开始，欧债危机对实体经济影响明显增加，前三季度各季欧元区实际GDP大幅回落，同时期美国国会与政府的“财政悬崖”问题也对全球金融市场造成一定冲击，国际经济局势导致我国2012年外需疲软，出口增速大幅回落，全球股票市场相对低迷也影响到我国的股票市场，使得这一时期A股市场表现较弱。另一方面，这一时期美元的走强使得大宗商品开始走弱。

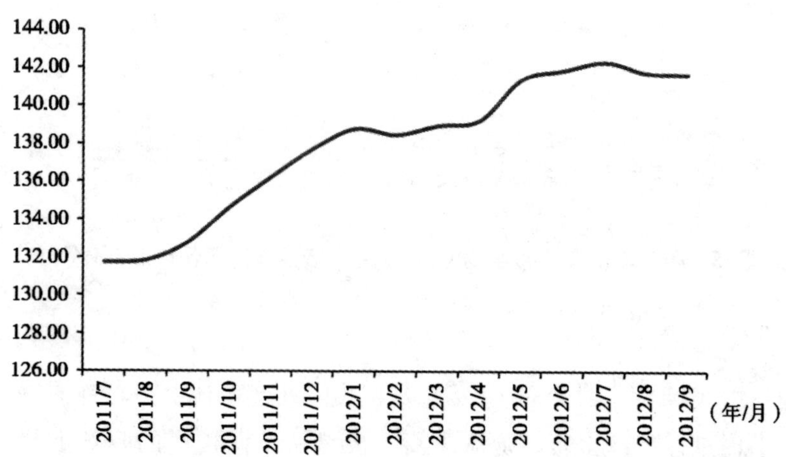

图5－11　2011年7月至2012年9月中债新综合指数

资料来源：Wind，川财证券研究所

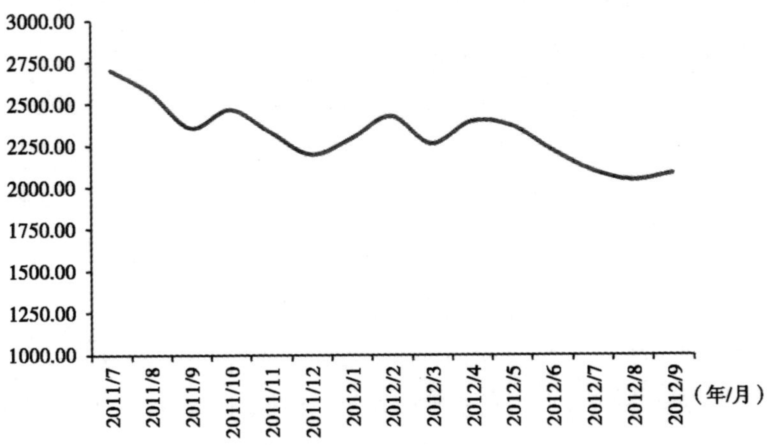

图 5－12　2011 年 7 月至 2012 年 9 月上证指数

资料来源：Wind，川财证券研究所

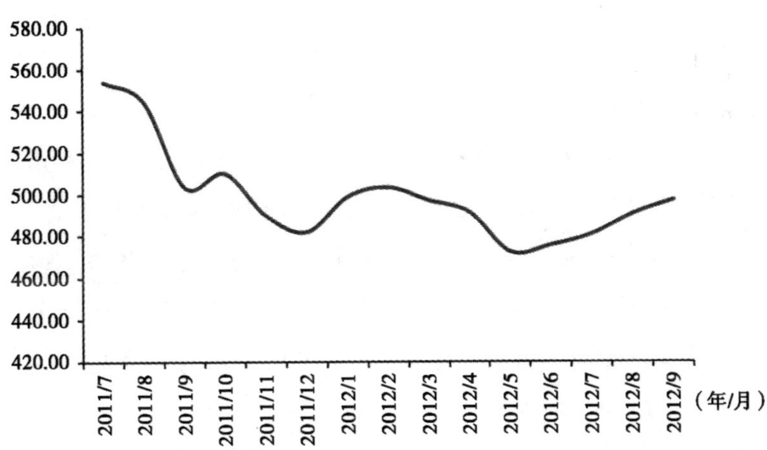

图 5－13　2011 年 7 月至 2012 年 9 月 CRB 现货指数：综合

资料来源：Wind，川财证券研究所

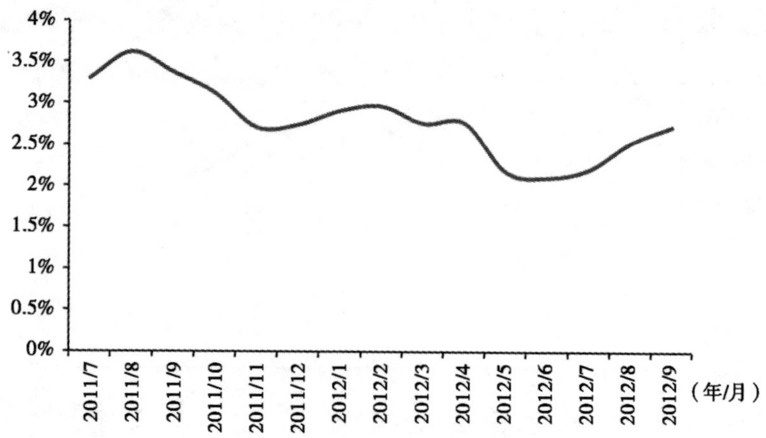

图5－14　2011年7月至2012年9月中债国债到期收益率：3个月

资料来源：Wind，川财证券研究所

2012年10月至2013年9月，我国处于美林投资时钟的过热时期，经济上行，通胀上行，但是从不同资产的收益上来看并没有出现“大宗商品>股票>现金/债券”的情况。2012年10月至2013年9月，中债新综合指数从141.98上涨到144.78，上涨幅度为1.97%（详见图5－15）；上证指数从2068.88上涨到2174.67，上涨幅度为5.11%（详见图5－16）；CRB综合现货指数从476.16上涨到467.57，上涨幅度为1.80%（详见图5－17）；3个月中债国债到期收益率从2.79%上涨到3.53%，上涨幅度为26.56%（详见图5－18）。各类资产收益“现金>股票>债券>大宗商品”。2013年央行货币政策目标侧重于金融稳定，实施稳健中性的货币政策。央行发行央行票据收回流动性，以及当时美联储宣布考虑退出量化宽松，使得美元明显反弹，我国外汇占款下降，这一时期现金的收益反而超过了其他几类资产。

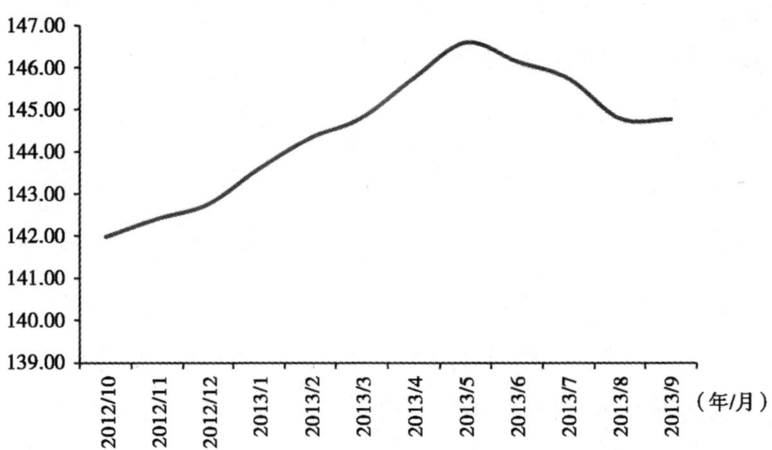

图5-15　2012年10月至2013年9月中债新综合指数

资料来源：Wind，川财证券研究所

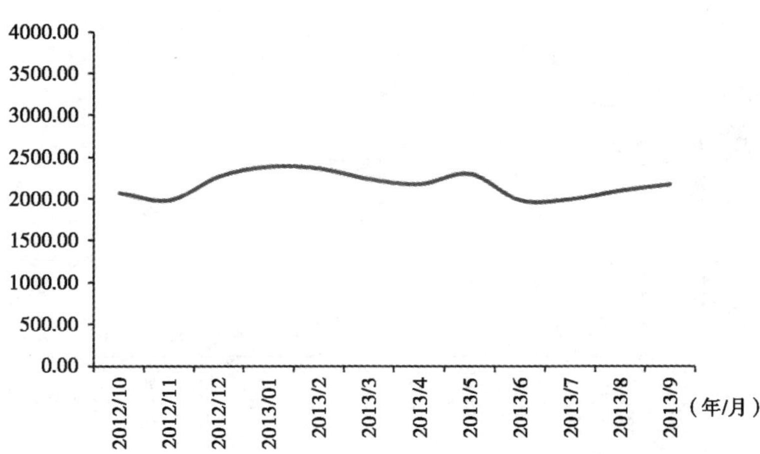

图5-16　2012年10月至2013年9月上证指数

资料来源：Wind，川财证券研究所

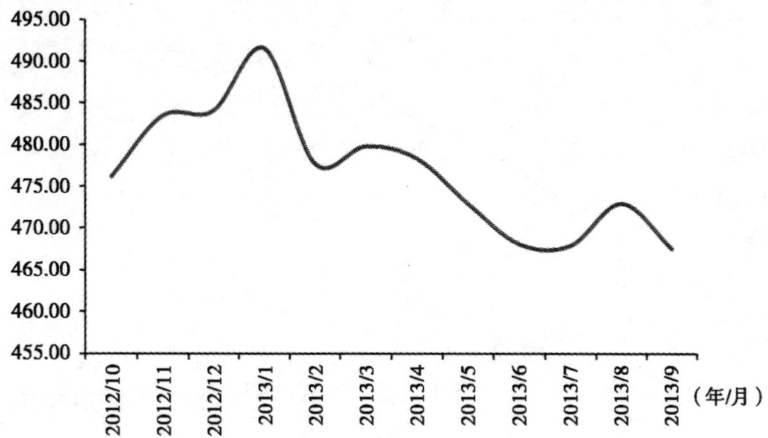

图 5－17　2012 年 10 月至 2013 年 9 月 CRB 现货指数：综合

资料来源：Wind，川财证券研究所

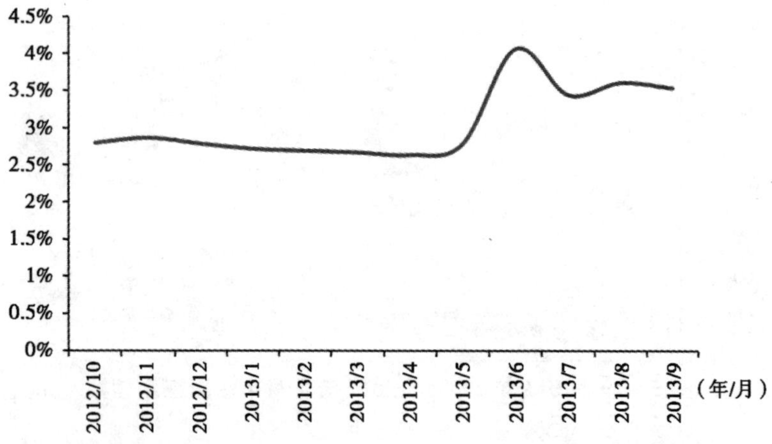

图 5－18　2012 年 10 月至 2013 年 9 月中债国债到期收益率：3 个月

资料来源：Wind，川财证券研究所

2013 年 10 月至 2017 年 3 月，我国处于美林投资时钟的复苏时期，经济上行，通胀下行，各类资产收益出现了复苏时期"股票 > 债券 > 大宗商品 > 现金"的情况。2013 年 10 月至 2017 年 3 月，中债新综合指数从 143.95 上涨到 172.43，上涨幅度为 19.78%（详见图 5 – 19）；上证指数从 2141.61 上涨到 3222.51，上涨幅度为 50.47%（详见图 5 – 20）；CRB 综合现货指数从 457.26 下跌到 430.99，下跌幅度为 5.75%（详见图 5 – 21）；3 个月中债国债到期收益率从 3.83% 下跌到 2.88%，下跌幅度为 24.68%（详见图 5 – 22）。不同资产的收益"股票 > 债券 > 大宗商品 > 现金"。

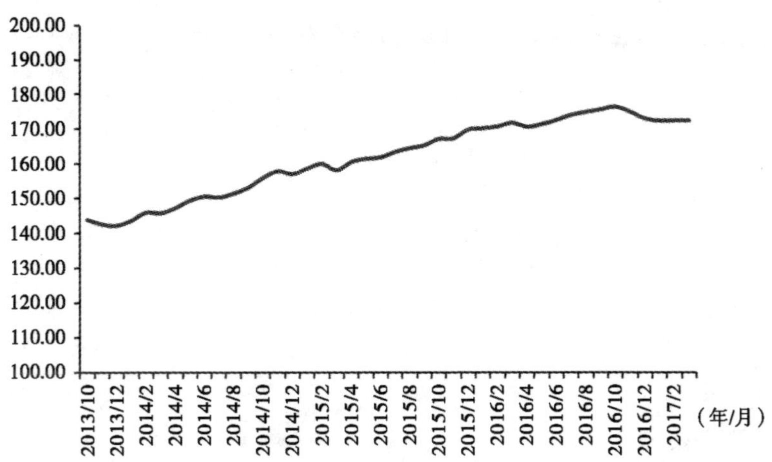

图 5 – 19　2013 年 10 月至 2017 年 3 月中债新综合指数

资料来源：Wind，川财证券研究所

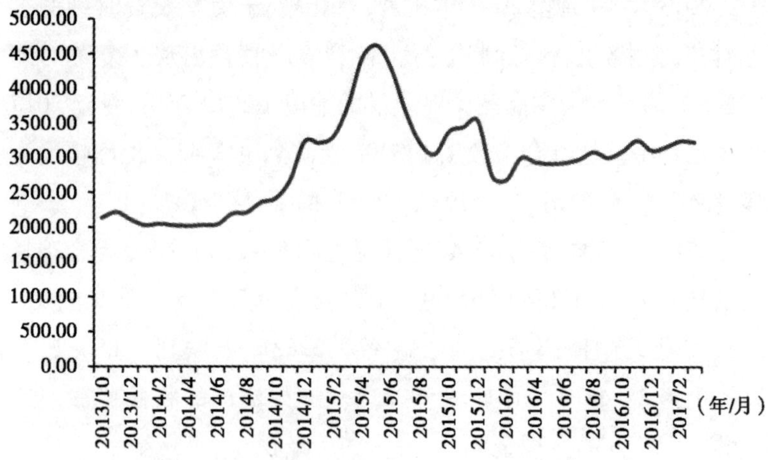

图 5－20　2013 年 10 月至 2017 年 3 月上证指数

资料来源：Wind，川财证券研究所

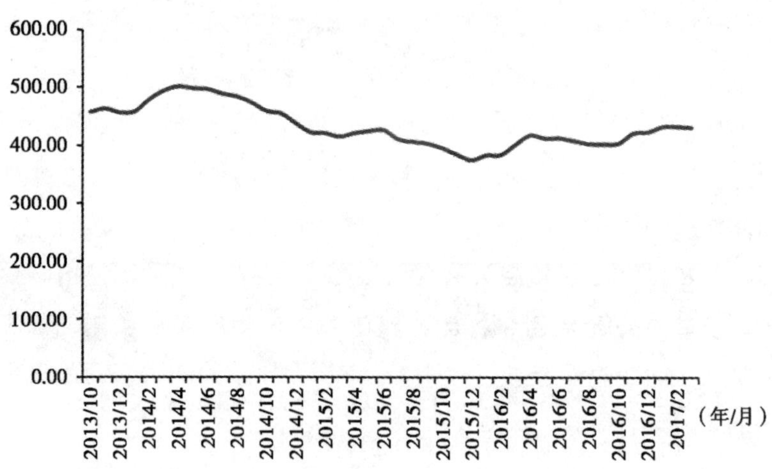

图 5－21　2013 年 10 月至 2017 年 3 月 CRB 现货指数：综合

资料来源：Wind，川财证券研究所

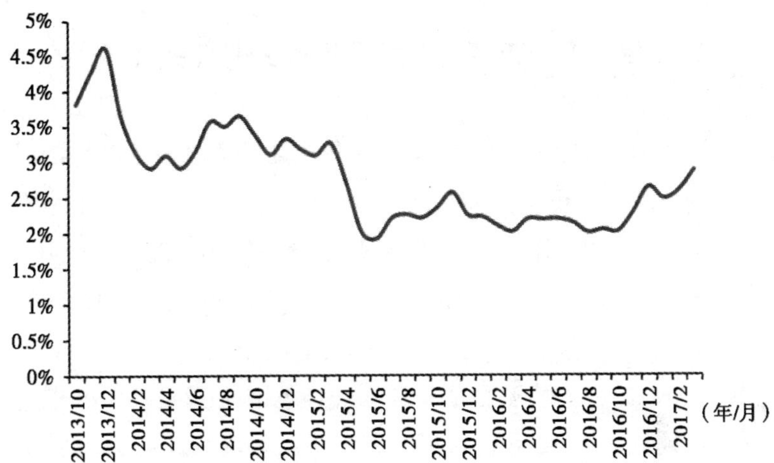

图 5－22　2013 年 10 月至 2017 年 3 月中债国债到期收益率：3 个月

资料来源：Wind，川财证券研究所

2014 年央行实行稳健中性的货币政策，创新型货币政策工具相继推出。全球经济逐步复苏，出口不断增大。较好的国际经济环境叠加国内经济政策的发力推动了 2014 年 7 月至 2015 年 6 月 A 股牛市的诞生。2015 年 6 月以后 A 股牛市结束，2016 年实施货币政策偏稳健中性，利于债券的上涨。

2017 年 10 月召开的党的十九大作出了中国经济已由高速增长转向高质量发展阶段的论断。2016—2017 年，美联储处于加息区间，美元走强，大宗商品走弱，导致其间大宗商品表现弱于股票和债券。

二、相对海外市场，A 股更具备长期吸引力

2017 年 4 月至 2019 年 12 月，我国处于美林投资时钟的过热时期，经济上行，通胀上行，但是从不同资产的收益上来看并没有出现“大宗商品 > 股票 > 现金/债券”的情况。2017 年 4 月至 2019 年 12 月，中债新综合指数从 171.65 上涨到 196.30，上涨幅度为 14.36%（详见图 5－23）；上证指数从 3154.66 下跌到 3050.12，下跌幅度为 3.31%（详见图 5－24）；CRB 综合现货指数从 424.54 下跌到 401.58，下跌幅度为 5.41%（详见图 5－25）；3 个月中债国债到期收益率从 2.94% 下跌到 2.01%，下跌幅度为 31.70%（详见图 5－26）。各类资产收益“债券 > 股票 > 大宗商品 > 现金”。

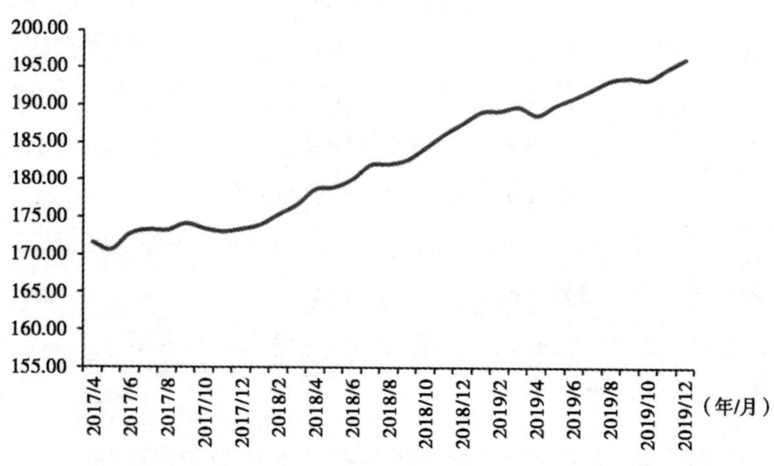

图 5－23　2017 年 4 月至 2019 年 12 月中债新综合指数

资料来源：Wind，川财证券研究所

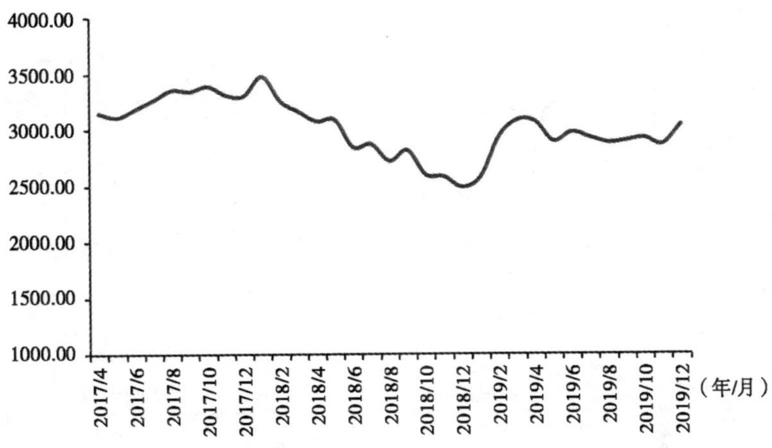

图 5－24　2017 年 4 月至 2019 年 12 月上证指数

资料来源：Wind，川财证券研究所

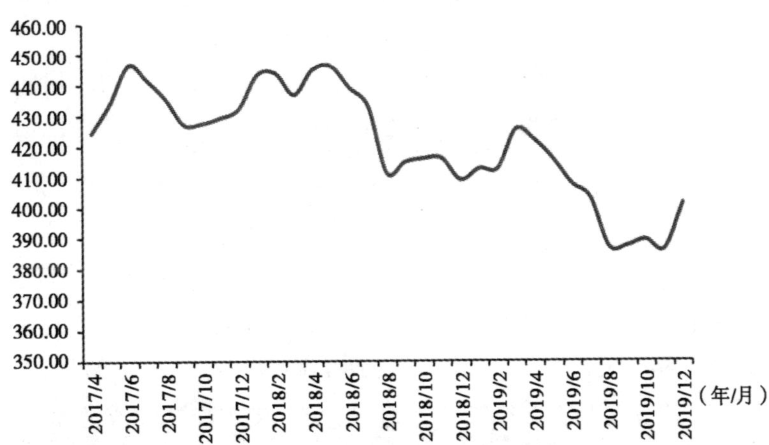

图 5－25　2017 年 4 月至 2019 年 12 月 CRB 现货指数：综合

资料来源：Wind，川财证券研究所

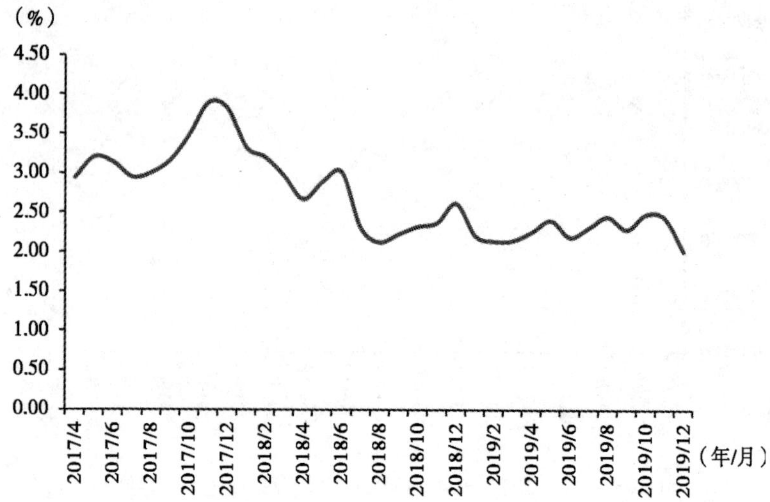

图 5－26　2017 年 4 月至 2019 年 12 月中债国债到期收益率：3 个月

资料来源：Wind，川财证券研究所

2018 年，全球经济增长放缓，全球主要股票市场均出现回撤，叠加贸易摩擦的升级，A 股市场较为低迷，我国债券市场出现了一轮牛市。货币政策方面，我国央行进行四次降准，由 17% 下调至 14.5%。实施积极的财政政策，进行减税降费。2018 年，由于美联储加息四次，美元走强，大宗商品走弱。2019 年，我国实施稳健的货币政策，财政政策方面实施了大规模减税降费。伴随着全球股票市场的回暖，低估值的 A 股在 2019 年表现较好，一定程度上抵消了 2018 年的跌幅（详见图 5－27）。另外，2019 年美联储结束了紧缩周期，降息 3 次，黄金等大宗商品走势开始回暖。

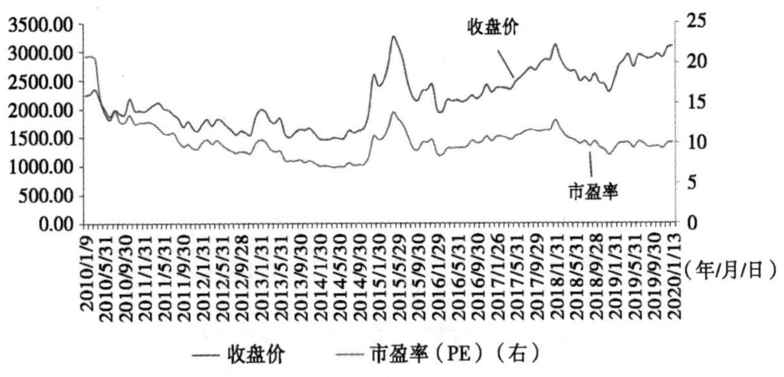

图 5－27　上证 50 指数收盘价和 PE

资料来源：Wind，川财证券研究所

预计我国经济仍然处于上行阶段，未来几年经济增速大致维持在 6% 左右；另一方面，猪肉价格的大幅上涨局面可能会有所改善，因此 CPI 或存在一定下行的可能性，因此对应的经济周期是美林时钟的复苏阶段。而对于资产收益来说，或存在一定可能性会出现"股票 > 大宗商品 > 债券 > 现金"的情况，并不与美林投资时钟的资产收益完全对应。相较于发达市场而言，我国 A 股市场估值有一定的优势。

另外，受益于美国的低利率环境（详见图 5－28），叠加全球地缘政治风险依然存在（详见图 5－29），2020 年黄金等大宗商品仍可能出现阶段性上涨行情。相对股市和大宗商品而言，我国债市在 2020 年波动应该会较为有限。另外，人民币的汇率也较为稳定，所以 2020 年资产收益依然可能会出现"股票 > 大宗商品 > 债券 > 现金"的情况。

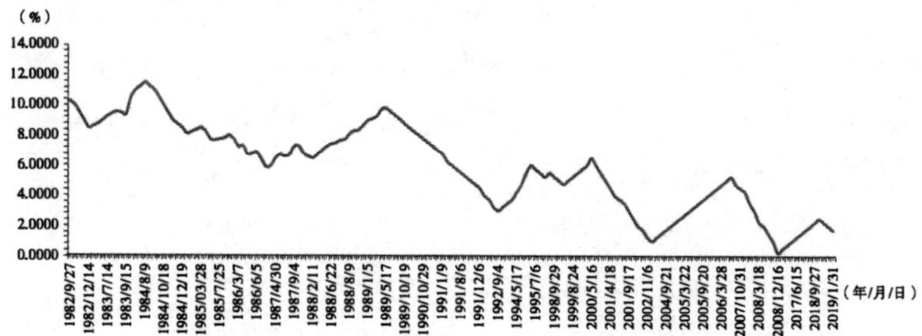

图 5－28　美国联邦基金目标利率（%）

资料来源：Wind，川财证券研究所

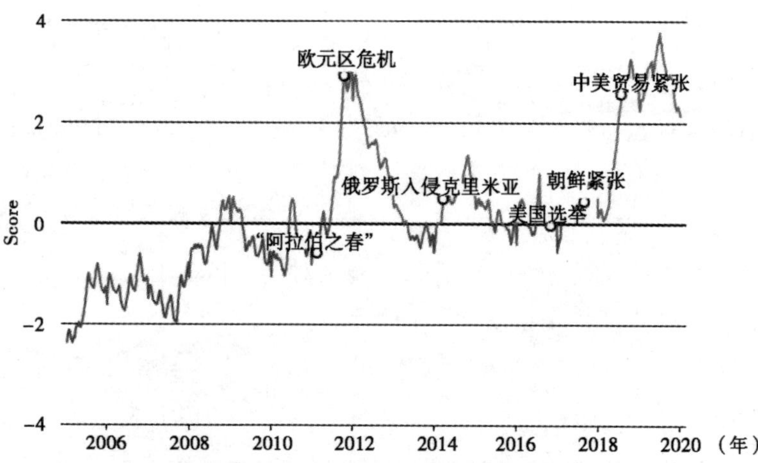

图 5－29　全球地缘政治风险指数

资料来源：Blackrock，川财证券研究所

第二节 微观"均衡"经济研究方法赋予的宏观意义

一、"均衡"的本质

（一）供给与需求的关系

1. 关于供给与需求的质和量

马克思在《资本论》第一卷中，把商品作为资本主义社会的细胞展开研究，建立了劳动价值论。说明商品的价值是无差异的人类劳动的凝结，这是价值的质，价值量则是用劳动量来衡量的，劳动量的大小又是由社会必要劳动时间来计量的，而社会必要劳动时间随着劳动生产力的变化而变化。马克思说："商品的价值量与实现在商品中的劳动的量成正比的变动，与这一劳动的生产力成反比的变动"。这些理论已经表明，商品供给量的大小与生产商品的社会必要劳动时间，以及劳动生产力之间有着密切的关系。在《资本论》第三卷，马克思直接指出，"供给，就是处在市场上的产品，或者能提供给市场的产品"。它首先表现为一定量的商品，以一定的使用价值形态来计量，如多少斤、多少件、多少个等，这是供给的量。从价值方面看，这些一定量的商品，具有一定的市场价值，通过商品交换，表现着人和人之间的社会关系，这便是供给的质，说明供给的社会属性。

2. 对于需求

从量的方面讲，马克思在《资本论》第三卷指出“需求等于同一种商品的买者或消费者（包括个人消费和生产消费）的总和”，也就是说，需求既包括生产者对生产资料的需求，也包括消费者对消费资料的需求，它是生产者与消费者需求商品的总和。由于受生活资料价格高低、工人货币工资高低的影响，需求量具有很大伸缩性和变动性。正因如此，对于不同的商品，“市场上出现的对商品的需要，即需求，和实际的社会需要之间存在着数量上的差别”。这种差别是指市场实际提供的商品量，和由于商品价格发生变化，或者，购买者的货币条件或生活条件发生变化时，所需求的商品量之间的差额。

从质的方面看，“生产消费的需求是资本家的需求，他的真正目的是生产剩余价值”。这是资本家的需求，是由资本主义生产的实质所决定的。资本家购买某一商品，是为了该商品的使用价值，但这种表面上的需求，只是掩盖他榨取利润的需要，正因如此，资本主义社会的供给与需求在量上不可避免地产生不平衡状况。所以，研究资本主义市场对商品的需求时，必须了解资本主义需求的本质。

3. 关于有效供给与有效需求

关于有效供给，马克思强调的是商品生产或者说商品供给的有效性。首先，从马克思的商品理论看，马克思指出商品具有二因素，商品的使用价值和价值具有对立统一的关系。生产的产品要成为商品必须具有使用价值，且必须对别人或对社会具有使用价值，这就意味着，只有生产出来的商品对社会有用，能够满足社会需要，才构成对社会的有效供给。其次，从马克思的劳动价值论来看，要成为有效供给的商品，所"包含的劳动量要代表社会必要的劳动。因而，商品的个别价值（在这里的前提下，也就是出售价格）要同它的社会价值相一致"。这就要求有效供给的商品不仅要满足市场需求，而且其价格要同它的社会价值相一致。此外，马克思关于两大部类再生产的均衡理论中，更涉及社会总产品的有效供给和有效需求的均衡问题。

关于有效需求，马克思最早使用的是"有支付能力的需求"这一概念。首先，马克思在对两种含义的社会必要劳动时间问题分析时，所强调的实际上就是，只有在第二种含义的社会必要劳动时间内生产的商品，才是社会有效需求的商品，构成社会的有效需求。其次，马克思在分析资本主义社会经济危机问题时，说明由于资本家阶级和工人阶级之间收入分配差距悬殊，导致广大劳动群众，即消费者对最终消费品有支付能力的需求不足，从而导致全面生产过剩的危机不可避免。此外，马克思经济学理论中，还体现出如何消除有效需求不足的观点，即要从社会再生产的角度出发，通过制定宏观调控的经济政策，如收入分配政策等，从生产和消费的不同方面进行综合考虑。

4. 供给与需求的同一性和均衡性

马克思关于供给与需求的关系的论述，一是论证二者之间具有相互作用的关系；二是强调供给与需求之间具有同一性。在《资本论》第三卷，马克思指出"要给需求和供给这两个概念下一般的定义，真正的困难在于，它们好像只是同义反复"。

也就是说，供给和需求是同一个问题的两个方面，增加生产的供给，同时就是增加对生产资料的需求，增加劳动的供给，同时也是增加对生活资料的需求，说明供给与需求具有同一性和均衡性。在商品经济条件下，供给转化为生产，需求转化为消费，供给与需求的关系，从本质上讲就转化为生产与消费的关系。供给与需求的同一性也表现为生产与消费具有同一性，即“生产是消费，消费是生产”。

从供给与需求的关系来看，一方面，供给决定需求，即生产决定消费；另一方面，需求对供给也起到反向的作用，即消费反作用于生产。有了需求即有了消费，不仅使生产顺利进行，同时，还可以促进新的商品生产，提供新的供给。在现实的商品经济中，由于商品生产者之间的竞争以及影响供给和需求的因素不同，供给与需求在数量上往往是不相等的，供给大于需求，或者供给小于需求，出现供给与需求之间的不平衡。市场上供给与需求的变动，会直接影响到商品的市场价格的变动，并影响着市场价格与市场价值的偏离程度。

因此，在商品交换市场上，供给和需求的关系，生产和消费的关系，也表现为买者和卖者的关系，都是通过竞争来实现的，都是以个别价值转化为市场价值为前提的。这表明，在简单商品生产条件下，供给和需求的关系反映着一般商品生产者之间的社会关系。

（二）社会再生产中的“供需平衡”思想

马克思指出，一个社会不能停止消费，因而也不能停止生产，从连续的过程来看，一个社会的生产过程，就是再生产过程。再生产按规模大小又可以分为简单再生产和扩大再生产，资本主义的再生产是扩大再生产。在经济运行中，企业之间互为市场，互相提供供给与需求，互相联系、相互依存的个别资本总和就构成社会总资本。社会总资本运动的核心问题，是社会总产品的实现问题或补偿问题，而社会总产品的实现或补偿，既包括价值补偿，也包括物质补偿。

从价值补偿看，社会总产品的价值包括不变资本价值（C）、可变资本价值（V）和剩余价值（M）这三个部分，不变资本价值用于补偿已经消耗的生产资料的价值，可变资本价值用于补偿劳动力的价值，剩余价值则用于资本家的消费和资本积累。从物质补偿看，也就是从使用价值角度看，社会总产品的最终用途分为生产资料和消费资料，分别用于满足生产消费需求和生活消费需求。因此，生产也就区分为生产生产资料的第Ⅰ部类和生产消费资料的第Ⅱ部类。在此基础上，马克思分别论述了简单再生产和扩大再生产条件下，两大部类的平衡，即社会总产品的实现条件问题。

简单再生产中两大部类的平衡。简单再生产顺利进行的基本实现条件是Ⅰ(v + m) = Ⅱc，它表明两大部类互相提出需求，互相提供产品，互为条件、相互制约的内在关系，第Ⅰ部类必须提供在价值上恰好等于第Ⅱ部类需要补偿的生产资料，第Ⅱ部类必须提供在价值上恰好等于第Ⅰ部类工人和资本家所需要的消费资料。从这个基本条件出发，还可以引申出另外两个条件。一是Ⅰ(c + v + m) = Ⅰc + Ⅱc。它表明第Ⅰ部类每年生产的生产资料，必须能够补偿当年全社会生产已消耗的生产资料，并在价值量上相等，物质形态上相适应。二是Ⅱ(c + v + m) =

Ⅰ(v+m)+Ⅱ(v+m)。它表明第Ⅱ部类每年生产的消费资料，必须能够补偿两大部类已经消耗的消费资料，并在价值量上要相等，物质形态上相适应。

上述实现条件本质一致，一方面，表明简单再生产过程中社会总供给和社会总需求之间的内在联系，另一方面，也表明生产资料的生产和消费资料的生产必须保持一定的比例关系。

扩大再生产中两大部类的平衡。要实现扩大再生产，必须具备两个前提条件。第一，第Ⅰ部类生产的全部产品在补偿两大部类消耗掉的生产资料后，还能为两大部类提供追加的生产资料，即Ⅰ(v+m)>ⅡC。第二，第Ⅱ部类生产的全部产品在补偿两大部类原有工人的消费和资本家进行积累后的个人消费外，还能为两大部类扩大再生产提供追加的消费资料，即Ⅱ(c+m－m/x)>Ⅰ(v+m/x)，其中m/x代表资本家个人消费。

在扩大再生产条件下，社会总产品的实现，需要进行三方面的交换：ⅠC在第一部类内部交换；Ⅱ(v+m)在第二部类内部交换以及两大部类之间的相互交换。其中两大部类之间的顺利交换，是使社会总产品全部得到实现，生产资料与消费资料供求平衡的关键，用公式表示为：

Ⅰ(v+△v+m/x)=Ⅱ(c+△c)，其中△v÷v代表追加资本，m/x代表用于资本家个人消费的部分。公式表明，两大部类必须满足在扩大再生产条件下各自对生产资料和消费资料的需求。除了上述基本条件外，还需要两个派生的实现条件。一是第1部类生产资料的生产同两大部类对生产资料的需求必须保持平衡，Ⅰ(c+v+m)=Ⅰ(c+△c)+Ⅱ(c+△c)；二是第Ⅱ部类消费资料的生产同两大部类对消费资料的需求必须保持平衡，即Ⅱ(c+v+m)=Ⅰ(v+△v+m/x)+Ⅱ(v+△v+m/x)。(说明：在此段的三个等式，等号前面的是"供给"，等号后面的是"需求"。)

马克思社会总资本再生产理论表明，要保证社会经济运行顺利进行，不仅需要商品价值的全部实现，而且在实物的数量和构成上要相互一致。其中所包含的供给与需求平衡思想，一是价值量平衡和实物量平衡相统一。马克思不仅从价值形式上分析社会总供给与社会总需求的平衡关系，而且从实物形式上分析了社会总供给与社会总需求的平衡问题，论证了社会生产过程是价值运动和实物运动的统一。二是经济的总量平衡和结构平衡。马克思不仅分析社会再生产的总量平衡，而且揭示两大部类平衡发展的规律。尤其是两大部类的平衡问题，实质上是国民经济各个产业的比例问题，是制约经济能否顺利进行的产业结构平衡问题。这一原理对于分析社会主义经济结构以及经济增长问题，都具有一定的指导性。

二、再创"均衡"的意义

(一) 正面角度看"均衡"的意义

1. "均衡"是保证社会再生产顺利进行的前提

只有当商品供给与需求达到平衡时，供给者提供商品所产生的物资消耗和劳动力付出才能得到有效的补偿，而需求者的需求也才能得到满足。当商品的供求无法达到"均衡"时，整个社会的再生产都无法达到最高效率。在商品供过于求时，供给得不到完全的消耗转化为库存，而库存会导致一定的资源、劳动力浪费；另一方面，供给方的库存导致其生产商品的消耗无法迅速得到补偿，资金无法回笼，从而使生产速度减缓甚至停滞。在商品供不应求时，会导致部分需求方的需求无法得到满足，影响其正常生活，又造成一部分资源浪费；同时，供不应求时企业往往不会注重商品的质量，从而不利于其对商品进行改进，减缓了社会的发展。

2. “均衡”是社会按劳分配原则的保证

按劳分配是社会主义分配制度的基本原则。劳动者可以通过劳动、提供生产资料等多种方式得到货币收入，又可以通过所得到的货币在商品市场中买到自己所需要的物资，从而实现按劳分配。当商品供求不均衡时，尤其是供不应求时，劳动者所持有的货币就不能顺利转化为商品，这时候按劳分配原则就无法得到充分的实现，人民的生活水平就不能得到不断提高，这严重挫伤了群众的积极性。

3. “均衡”是物价稳定的关键

市场中商品的供求平衡是物价稳定的关键要素。当商品出现供过于求时，部分商品滞销，其生产者资金无法回笼，只能降价亏本处理，打破了正常的供需平衡，短期虽然有利于消费者，但长远来看不利于整个社会发展。当商品出现供不应求时，有限的商品会被过多的需求“哄抢”，从而致使货币相对贬值，居民正常生活无法得到保障。因此，有计划地组织市场商品供求平衡，有利于保持市场物价的稳定和币值的稳定。

4. “均衡”是合理配置社会资源的有效手段

正如前文所讲，供给与需求达到均衡时，社会的整个生产效率可以达到最高、最优，劳动力、资金、自然资源等均能得到最好的利用，避免了社会资源的浪费。市场商品供求均衡时，表明当前社会总劳动时间根据社会需求相应地分配在各种商品的制造上，劳动消耗没有被浪费，社会生产取得较好的经济效益。当商品供求不均衡时，以供过于求为例，当社会中一种商品出现供过于求时，部分商品滞销，则表明对该商品的生产投入了过多的人力、物力和财力，导致了社会的劳动力浪费。当社会中一种商品出现供不应求时，产品的质量不会影响企业的销售，往往导致企业生产经营时不注重质量管理。这既损害消费者的利益，又损害社会的利益。

（二）反面角度看"均衡"的意义

1. "均衡"可以防止经济危机的发生

马克思在社会资本再生产理论的基础上，指出资本主义经济危机是由资本主义制度因素引发的周期性生产过剩的危机。资本主义经济危机的主要表现，就是大量的"过剩"商品找不到出路而积压在仓库中，大批的工厂停工、减产或倒闭，整个社会生产急剧下降；大量工人失业，从而陷入绝对贫困的境地。信用关系破坏，股票、债券及其他有价证券价格暴跌，许多银行、金融企业、商店纷纷破产，整个社会经济生活一片混乱，广大劳动群众生活水平大幅度下降。

资本主义经济危机中的种种现象，都是由生产过剩引起的。但马克思指出，这种"过剩"并不是生产的生活资料超过了人们的物质需要，而是生产的生产资料超过了有劳动能力人口充分就业的需要，所积累的资本超过了现实中社会再生产过程的需要，这种"过剩"是一种相对过剩，是资本主义社会特有的商品供给超过社会“有支付能力需求”的现象。所以，资本主义社会的经济危机的本质是生产过剩的经济危机。

2. “均衡”可以防止社会资源配置低效运行

商品的市场价格由劣等生产条件下的单位商品的个别价值来决定，使社会资源配置处于低效状态。当社会总需求膨胀时，市场出现严重的供不应求的态势，强烈的购买需求会使劣等生产条件下生产的商品大量涌入市场，此时市场价格是由劣等生产条件下的个别价值决定的。在这种情况下，优等和中等生产条件下的企业就能获得超额利润，就连劣等生产条件下的企业也能获得正常利润。生产者能够轻易获利，致使其失去了改善经营管理和采用先进技术的动力和压力，甚至把资源配置到获利容易、产品质量定位较低的行业或产品中去，破坏了市场淘汰低效资源配置的机制，使社会资源配置处于低效状态。因此，国民经济在总需求膨胀的条件下实现的高速增长，是以牺牲劳动生产效率和资源配置效率为代价的，是不可持续的增长。

3. “均衡”可以防止市场价格被扭曲

社会总需求膨胀引起通货膨胀，导致市场价格信号严重扭曲，市场等价交换的原则和有效配置资源的机制被破坏。此时，投资主体竞相把投资的重点放在那些短期内盈利高的部门，而对于那些投资规模大、周期长、见效慢的部门却很少有人问津，导致整个国民经济建设中“长线”部门与“短线”部门的矛盾更加突出，使得原有的瓶颈产业的供需矛盾不但没有解决，还进一步加剧，而一些主要建设项目的盲目引进、重复引进，又造成人力、财力和物力的极大浪费。

三、从中国角度看"均衡"

（一）推动"平衡"的供给侧结构性改革

1. 供给侧结构性改革的根本目的

供给侧结构性改革，是为了解决我国供需平衡问题的重大改革措施。其科学内涵，就是要用改革的办法，来推进经济结构的调整，减少无效和低端供给，扩大有效和中高端供给，增强供给结构对需求变化的适应性和灵活性，提高全要素生产率，使供给体系更好适应需求结构变化。

根据马克思供需平衡理论的基本原理，供给和需求是市场经济中存在的具有对立统一关系的两个内在要素，供给决定需求，是满足需求的前提和基础；而需求又可以引导供给，新的需求还可以催生新的供给。需求侧管理和供给侧管理，都是对经济进行宏观调控的基本手段，只是侧重面有所不同。需求侧管理强调的是需求总量调控，通过财政、税收和信贷等政策，来刺激或抑制需求，以推动经济增长。而供给侧管理强调的是经济发展的结构性问题，通过优化要素资源配置，调整生产结构，激发经济增长的动力，提高经济增长的质量，减少无效供给和低端供给，扩大有效供给和高端供给，更好地满足人们日益提升的美好生活需求。

2. 供给侧结构性改革的思路与方向

为实现供给侧结构性改革的目的，推进供给侧结构性改革的进程，就必须理清供给侧结构性改革的发展方向问题。根据习近平总书记多次的讲话精神，重点应做到三个方面。一是加大对生产资源要素的利用率，在传统生产方式的基础上，优化劳动力、技术、资金、土地等各种生产要素资源配置与资源组合，提高生产力，为经济发展和科技进步提供新生动力。二是需要从供给端着手，由“数量”向“质量”转型，注重产品生产的质量、服务质量，增强我国产品在国际市场中的竞争力，从制造大国转向制造强国，从深层次解决商品生产与服务和人们对商品需求与服务需求不相符合的状况，满足人们现有对产品和服务的需求。三是要重点培育和发展新兴产业、新业态，解放和发展生产力，针对人们对产品和服务的新需求创造出新的供给。不断适应社会新的消费理念和消费方式下形成的新的需求结构，促使我国产品与服务从低水平的供需平衡向更高层次的供需平衡跃升。

3. 供给侧结构性改革是一场全面深化的改革

根据马克思主义的基本原理，生产力决定生产关系，同时，生产关系对生产力又具有反作用，生产关系适合生产力的发展，就能够推动生产力进一步前进，否则，就会阻碍生产力的发展。供给侧结构性改革的重点是要解放和发展社会生产力，而要解放和发展生产力，就要激活劳动力、自然资源、资本和技术这些生产要素，不断优化资源配置效率。供给侧结构性矛盾的根本原因在于各种生产资源要素配置的扭曲，是各种体制与机制方面的障碍。因此，切实破除抑制供给结构升级的体制机制，深化价格、财税、金融等领域的基础性改革，推进国有企业改革，充分调动广大人民群众的积极性和创造性，增强微观主体内生动力，不断推动产业结构升级，全面对国有经济进行战略性调整至关重要。这些都充分表明，供给侧结构性改革是一场全面深化的改革。

（二）供给侧结构性改革的本质要求

1. 正确处理好政府与市场的关系

正确处理好政府和市场关系既是经济体制改革的主线，也是供给侧结构性改革的内在要求。党的十一届三中全会后，我国就开始探索如何将计划与市场有机结合的体制与机制，党的十四大明确我国经济体制改革的目标就是要建立社会主义市场经济体制，使市场在资源配置中起基础性作用。党的十八大进一步强调市场在资源配置中起决定性作用和更好发挥政府作用，实现了党在理论和实践上的重大突破。党的十九大召开，提出中国特色社会主义进入了新时代。而我国社会经济发展中还存在一系列不平衡的问题，如产业结构不平衡，部分产业产能过剩，经济发展质量和效益还不高，科技创新能力不够强，民生领域还存在短板，城乡区域发展和收入分配差距较大等。因此，理顺政府和市场关系，是供给侧结构性改革的要求，也是解决发展不平衡不充分问题的关键，只有处理好政府和市场的关系，既实现"有效市场"，又实现"有为政府"，把市场调节的"看不见的手"和政府调控"看得见的手"各自的优势充分发挥出来，真正构建市场机制有效、微观主体有活力、宏观调控有度的经济体制，才能更好地体现社会主义市场经济体制的特色和优势。

2. 正确处理好"减法"与"加法"的关系

实施供给侧结构性改革，就是要优化经济结构，解决产品供给与需求不平衡的矛盾。尤其是通过调节产品的供给结构，增加有效供给，减少无效供给，增加中高端产品的供给，减少低端产品的供给，促进供给与需求的动态平衡。由于无效供给和低端供给，不但占用了大量的资源与能源，而且造成了资源和能源的巨大浪费，挤占了经济发展的空间。所以，供给侧结构性改革要先做“减法”，而且在减的时候要有针对性，准确地减去该减的部分，做到精准发力，真正淘汰落后的过剩的产能。在做好“减法”的同时还要做好“加法”，既要补足行业发展中存在的短板，如在推进三四线城市房地产减少库存的时候，还要对一二线城市的房产价格加以调控，防止其过快上涨；在去除杠杆的同时，还要对原来的低杠杆企业，以及高成长性企业，根据它们的需要，适当增加杠杆。通过扩大有效供给和中高端供给，补短板、惠民生，加快发展新技术、新产业、新产品，为经济增长培育新动力。正像马克思有效需求理论所分析的那样，必须使社会生产能够最终成为消费的对象，满足人们有支付能力的需求。

3. 正确处理好短期与长期的关系

推进供给侧结构性改革虽然是在社会经济发展特定历史时期提出的改革方针，但也是针对我国经济多年积累的突出矛盾和问题，着力根本并放眼长远的深层次改革，具有长期性、艰巨性、系统性的特征。实施供给侧结构性改革，并取得相应成效，不是一蹴而就的。从短期来看，要着力解决发展中存在的突出问题和矛盾，降低与防范经济运行中的风险，保持国民经济健康稳定增长。更要着眼未来，从长期来考虑，要着力构建一种适合中国特色社会主义新时代发展的长效体制机制，重塑我国经济中长期可持续增长的新动力机制。短期改革的阵痛是为了长期的破茧成蝶，短期的结构性调整是为了实现长期的动态平衡。因此，既要对准当前供给端的突出矛盾精准施策，也要注重打基础，促长远，在培育新的动力机制上做文章，着力推进体制机制建设，激发市场主体内生动力和活力。

4. 正确处理好供给与需求的关系

马克思关于供给与需求关系的论述，不仅强调了供给与需求之间具有同一性，而且论证了二者之间具有相互作用的关系。供给和需求是同一个问题的两个方面，增加生产的供给，同时就是增加对生产资料的需求，增加劳动的供给，同时也是增加对生活资料的需求，说明供给与需求具有同一性和均衡性。供给侧结构性改革是我国经济进入新常态的必然选择，其根本的目标也是实现经济长期均衡的发展，这种均衡的范围是广泛的，各种均衡最终都可以归结为市场供给和市场需求的均衡。而供给侧结构性改革，就是要把供给侧结构作为改革的重点，从生产端入手，提高供给体系质量和效率，为市场提供更多的有效供给和中高端的供给，增强供给对市场有效需求的适应性，推动我国经济增长质量，不断满足人们高水平的需求。纵观世界经济发展的历史，供给与需求是市场经济中具有辩证统一关系的两个方面，二者相互依存，互为条件。一方面，没有供给，需求就无法得到满足，没有需求，供给也无法实现；另一方面，新的市场需求可以催生市场新的供给，新的供给又可以创造市场新的需求。供给侧结构性改革，必须处理好二者之间的辩证关系。

（三）供给侧结构性改革的具体措施

"去产能"旨在将宝贵的经济资源从产能严重过剩、增长空间有限的产业或企业中解放出来，理顺供给端、优化供给结构、提高有效供给并创造新的经济增长动力。马克思供需平衡理论揭示出如果产品的供给不能与市场的有效需求相匹配，这种供给就会变成无效供给，从而导致生产的相对过剩。我国经济在供给侧存在的最突出的结构性问题就是产能过剩，正如马克思在《资本论》第三卷中所提出的："产业资本的再生产能力不顾消费界限而达到极度紧张……一旦由于回流延迟，市场商品过剩，价格下降而出现停滞，产业资本就会过剩。"我国的产能过剩是一种典型的结构性过剩，低端的产能过剩与中高端产能供给的严重不足同时并存。我国的产能过剩，既有投资消费失衡型产能过剩，又有经济发展阶段的产能过剩，也有资源环境型产能过剩。我国的过剩产能在企业层面表现为存在大量的所谓"僵尸企业"。这些企业占用信贷、财政、土地、劳动力等资源，抬高杠杆率，扭曲市场价格信号，限制市场优胜劣汰，制约经济升级。因此，必须把处置"僵尸企业"作为化解产能过剩的牛鼻子，使产能和消费大体均衡，提高产能利用效率，改善企业生产经营状况，增强优质企业盈利能力。同时要注意，工业去产能并不是简单地减少低端产品的数量，更重要的是要提高供给的质量。

实体经济和金融去杠杆相辅相成。所谓杠杆，其实就是货币信用关系的叠加和膨胀。过高的杠杆，即负债率，可能导致债权债务链条断裂，甚至导致连锁性崩溃现象，容易引发经济风险。近年来，我国宏观杠杆率过高、增长过快的现象在实体经济和金融企业都有体现。自 2008 年金融危机以来，我国出台了一系列经济刺激政策，通过大量投资来拉动经济增长。受这些政策的持续影响，最终导致货币超发，投资过度，从而杠杆率迅速升高。根据国家统计局提供的相关数据，通过把政府、非金融企业和居民杠杆率加总，得出中国实体经济杠杆率从2008年末开始呈现显著上行的趋势，2019年第一季度末中国实体经济部门杠杆率达到248.83%，较2008年末的141.3%提升107.53个百分点。从国际角度进行横向比较，中国实体经济杠杆率处于较高水平，同时，我国金融行业的杠杆率也出现逐年攀升的态势。2014年开始，我国经济面临沉重的下行压力，货币政策不断宽松，但由于实体经济的融资需求疲弱，银行又因为违约风险上升而不愿放贷，导致宽松带来的新增流动性堆积在金融体系内部，难以流入实体经济。此时，影子银行大力发展，加之金融机构作为商业机构，具有强烈的逐利动机，于是想方设法增加杠杆来放大资产的收益，不断推高我国金融行业的杠杆率。过高和增长过快的杠杆率，容易产生系统性的金融风险，对经济健康的危害很大。因此，必须坚持去杠杆的政策。

企业降成本目标是为企业减负，激发企业的活力。目前我国企业的生产成本普遍偏高，接近或超过发达国家水平，呈现"未富先高"现象。企业的成本包括劳动力成本、土地成本、技术成本、自然资源成本、制度性交易成本、税费负担、物流成本等。我国企业的成本过高在以上几个方面均有不同程度的体现。例如，在劳动力成本方面，一方面我国老龄化问题比较严重，导致我国劳动人口增长率逐年下降。另一方面，我国劳动人口的教育程度不高，没有人力资源优势，这些都摊高了企业的劳动力成本。在技术成本方面，不少企业为减少人力资源成本，会花费较大的资金将生产车间升级改造，然而由于前期投入资金量较大，若不能顺利完成企业生产方式的升级，则很可能出现资金链断裂的情况。自然资源成本方面，近年来我国注重生态环境保护，企业环境治理的成本升高。企业之所以成为企业，首先要盈利，企业没有盈利就无法生存。企业这一微观主体有活力，经济发展才有持久动力。因此，要大力降低企业生产成本，增强企业盈利能力，实现经济的持续健康增长。

我国要实现全面建成小康社会目标，从不同角度看，还面临不少短板。从不同收入群体看，全面建成小康社会的最大短板是农村贫困人口；从产业看，现代农业、新兴产业，现代服务业是短板；从产品看，绿色产品和生态产品是短板；从质量和数量看，高品质产品是短板；从资本看，人力资本是短板；从生产要素看，创新特别是颠覆性创新是短板。因此，要突出重点、精准发力，努力补齐社会发展的各类短板。补短板不是简单增加投资，也不是搞刺激政策和需求扩张，而是要从满足需求、增加有效供给出发，注重结构优化升级，提高供给的质量和效率。

第二节 市场经济条件下，对“均衡”理论创新思考

一、创造“均衡”遵循的基本原则

（一）坚持供给侧与需求侧共同发力

马克思关于两种含义社会必要劳动时间理论表明，只有当第一种含义的社会必要劳动时间总量与第二种含义的社会必要劳动时间总量相等时，社会总供给与社会总需求才会平衡。因而，在供给侧结构性改革中，必须做到供给侧与需求侧同时发力，注重需求调节与供给调节的功能互补。供给侧结构性改革，供给方面是改革的核心，但并不意味着只改革供给方面，不考虑需求方面，而是要对供给侧与需求侧兼顾进行，要注重供给与需求之间的平衡和统一。马克思的政治经济学理论从唯物辩证法出发，分析了生产与消费之间的辩证统一关系。生产决定消费，消费对生产又具有反作用，即供给决定需求而需求反过来又影响供给。供给和需求是市场经济中一个问题的两个方面。我国供给侧结构性改革的实质，就是通过结构调整，减少无效供给与低端供给，扩大有效供给和中高端供给，增强供给结构对需求结构的平衡性，解决现实的供给与需求在总量以及结构

方面的不平衡问题。因此，只有做到供给侧与需求侧两端共同发力，才能不断提升供给质量和需求质量，从而实现从低水平的供需平衡到高水平的供需平衡跃升。

（二）坚持供给和需求内部结构的平衡

马克思的两大部类社会再生产理论，不仅揭示了两大部类之间平衡发展的规律，也强调了两大部类内部的平衡及其规律。两大部类之间的平衡实质是生产资料与消费资料的平衡，而两大部类内部则是包括生产生产资料的各部门之间以及生产消费资料的各部门之间的平衡。所有这些平衡，不仅包括国民经济各个部门之间按比例协调发展，使社会总供给和社会总需求平衡，而且要求供给结构和需求结构本身平衡。早在中华人民共和国成立初期，我国就很重视产业的平衡发展。

毛泽东在《论十大关系》中重点论述了既要注重生产资料的生产，也要注重生活资料的生产。要处理好重工业、轻工业和农业的关系，保持农、轻、重的合理比例。从我国当前情况看，经济发展存在着总量失衡问题，而这种总量的失衡，在很大程度上是由于结构失衡引起的，因而，属于结构性的总量失衡，更表现为社会总供给的内部结构的失衡。因此要依据马克思关于两大部类平衡发展的原理，对社会供给结构和需求结构进行调节，对产业结构进行优化升级，在经济结构的调整中推进供给侧结构性改革，使经济能够在总供求大致平衡的基础上实现健康运行。

（三）坚持提高全要素生产率

全要素生产率也叫做技术进步率，指产量与全部要素投入量的比率，强调的是包括技术进步、专业化以及创新等多要素对经济增长的贡献。按照马克思主义政治经济学的基本观点，生产力是经济发展的推动力，是社会进步和生产关系变革的关键。改革开放以来，我国一方面，通过调整所有制结构，收入分配结构等一系列生产关系方面的改革，使其适应生产力的发展。另一方面，不断加大科技创新力度，解放和发展生产力，使经济发展取得巨大成就。党的十八大以来，我国经济发展进入新常态，面临着经济增长速度减缓，产业结构不合理，经济增长方式转变等多方面的问题，需要通过供给侧结构性改革来解决。这是因为，传统的促进经济增长的要素，如劳动力、资本和自然资源等要素投入的持续增加，对经济增长的贡献率逐渐减少。要保持经济平稳持续增长，就必须提高全要素生产率，培育新常态下经济增长的新动力。这就是要通过提高全要素生产率，来提高技术、创新等新的要素对经济增长的贡献份额。也就是说，中国经济已经由高速增长阶段转向高质量发展阶段，正处于转变经济发展方式、优化经济结构以及转换经济增长动力的攻关期。要攻下这些难关，就必须提高全要素生产率，建设现代化经济体系，以供给侧结构性改革为主线，推动经济发展质量、效率与动力变革。

（四）坚持防范改革进程中可能出现的风险

马克思有关货币流通量规律和经济危机理论都表明，无论是社会总供给大于总需求，还是小于总需求，都会扰乱正常的经济秩序，影响经济发展的进程，严重时会导致经济危机或者金融危机。当社会生产出现相对过剩时，就必须对供给侧和需求侧同时进行宏观调控，以免经济危机的产生。我国当前在供给方面存在的突出问题，是一些传统产业的产能过剩，以及低层次的产品供给较多，造成严重的生产浪费，并引起社会总供给和总需求的失衡，使经济发展速度受阻。因此，必须有针对性地清除过剩产能，为企业降低成本，激发经济活力；同时还要补齐短板，扩大要素供给，增加有效供给，以适应社会有效需求。要防范经济危机的产生，必须做到正确处理市场与政府、金融监管与金融创新、虚拟经济与实体经济等多方面的关系，保证我国的改革顺利进行。

（五）坚持避免生产相对过剩的危机产生

马克思在《资本论》中阐述了资本主义经济危机的实质是资本主义生产的相对过剩，是由资本主义社会的基本矛盾决定的。一方面生产的无限扩大，另一方面，广大劳动群众日益贫困。因此，这种生产过剩的经济危机也就表现为资本主义的生产超过了劳动群众有支付能力的需求，而不是资本主义生产的绝对过剩。我国经济发展中的供给与需求的不平衡，是结构性的，一些部门出现产能过剩，而人们新的需求又无法满足，需要通过供给侧结构性改革来进行调整。马克思供需失衡条件下的经济危机理论启示我们，在社会主义市场经济条件下，要避免和减少市场在资源配置中的盲目性，国家就必须根据经济发展需要，通过经济结构的调整，改善市场供求关系，形成新的供给与需求的平衡。

二、创造"均衡"的具体措施

（一）发挥好财政政策和货币政策的作用

1. 继续实施积极的财政政策

创造"均衡"的前提条件是必须有足够的财力保障，因而运用合理的财政政策是非常重要的。财政政策的手段主要有两种，一是税收政策，二是支出政策。支出政策的影响主要体现在需求端，而税收政策短期内影响需求，长期则影响供给。推动经济的结构性调整和优化升级，需要实施积极的财政政策。首先，要推动财税体制改革，推行结构性减税。我国的企业尤其是中小型企业普遍面临着税费负担重、融资困难的问题，制约了其发展的动力。另外，企业过高的税费负担会通过提高其产品的价格转嫁给消费者，摊高消费者的生活成本，影响社会消费结构的优化，抑制社会的有效需求。因此，政府要推动财税体制改革，实施结构性减税，为企业减负。为避免在减税的过程中出现财政赤字，政府还应该在适当时机推出房产税、遗产税、环保税等新税种，调整税制结构，平衡政府收入与支出。其次，要提升财政投资效率，实现供给侧与需求侧的双重优化。政府要精准把握和选对投资的方向，改善财政资金的产出效率，提升全要素生产率。重点要加大农村的基础设施投资，优化农村公共服务供给水平；加大对科技创新创业项目的公共支出，提高对创新驱动的资金扶持；加大扶贫支出和社会发展各类补短板的支出；加大教育、医疗、养老、生态、高端服务等领域的财政支出，适度扩大和升级社会的总需求。

2. 继续实施稳健中性的货币政策

根据马克思的货币供需平衡理论，货币供应量的变化，是能否实现社会总需求与总供给基本平衡和币值稳定的决定性因素。如果投入市场的货币数量太多，就会导致通货膨胀率上升，推高资产价格泡沫；如果投入市场的货币数量太少，则会引起通货紧缩。因此，稳健中性的货币政策，有利于“三去一降一补”，解决供需失衡问题。首先，要管住货币供给总闸门，保持货币信贷合理增长。我国经济已由高速增长阶段转向高质量发展阶段。经济的发展不能依靠货币信贷的“大水漫灌”来拉动增长速度，因此要管好货币供应量，促进货币信贷和社会融资规模合理增长，为经济高质量发展营造适宜的流动性环境。其次，要适当发挥货币信贷政策的结构引导作用，进一步优化信贷结构。在控制好货币总量的前提下，针对国民经济重点领域、薄弱环节和社会事业等方面使用结构性工具，为推动经济结构调整发挥好辅助作用。再次，要发挥好货币的第一推动力作用，形成有利于供给结构调整的货币杠杆政策。在推进“三去一降一补”五大任务的过程中，要发挥好货币政策在加快传统产业改造和优化升级的调控效应，发挥货币价值体系的综合调节功能，实现社会资金总供给和总需求的平衡。

（二）积极稳妥推进去产能、去库存与去杠杆

多管齐下化解过剩产能。马克思社会再生产中的两大部类平衡思想揭示出，两大部类的比例失调会导致供给和需求之间的结构性失衡。这种失衡主要表现为在供给侧出现严重的产能过剩，而需求侧却出现有效需求不足。从供给侧的角度看，形

成部分行业产能过剩的直接原因是由于长期的固定资产投资失误所导致的产业结构扭曲化；深层的思想根源和制度原因则是粗放型经济增长方式和长期僵化、低效的投融资体制与机制。

因此，必须多管齐下化解过剩产能，提升产能利用效率，促进产业规模与市场需求相适应。首先，要建立起去产能的长效机制。既要发挥好市场在资源配置中的决定作用，也要发挥好政府的宏观调控作用，通过改革破除企业市场化退出障碍。同时，要提高产能过剩行业准入门槛，对钢铁、水泥、煤炭、焦化等传统行业，既减少存量又控制增量。其次，要对"僵尸企业"占有的要素资源进行盘活，提高资源配置效率。我国产能过剩的主要原因是存在大量的僵尸企业，因此要把去产能的焦点放在处置僵尸企业上，盘活僵尸企业占用的生产要素资源，提高资源利用效率，激发市场活力。要在深入调查研究、全面摸清僵尸企业情况的基础上，进行细化分类，建立僵尸企业数据库。然后，有针对性地采取兼并重组、关闭破产等方式稳妥处置。再次，要加大对传统产业的技术改造升级。供给侧结构性改革的主要目标是要提升供给的质量和效率，减少无效供给，扩大有效供给和高端供给。因此对传统产业去产能，不能只停留在关停、重组等层面，重点是要加大传统产业的技术改造，推动传统优势产业转型升级。

多渠道监管推进去杠杆。我国杠杆率过高，既有金融行业的高杠杆因素，也有实体经济的高杠杆因素，因此要通过多渠道监管的方式推进金融行业和实体经济去杠杆。第一，要推动金融机构去杠杆。金融机构要增加自有资本，提高保证金比例，主动降低杠杆率。对高杠杆、高风险融资项目要严格把关，优先处置煤炭、钢铁、水泥等重点行业金融不良资产。同时，金融机构要进行资源整合，提升抗风险能力和服务实体经济的水平。第二，要加强金融风险监测预警。建立金融风险排查机制，强化日常预警监测，落实金融监管责任。密切关注非融资担保公司以及P2P、众筹等互联网金融新模式可能引发的风险隐患。第三，加快资本市场发展，促进实体经济去杠杆。要加快各类企业股份制改造，实施企业上市培育工程，推动实体经济提高直接融资比例。我国实体经济的高杠杆主要是因为融资困难，因此要加快资本市场发展，提高实体经济的直接融资比例，降低高杠杆的间接融资比例。支持民间资金成立股权投资、风投、创投、私募、公募基金等，激活区域资本市场发展。第四，要加强地方政府债务管理。对地方政府债务实行规模控制和预算管理，规范举债融资，做好存量债务置换工作。全面掌握地方政府资产负债、还本付息、财政运行等情况，加大对地方政府债务风险应急处置的指导力度，有效防范财政金融风险。

（三）统筹推进降成本与补短板

多措并举降低企业成本。降低中小型民营企业的成本，让其有利润可赚，增加企业的积极性，才能不断刺激经济，促进社会发展。

因此，需要通过多种措施，多项渠道来降低企业成本。第一，减少企业制度性交易成本。一方面要建立完善涉企收费目录清单，全面清理政府制定的名目繁多的各类中介费用，另一方面要鼓励更多的中介机构参与到市场竞争中，通过竞争的方式来提高服务质量，降低服务价格。第二，降低企业应缴纳的税费。实施各项结构性减税政策，降低制造业增值税税率，实施小微企业、高新技术企业税收优惠政策。通过降低企业的税费促使企业获得更多的利润，从而一步一步做大做强，规模越做越大，短期来看虽然税收降低，但长远来看，企业规模做大后，税率虽然下降，总额可能不减反增。第三，降低企业物流成本。要降低企业物流成本，主要需要加快交通运输物流公共信息服务平台建设，通过互联网创新运输模式。同时加快物流基础设施建设，给予相关公司财政、政策上的支持，最终降低物流成本，扩大企业利润。第四，对于高耗能企业降低其用能成本。一些企业在制造产品时需要大量的水、电、气之类的资源，政府可以通过对这类企业实施用电优惠、用水优惠等政策来摊低企业的生产成本。第五，降低企业融资成本。国内的金融机构需要做到以服务实体经济为主要目的，对待不同企业实行差别化的利率政策，尤其是具有创新性的中小企业，从而助力于实体经济。

突出重点，补齐发展短板。全面建设小康社会，还面临着不少短板，因此要突出重点，补齐经济发展短板。要聚焦影响供给体系质量和效率提高的突出瓶颈，加快补齐"三农"短板、脱贫攻坚短板、基础设施短板、生态建设短板。首先，"三农"短板要补齐。抓住资金、土地、人才和科技四大关键要素，优化农业区域布局，推动农业农村现代化发展。要做到科技支撑是保障，通过先进的科学技术实现生产经营的科技化、规模化、高质量化。引导人才下乡，提升农村人口的就业技能，推进农村产权流转交易市场建设，健全农业保险制度。其次，要打好脱贫攻坚战。做到尽快改善贫困地区人民的生活质量，通过定向帮扶帮助贫困人口通过发展生产和就业创业，实现脱贫增收，提高生活质量。接下来，补齐基础设施短板。加强对农村重大公共设施和基础设施的建设力度，构建现代综合交通运输体系，推进交通网络信息化，帮助农村居民打通农产品销售渠道。最后，积极实施“生态+”战略，加大生态修复和环境污染治理力度。发展三农时不能忘记对农业农村的保护，中央要加大对地方政府在经济发展中的生态环保考核力度，完善考核指标体系。要将大气、水污染和固体废弃物污染等治理放在更加突出的位置，推进主要污染物综合防治和环境整治。加快河流生态修复步伐，推进矿山生态环境治理和地质灾害防治。

（四）努力培育经济发展新动能

1. 大力发展新兴产业

生产力是社会发展的根本动力，而科技是第一生产力，科技的进步，往往会使生产力大力提升，为经济增长提供新的动能。因此，从国家层面来看，大力发展新兴产业，做大做强新兴产业集群是当前国家发展的重点。具体可以布局三个方面。第一，实施大数据发展行动，加强新一代人工智能研发应用，在医疗、养老、教育、文化、体育等多领域推进“互联网+”计划。第二，发展智能产业，拓展智能生活。运用新技术、新业态、新模式，大力改造提升传统产业，实行产业的智能化发展。第三，大力发展节能与环保、新一代信息技术与信息服务、新材料、新能源汽车、新能源、生物医药、高端装备制造业等战略新兴产业。

2. 推进创新扶持力度

我国拥有世界上规模最大的人力资源，这是我国创新发展中最大的优势。当前，我国处于"产业升级"的关键阶段，高技术制造业累计投资增速持续增长。但是，我国若想在较短时间内完成"产业升级"，还需要实施创新驱动战略。

3. 推动产业融合发展

产业融合是指不同产业之间通过某种方式相互渗透、相互包含、融合发展所形成的新的生产方式，是产业升级的重要渠道。

三、"创造均衡"的现实思考

（一）结合我国自身情况对创造均衡的思考

要结合我国自身情况对均衡进行研究。首先要明白我国供给侧结构性改革不能完全参考西方供给学派的理论，不能受所谓"新自由主义的干扰"，而要以马克思供需平衡理论为指导。结合中国的实际，用马克思供需平衡理论为基础，推进供给侧结构性改革，既要从微观层面来考虑，也要从宏观层面来思考，既注重市场均衡，也注重结构平衡和总量平衡。并在此基础上积极推进"三去一降一补"，发挥好货币政策和财政政策的作用，大力发展新经济，培育新动能，实现供给和需求之间的高层次动态平衡。

1. 西方供给学派的思想及其局限性

18 世纪初，西方供给学派的思想开始诞生，其主要思想借鉴了当时重农学派的观点：加强经济刺激，促进劳动供给；降低税率，反对国家干预经济，主张经济自由主义。重农学派的思想为供给学派思想的完善打下了基础，其后的英国古典经济学家亚当·斯密更是主张经济自由主义的代表，对相关理论的诞生作出了铺垫。1803 年，法国经济学家让·巴蒂斯特·萨伊在其作品《政治经济学概论》中得出一个重要的结论——“供给自行创造需求”，被后世的马克思称作“萨伊定律”。其核心观点有三个方面。一是强调生产本身能给产品创造需求；二是国民经济不可能出现普遍的生产过剩，在市场的自我调节作用下，最多只是暂时在个别部门出现供求失衡；三是货币仅仅是流通媒介，商品买卖是统一的。萨伊定律认为，对于市场经济，供给与需求始终是均衡的，因而不会发生全面生产过剩的经济危机，“萨伊定律”所得出的观点虽然不完全正确，但其理论成为供给学派的理论基础。

20 世纪 70 年代，美国长年的凯恩斯主义政策引发了弊端，美国经济停滞与通货膨胀并存，失业率也大幅提高，但储蓄率、投资率、工业增长率却出现下滑。美国经济学家究其原因进行分析，认为美国经济的主要问题是出现在供给端而不是需求端，是由于储蓄率和投资率低而引起的“资本供给不足”造成了技术设备差、生产增长缓慢甚至下降以及产品竞争力弱等问题导致的经济停滞不前。在这种情况下，美国供给学派经济学家罗伯特·蒙德尔主张通过减税等方式刺激经济，这一观点的提出立刻受到了美国政府的重视，要求经济学家从专心致志于分配和需求方面改向集中精力注意于生产，增加供给，从而消除贫困。他们提出为了加强供给，就必须充分依靠市场机制来提高劳动生产率。

供给学派把美国在 20 世纪 70 年代所面临的经济问题，只简单地看成是凯恩斯主义政策的结果，而回避了资本主义基本矛盾这个根本性的问题，实质上是在掩盖资本主义矛盾。它以萨伊定律作为自己的理论基础，而萨伊定律本身就不是完全科学的。它强调发挥市场机制作用，否定国家对经济的干预，脱离现实因而是行不通的。

马克思均衡理论与西方供给学派的本质区别在于理论基础不同。马克思的供需平衡理论主要以科学的劳动价值论为基础，在对资本主义生产关系正确分析的基础上，同时分析供给与需求，找到其中的关系和达到平衡时相关的理论问题。最终得出结论——资本主义社会市场供给和需求的不均衡，是资本主义社会的基本矛盾，即资本主义的私有制与社会生产效率最优化之间的矛盾。同时作出预判——资本主义制度必将被一个更优秀的制度所取代。

供给学派的理论基础主要源于前文中提到过的"萨伊定律"，其过分注重于供给而忽略了供给和需求的不均衡，是资本主义社会的基本矛盾这个本质。

马克思供需平衡理论是通过对供给和需求的辩证关系进行解释分析，从不同角度研究市场中的供给与需求，因此，其研究的基本方法是唯物辩证法。马克思也运用了抽象到具体的方法，指出资本主义社会供给与需求的矛盾是生产的相对过剩和广大劳动群众有支付能力的消费不足的根本原因。而供给学派则是在让·巴蒂斯特·萨伊研究的基础上，忽略需求的研究，仅仅将供给作为研究重点，其主张的政策和观点也是从供给角度鼓励生产，把生产与消费即供给和需求画等号，并提出在自由资本主义市场体制下，供给与需求会始终保持平衡的状态。

2. 得出的结论不同

虽然马克思与供给学派的研究方向有一定的相似之处，但是，他们的研究所得出来的结论是不尽相同的。马克思在供需平衡理论中指出：资本主义社会的经济危机是资本主义生产相对过剩和有效需求不足共同作用的结果。因此，供给和需求矛盾的根源是资本主义生产关系决定的有效需求不足，故只能从生产关系入手，通过彻底改变资本主义生产关系，实行按计划分配劳动时间，有计划地劳动，才能从根本上克服资本主义生产的无政府状态。供给学派则只对市场供给与需求的表象进行了分析，忽略了社会生产关系。因此其得出的结论是：经济危机是由于供给不足，应该刺激生产。提出要从供给与需求可自动均衡出发，主张减少政府干预，实施结构性减税、削减社会福利等措施，以增加供给，形成新的供给。

我国的供给侧结构性改革是在研究了大量宏观调控理论和一些国家的实践，并结合我国具体情况的基础上提出的。马克思的供需平衡理论是马克思主义经济理论的重要组成部分，它不仅科学地揭示了资本主义社会特殊的经济规律，也科学地揭示了人类社会经济发展的一般规律，是中国特色社会主义经济发展的指导思想。

马克思认为，在生产（供给）、分配、交换、消费（需求）这四个环节中，生产起着决定性作用，生产决定分配，也决定交换和消费，分配、交换和消费又反过来影响着生产。马克思指出："生产直接是消费，消费直接是生产，每一方直接是他的对方。""没有生产，就没有消费，但是，没有消费，也就没有生产，因为如果这样，生产就没有目的。"因此，必须始终高度重视生产在社会发展中的决定性地位，始终把推动生产力发展作为最主要的任务。从这个意义上来说，推动供给侧结构性改革，是解放和发展生产力的需要。但同时，我们也必须高度重视分配、流通和消费对生产的巨大反作用，不能把生产和消费即供给侧与需求侧两个方面割裂开来。只有从马克思主义政治经济学的基本理论和方法出发，才能正确把握和理解供给侧结构性改革的深刻意义，避免自觉或不自觉地陷入西方经济理论的陷阱之中。所以，供给侧结构性改革是马克思供需平衡理论的当代发展，在推进我国供给侧结构性改革的过程中，必须遵循马克思供需平衡理论的指导。

（二）科技创新角度下对创造均衡的思考

科学技术特别是科学技术革命是"在历史上起推动作用的革命力量"。马克思曾经对科学技术在历史中起到的伟大作用做过形象的概括，其认为科学是"历史的有利的杠杆"，是"最高意义上的革命力量"。因此科学技术作为先进生产力的代表，推动着社会发展和人类文明的进步。但是科学和技术不能一概而论，技术是指生产技术，即人类改造自然、进行生产的方法与手段，是一种生产性、实践性活动。而科学活动主要是一种认识活动或精神性活动。马克思讲过近代分工、蒸汽机和机器的应用，是"18 世纪中叶起工业用来摇撼旧世界基础的三大伟大杠杆"。其实马克思说的分工，蒸汽机就是科学和技术两个方面的事情。生产力的提高离不开科学技术的进步，这可以从两个方面来说，一方面是技术进步提高了生产水平，也就是生产边界的扩大。另一方面则是科学是效率的体现，亚当·斯密提出过分工学说，讲述的就是这个道理。当然效率包括很多种，有技术效率、管理效率、规模效率，这些虽然不是纯技术的增长，但也能带来生产力的提高。供给侧结构性改革是以生产力为标准的社会变革，科技创新无疑是提高生产力的最有力的力量。但我们在大力宣传科技创新的同时，也要了解科技创新的破坏性和理解偏差。

1. 科技创新对供给侧本身产生的深刻影响主要体现在两个方面

一方面是改变社会的生产方式，例如人工智能可以替代部分人力劳动，这种生产方式将使大量劳动力从原有岗位解放出来，使社会从机械自动化走向智能自动化，而这种智能化的趋势最终会走向大系统管理控制自动化的根本性变革。另一方面是科技创新可能改变社会的经济结构、产业结构。科技创新能推动传统产业现代化，导致就业结构的变化。例如近年来随着科技进步，第三产业迅速发展，当前第三产业的发展对我国经济起着主导作用。同时科技技术推进生产规模扩大，进而促进了生产的分工和协作的广泛发展，所以生产社会化的程度会进一步提高，这最终会导致生产关系的变革。

2. 科技创新也会通过对需求侧的改变来影响供给侧，人们的生活方式将因为科技创新产生巨大的改变

例如现代科技革命把人们带入了信息时代，人们可以利用现代化的交通、通信等手段，使得人们的交往圈大大扩大。而劳动生产率的提高，又会使人们的闲暇时间增多，这也会为人们自由全面的发展创造机会。与此同时，科技创新还能引起人们思维方式的变革。科技革命首先通过改变媒介促使思维方式

的发展，如扩大了人们的交往空间，开阔了人们的眼界。新的科学理论和技术手段通过影响劳动主体、劳动客体和劳动工具，最终引起思维方式的变革。而这些变化都会促使供给端的改变。

3. 经济学家熊彼特曾经提出一个观点叫作"创造性破坏"，他认为每一次大规模的技术革命都会淘汰旧的技术和生产体系

事实也是如此，当一个新的产业兴起后，可能会削弱其他产业的部分甚至全部利润。正如数码相机的兴起打垮了胶片巨头柯达；智能手机的兴起打败了当时传统手机龙头诺基亚；网上购物的兴起对实体门店造成了一定的冲击。从工资角度来看，科技创新的行业和部门可直接影响就业和工资收入的变化，而消费也是受到了就业和工资变化的影响，消费的变化又会重新影响供给方，从而会对生产系统产生影响。另外，如果需求跟不上科技带来的生产力增长，那么可能出现经济过热的现象，科技创新带来的增长将被抵消，从而出现经济下滑，进而导致相关产业大面积失业的情况。经济学家加尔布雷曾经说过：维持巨大的生产能力与其说是满足需求，倒不如说是为了解决就业，因为工人工资的增长又催生了巨大的消费市场，尤其是消费者信用的扩张，导致需求进一步放大，这又反过来维持着巨大的生产能力。

4. 科技创新的本质是提高生产效率和提升产品质量，其最大贡献莫过于通过改造和升级产品的使用价值来体现

众所周知，供给侧结构性改革是强调生产端的变革，消费者对产品的需求已经饱和，也就是当商品的使用价值已被充分利用的时候，商品也就没有多少额外的使用价值可以深挖，那么交换价值就会变成价值的唯一体现了，这时在原有商品的基

础上炒概念就会发生。这种没有使用价值的炒作方法，固然也好似一种增加投资和拉动消费的做法，但是毕竟不是真正意义上的创新。目前我国供给侧结构性改革面临的创新问题就是这个问题，本质上商品的创新是在其使用功能上进行革新，但是在交换价值上反复“编造故事的做法”只是个例，除非这个故事能说得完全深入人心，并让人们亘古接受，事实上这样的行为犹如走在路上捡到钱一样是极小概率事件。但是当一个经济体大部分的创新都来自交换价值，本质上生产力是没有提高的，最多是多卖了几件有故事的产品而已。更糟糕的是这种通过煽动性的广告词和推销手段来勾起人们的需求的生产会掩盖其改造的动力，延缓改革的进度。

第四节 服务实体：当前金融供给侧结构性改革的路径与方向

当前，我国经济发展正处于新旧动能的转化时期，通过金融供给侧结构性改革，助力产业结构优化，从而实现我国经济的高质量发展，是当前时代赋予整个金融体系的命题。改革开放至今，我国经济发展大步迈进，监管政策、资本市场乃至整个国家金融体系已逐渐走向成熟，习总书记指明的深化金融供给侧结构性改革道路，将进一步推动我国金融体系"脱虚向实"。在当前实体经济需求多样、银行贷款等间接融资不能完全满足需求的前提下，金融供给侧结构性改革还能够完善资本市场体制，实现不同资金供求方的市场供需对接。

在当前金融资源的配置上，供给端效率低下、"产能"过剩的问题较为常见。现金流稳定、行业发展成熟的大型或国有企业受益于其较好的信用状况和间接融资市场上较高的授信额度，融资便利度和成本优势明显，而处于成长阶段的中小民营企业往往受制于自身的资产规模和尚未兑现的盈利能力，面临着"融资难、融资贵"等问题。

一、深化金融供给侧结构性改革的必要性与重要性

（一）中小民营企业的融资需求更加迫切

中小民营企业在我国经济中总量占比较大，但个体力量小，经营中存在着较高的不稳定性。在间接融资市场，商业银行的“惜贷”现象较多。当前，我国经济正在由高速发展转向高质量发展，在大型国有企业的支柱地位被不断夯实的背景下，中小微民营企业的重要性也在不断凸显。据南方日报社与中博会组委会秘书处近期联合发布的《中小企业高质量发展现状调研报告》称，中小企业作为我国企业群中数量最大、最具创新活力的企业群体，完成了全国65%的发明专利，开发了75%的新产品，已经成为推动我国经济高质量发展不可忽视的力量。近年来，我国中小企业“融资难、融资贵”的问题得到了一定缓解，但总量依然突出。据2018年上半年数据显示，我国民营企业的总融资规模仅达到国有企业的54.42%，考虑到民营企业的大基数，民营、中小微企业的“供血充足”难有保证。要解决这一问题，除间接融资市场的利率端缓解，借助资本市场扩充中小民营企业的融资渠道，拼齐多元化资本市场中缺失的中小企业融资平台拼图也是解决中小企业“融资难、融资贵”的重要方式。帮助中小企业尽快摆脱“规模小、力量弱”特点的同时，发挥其在增加投资、保障就业、拉动消费等方面的卓越作用，是金融供给侧结构性改革服务实体战略的重要一步。

（二）新兴产业有更高的直接融资需求

遵循经济发展的周期趋势，5G、人工智能的全新信息时代

有望加速到来。着眼当前国际形势，无论中美贸易局势如何变化，我国“半导体自主可控”“芯片国产替代”及医药的自主研发在经济发展中的重要战略地位都不会改变。新兴产业是推动经济高质量发展，拉动“中国制造”转向“中国创造”的关键力量。在产业的成长过程中，需要构建全新的业态和全新的商业模式，前期投入大、发展周期长，且盈利不确定性较强（现金流不稳定），使得新兴产业被打上了“高风险”的标签。在科创板的战略构想被提出以前，处于“青春期”的优质新经济企业往往被我国融资市场挡在门外。

（三）金融供给侧结构性改革支持国家产业结构升级

企业在资本市场融入的资金归根结底来自投资者，引导投资者间接支持国家的产业结构升级，是金融供给侧结构性改革的又一重要方面。在投资意识上，当代投资者早已将对财务报表的单方关注转化成对企业中长期盈利能力的长远要求。环境污染、气候变化、生态保护政策等外部因素已被纳入了投资者的基本考量范畴。在某种意义上，当前制约可持续发展的首要矛盾在于经济增长与环境保护之间的目标分歧，2015 年以来，供给侧结构性改革颇有成效，“三去一降一补”成果明显，深化金融供给侧结构性改革，也应与可持续发展的理念相结合。

二、新三板实现对中小民营企业的滴灌

新三板是我国多层次资本市场体系的重要组成部分。当前，我国多元资本市场包括主板、创业板、场外柜台市场及产权市

场。新三板市场的设立，是政策对中小微民营企业融资的定向倾斜，是引导资金流向实体的重要成果。在战略定位上，由于上市挂牌的条件较为宽松，新三板往往被看做主板、创业板等市场的前台，是为有潜力的但未达到场内市场上市条件的企业提供的缓冲和跳板。

新三板有成绩，也有局限。根据中小企业股权转让系统数据，2017 年以来的两年半时间中，近 80 家新三板上市企业实现了转板，其中大部分企业归属于科技、材料等新兴产业。新三板作为多元化资本市场的“中小民营”拼图，战略意义突出。

新三板发展时间较短，发展中存在的问题逐步显现。近年来，新三板的挂牌企业数量始终保持在 10000 家左右，但从 2017 年起有所减少。截至 2019 年 6 月 30 日，新三板挂牌上市企业总计 9921 家，较 2018 年同期减少 1187 家，降幅 10.69%，市场融资总股本也相应下降 8.60%，市场的融资活力整体下行。

因此，当前新三板的融资功能尚未全部发挥。究其原因，不难发现，中小企业登陆新三板后实质交易量低下，较低的流动性易滋生系统性风险，使市场的资源配置功能受到阻滞。而相对的，新三板的投资者准入门槛较高，机构投资者是主体；而新三板信息披露制度宽松且信息披露质量较低，进一步压低了机构投资者的投资热情，压制了交易量。

新三板的市场制度将在探索中完善。首先，为更好地发挥新三板的“前台”作用，需更多打通多元资本市场间的互联互通，完善转板机制。通过新三板市场，企业完成初级阶段融资，继而进入场内市场，为其业务拓展、产业链整合提供进一步的资金支持。其次，激发机构投资者信心，完善信息披露制度，从单个市场板块出发，完善资本市场乃至整个金融市场的信用体系：投资者希望看到的是有实力、有潜力的挂牌企业，信息披露是桥梁。在统一标准、严格要求的基础上，注重差异性；在注重企业经营能力的同时需注意维护企业决策的独立性。最后，通过完善交易机制来激发市场活力。做市商制度是当前新三板交易制度的核心，通过做市商制度完善新三板交易的延续性，从而激发新三板市场的融资活力。

三、绿色金融实现对投资者的引导

（一）绿色金融已成为推动我国经济保质保量发展的核心要素

金融供给侧结构性改革的另一重要意义是能够使经济发展的速度、规模与生态环境系统相协调、相适应。在金融"赋能"实体的过程中，绿色金融实现对经济发展的推动有两个途径：一是引导资金投入绿色项目，确保所涉项目能够产生节能减排、污染治理等环境效益；二是引导资金投向绿色主体，鼓励绿色企业的生产经营，扩大绿色产品和服务的供给。

从近年政策来看，我国正积极引导绿色金融支持产业升级：2012 年以来，我国金融资本"绿化"战略与政策呈两个明显趋势，一是进一步鼓励社会资本参与能源产业建设和发展，二是通过绿色信贷、绿色信贷资产证券化、绿色债券、绿色基金、绿色保险、能源期货、绿色担保、新能源产权交易、用能权和碳排放权交易，以及环境权益交易等绿色金融手段推动清洁能源发展，以推动中国能源结构调整和产业升级。

（二）金融中介机构是推动绿色金融发展的有生力量

证券公司通过承销企业和公司债券为能源企业、公用事业融资。根据 Wind 数据显示，截至 2019 年 7 月，我国存量绿色债券共 627 支，规模总计 8746.03 亿元，其中能源、公用事业相关的绿色债券 158 支，规模总计 1596.11 亿元，占当前绿色存量债务的 18.25%，投资规模较大的领域依次为太阳能、风能、水能、核能、地热能和生物质能，发行主体多为中央国有企业或地方国有企业。绿色债券是资本市场在我国能源结构升级中的合理引流、精准滴灌，通过加强非常规化石能源的开发和利用及应用碳捕捉和储存技术，推动传统化石能源到清洁能源的转换，从而，推进清洁能源发展，加强智能电网建设，为实现 2030 年非化石能源发展目标奠定基础。

在我国，参与绿色金融发展的基金公司主要是丝路基金、中非发展基金及工银瑞信基金等商业性基金。其中，丝路基金、中非发展基金旨在贯彻落实中国政府支持国际能源合作倡议，后者侧重能源产业结构调整的战略发展和自身金融资产的配置。2014 年，丝路基金成立以来，先后在巴基斯坦、俄罗斯、阿联酋和埃及投资了 4 个能源相关建设项目；中非发展基金在加纳投资了电力基础设施建设。

保险公司参与绿色金融的方式，主要是为能源企业、能源项目和能源产品提供保险服务。通过保险的方式控制相关风险，推动能源项目的顺利进行和能源产品的推广。中国人民财产保险、太平洋财产保险、昆仑保险等我国主要保险公司均有相关业务。例如，中国人保负责承保水电、生物质及核电等清洁能源项目，太平洋财险负责承保核电、风电及光伏发电项目。而昆仑保险作为中石油控股的保险公司，负责承保能源险、责任险、工程险、特殊风险保险等专门险种。

（三）我国绿色金融发展的局限性与相关建议

当前，在我国绿色金融助推金融供给侧结构性改革的过程中，绿色金融产品创新能力较为有限。当前绿色金融市场的主要份额仍是绿色信贷，以绿色证券为首的高流动性产品所占比重仍然偏小。此外，企业的融资难度也存在一定的分化，中小环保企业的融资困境并不能通过绿色金融完全解决。

未来，发展绿色金融离不开金融管理机构专业化和监管的常态化，制度完善是发展的基础。2019 年新出台的《绿色产业指导目录（2019 版）》进一步明确行业标准和社会责任，明确绿色金融相关的信息披露机制和风险评估标准。未来，随着绿色金融中长期发展平台的搭建，创新性的绿色金融的产品价值值得期待，绿色金融对金融供给侧结构性改革的贡献将进一步提高。

四、科创板实现对新兴产业的赋能

（一）赋能新兴产业的"新兴"制度

在制度上，科创板是我国金融供给侧结构性改革活力的体现。科创板从 2018 年 11 月提出到 2019 年 7 月 22 日正式开市，展现出前所未有的高效，制度供给方面的效率明显提升。自

2019年3月发审系统正式上线，仅历4个月科创板就迎来正式开市，与现行市场中的IPO“堰塞湖”形成了鲜明对比。而科创板的严格淘汰机制也增加了企业的“流动性”，激发了市场活力，“最严退市制度”与市场的选择功能相结合，使资金能够真正流向高质量的新兴实体，推动经济的高质量发展。

注册制“试点”是科创板的另一机制创新。IPO注册制属于国际资本市场的惯例，以信息披露为中心，以市场化选择为主要手段、以法治化环境为重要前提，因此也成为国家资本市场，乃至国家金融体系成熟的标志。注册制的本质，是发挥市场基础性的决定作用，让“卖者有责，买者自负”的市场平衡成为可能。

证券公司的子公司跟投制度是科创板和注册制试点之外的另一创新。根据上交所发布的《科创板股票发行与承销业务指引》，跟投子公司需要是发行人的保荐机构或其母公司依法设立投资子公司，且跟投资金需要是自有资金，实际上是进一步绑定了保荐机构、投行与申报企业的利益。同时，证券公司的子公司跟投也能帮助保荐机构和投行站在投资者的角度思考，从而在根源上降低了利益冲突对投资者利益的损害，有利于优化整个行业生态和产业的价值链结构。整体而言，金融机构应发挥自身的信息获取能力和研究能力，发掘科创企业的内在价值，确定合理估值，帮助市场发挥功能合理定价，以更好地反映市场预期的价值判断、价值中枢，从而推动资本市场平稳发展。

（二）科创板是我国金融供给侧结构性改革的重大战略举措

当前，我国新兴制造业蓄势待发，一些融资困难的企业却在一定程度上指明了我国经济高质量发展的方向。制度是解决问题的基础。资本市场成功引流灌溉的前提，必然是在金融制度上率先变革，需要金融供给侧结构性改革的鞭策。在我国资本市场建设的初期，上市高门槛、盈利严要求，是保证融资安全、回避风险的必然之举。科创板的设立也标志我国资本市场正在逐步走向成熟。如我们在开篇所提到的论点，金融供给侧结构性改革的必要性源自我国经济发展的新动能。第四次工业革命临近，新兴产业的权重上升，新经济的发展模式、运行特征均已完全不同于传统领域。

科创板出现以前，"碎钞机"企业融资困难是不争的事实，科创板实施差异化上市标准，强调了上市企业的"科创"属性，将研发收入等"成长性"指标列入考量，从而弥补了我国多元化资本市场的短板，为成长中的高科技企业提供了融资与上市的平台。与之前新三板的制度设计相比，更具针对性地确定新兴企业的融资需求，通过资本市场实现国家产业结构的升级，实现了金融进一步服务实体。当然，这种创造性的制度变革力度很大，因此科创板又被称为"试验田"，在开展制度创新供给的同时，为当下的制度和主流市场提供了缓冲空间。

此外，科创板也同时推动了我国金融市场走向国际化。当前，我国国家金融体系的发展渐趋成熟，在满足多层次、不同阶段企业的融资需求方面做出了不同尝试。"北向资金"机制的设立，A 股在 MSCI、富时指数中权重的提升，使我国资本市场逐渐实现了与国际市场的互通联动。此外，科创板的平稳发展也可考虑吸取国外市场的先进经验。当前科创板处于开板初期，新股正集中涌向市场，申报企业上会的过会率非常高。推动新股在市场平稳运行，对标纳斯达克等发展时间较长的海外市场，改善投资者结构，更多吸引机构投资者，推动市场健康发展，更好的发挥“改革试验田”的作用。

在助推产业结构升级方面，新兴制造业是经济动能转换的主要驱动力，能够使国家的工业制造业发生根本性改变。我国在全球工业体系中的竞争优势明显，发展新兴制造业的战略意义不言而喻。在科技创新时代，自动化、智能化已成为制造业发展的主流趋势，更高的科技附加值需要前期更高的研发投入，巨大的资金需求需要更加完善的资本市场，因此需要更加深入的优化金融资源供给。在当前科创板申报的144家企业中，新一代信息技术产业企业占比43.26%，高端装备制造企业占比17.73%，多元化的资本市场对我国新兴制造业的实际助推作用已初步凸显，科创板使金融的供给端直接面向高新技术产业和战略新兴产业，契合产业结构升级的大方向。

（三）对科创板未来发展的建议

科创板制度的创新性赋予了其风险性。科创板设立初期，制度设计系统全面，对初期的市场平稳运行形成有力保障。但科创板作为全新探索，不可能是完美的市场。首先，科创板审核发行中的差异化上市标准降低了对上市企业的盈利能力要求，开板初期，盈利能力难以为投资者提供太多的有效参考，在注册制相对自由、涨跌幅设置放宽的条件下，主题炒作或会成为市场震荡的一个风险点。而企业经营中本就不同程度潜在的业绩亏损风险也被市场一定程度地放大，例如技术研发瓶颈、“科技迭代”都会使“新经济”公司陷入困境。

科创板在未来的建设中健全交易规则，激发市场自身的价格功能和资源配置功能是发展的关注点。现行的发行承销机制、融资融券机制、风险预警制度基础有余但包容不足。科创板上市标准的差异化安排，增加了市场对不同企业融资需求的覆盖，但随之增加了各项制度的复杂性，"试验田"走向成熟，需要在探索中不断解决问题。例如，针对科创板涨跌幅前五日不设限的机制，可以考虑适当引入熔断机制及相关配套措施以维护市场稳定，以避免在市场发生剧烈异常波动时，投资者恐慌性杀跌，对冲市场负面情绪。此外，市场稳定需要监管从严，细化惩罚细则，打击异常交易，对于新股恶性炒作、操纵市场等行为严惩不贷，提高资本市场的违法违规成本，保护投资者的合法权益。

五、防范金融风险与实体经济发展密不可分

在中共中央政治局"完善金融服务、防范金融风险"的第十三次集体学习上，习近平总书记指出："防范化解金融风险特别是防止发生系统性金融风险，是金融工作的根本性任务。"诚然，风险是资本市场活力受限、中小企业融资难度较高的根源，包括资本市场乃至整个金融体系中的系统性风险及融资企业个体的非系统性风险。防范化解金融重大风险是促进我国经济高质量发展的重要步骤，而实体经济健康发展又是防范化解风险的基础，两者相辅相成，密不可分。

2008 年国际金融危机以来，我国金融业的发展相对稳定，金融的"血脉"作用发挥良好，但近年，部分金融风险隐患显现。首先，地方政府融资平台风险提升，部分债券按期兑付较

困难，此类安全隐患的单体规模或许不大，但较广的牵涉面易引发市场中的连锁反应。而处于当前经济周期阶段，部分行业甚至新兴产业都存在着产能过剩，致使行业内金融资产不良率有所抬升，如金融资源供给不能及时优化，区域生态环境可能出现恶化，导致未来金融企业供血实体的效率低下。

防范化解重大风险需要制度保障和监管发力。当前，我国政策面整体宽松，财政积极在投资、消费及进出口三方面驱动创新，政策推动中小民营、新兴产业成为经济增长的主力军。近年来政策逐步梳理我国金融体系的管理架构，运营管理中“粗放”的风格已然转变，我国多元化资本市场的格局已初步形成。股市、债市乃至期货市场中，参与者广泛，交易机制也较为复杂，系统把握三大攻坚战的部署要求，需要率先完成制度的底层构建，在基础制度上守住系统性风险的底线。在具体的措施上，企业证券的上市和发行过程中，应加强相关企业的动态监控，合理评估、逐步完善针对高风险项目、高风险主体的监督系统，及时督导相关公司制定应急预案，完善投资者保障机制，不让投资者为企业的风险买单。例如，针对 2018 年以来的债券暴雷现象，监管部门可进一步与交易所、自律组织共同建立债券市场风险监测与处置体系，除加强发行人的信息披露制度建设和质量把控，也对债券相关的增信、评级等第三方背书加强监督，防风险于未然。

六、供给侧结构性改革终将助推经济高质量发展

无论是传统过剩行业去产能还是金融供给侧结构性改革，

均强调了资本市场推动经济高质量发展的本质。金融供给侧结构性改革强调从结构上增加有效供给，通过对资本市场整体的合理引流，金融企业能够更好地把握与实体经济的本源关系，从而更好地将投资者资金运用到国家战略性产业之中。金融供给侧结构性改革实质上与供给侧结构性改革一脉相承，旨在激发我国经济发展的创造力，解放生产力。资本市场在金融供给侧中，能够向新兴产业提供精准的金融支持，内在推动我国战略产业的绿色发展。新三板、绿色金融及科创板是我国金融供给侧结构性改革的伟大探索，每一步都拉动金融切实地支持实体经济发展。金融供给侧结构性改革也以创新与防风险并重为导向，持续进行与深入。未来，我国金融市场的面貌必将焕然一新，为产业结构升级、经济高质量发展起到更为积极的作用。

第五节 供给侧结构性改革升级版：要素市场化配置改革

2020 年 3 月 30 日，为深化要素市场化配置改革，促进要素自主有序流动，提高要素配置效率，进一步激发全社会的创造力和市场活力，推动经济发展质量变革、效率变革、动力变革，中共中央、国务院发布《关于构建更加完善的要素市场化配置体制机制的意见》（以下简称“文件”）。文件主要从推进土地要素市场化配置、引导劳动力要素合理畅通有序流动、推进资本要素市场化配置、加快发展技术要素市场、加快培育数据要素市场等五个方面来对要素市场化改革进行详细的定义，具体规定和意义如下。

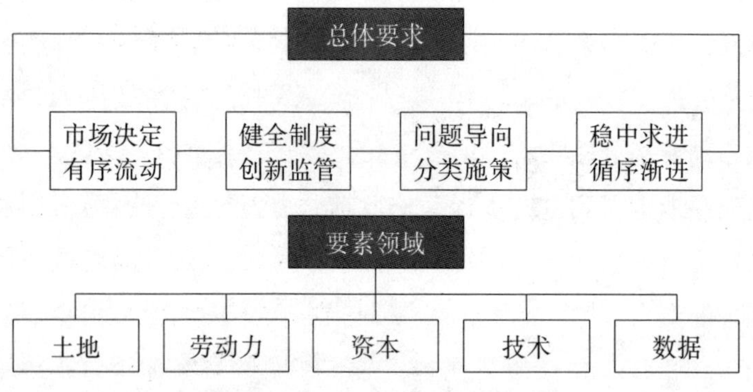

图 5－30　关于构建更加完善的要素市场化配置体制机制的意见

一、推进土地要素市场化配置

在土地要素市场化配置方面，首先，文件明确提出要"建立健全城乡统一的建设用地市场"，改变此前土地市场合法流通渠道闭塞的状况。此前，我国农业用地转化建设用地的限制较多，且必须以征地为主要手段，这就导致，一方面集体建设用地的利用方式较为粗放，总体经济效益并未得到有效发挥；另一方面，土地资源流转活力较低，集体建设用地的高效配置受到阻碍。针对"征地"问题，文件提出，将建立公共利益征地的相关制度规定；还特别提到，要"制定出台农村集体经营性建设用地入市指导意见"，并要求"完善土地利用计划管理，增强土地管理灵活性，推动土地计划指标更加合理化"，预计后续农村集体建设用地的经济效益将得到有效发挥。

借力此次要素市场化，"土改"再发力。文件在推进土地要素市场化配置方面，强调完善土地管理体制，并"增强土地管理灵活性，推动土地计划指标更加合理化，城乡建设用地指标使用应更多由省级政府负责"；进一步赋予省级政府在土地使用上的自主权，在一定程度上缓解了未来地方财政压力，增加地方政府基金性收入，均衡中央、地方的财政收入分配。此外，基建用地也得到进一步保障，此前很多基建项目因为占用基本农田，需要报国务院审批，审批权下发后，赋予试点城市灵活处理的能力。考虑到企业的拿地成本及融资能力，房企当前对于"招拍挂"的传统拿地模式偏好较低，文件有望对后续基建项目用地形成有力保障，新老基建开工将形成强大的经济拉力。

二、引导劳动力要素合理畅通有序流动

在促进劳动力及人才的流动上，文件提出要“健全统一规范的人力资源市场体系，加快建立协调衔接的劳动力、人才流动政策体系和交流合作机制”。当前各区域间经济发展的不均衡，人才流动政策的交流不充分，一定程度上对人才的跨区域流动形成不便，影响劳动力、人才的“物尽其用”。文件提出“健全统一的人力资源市场体系”，中长期有利于促进人才的市场化流动，助力区域间经济的均衡发展，实现城市间“先富带动后富”。

近年来，我国较强的劳动力优势已逐步转化为“工程师优势”；同时随着国内技术环境的日益更新，专业技术、技能人才的需求也在日益增强。文件强调“完善技术技能评价制度”，并推进“社会化职称评审”，一定程度上增强了专业技能人才的社会普遍认证，刺激专业技能人才的市场流动。

三、推进资本要素市场化配置

在资本要素市场化配置方面，文件有望助推资本市场改革加速。文件首先提出要“坚持市场化、法治化改革方向”，并提出“改革完善股票市场发行、交易、退市等制度”。2020 年 3 月 1 日新证券法正式落地；依照新证券法规定，要以全面推行注册制为证券发行的基本定位，不再规定核准制，取消发审委，股票市场的基础制度改革得到法律层面确认。此外，文件还明

确要"完善股票市场基础制度""完善投资者保护制度"，完善各市场板块市场建设；2020 年以来，金融委会议三次聚焦资本市场；4 月 7 日金融委会议提出要"发挥好资本市场的枢纽作用，不断强化基础性制度建设"，并首次提出"放松和取消不适应发展需要的管制"的表述，随后在第二十六次、二十八次金融委会议中，政策端对资本市场投资者利益、市场纪律均增强关注。

同时资本要素市场化配置要求金融市场进一步对外开放。文件明确提出："主动有序扩大金融业对外开放"，并"逐步放宽外资金融机构准入条件，推进境内金融机构参与国际金融市场交易"；合理推进资本市场进一步对外开放是资本要素市场化配置的重要部分。近年来，我国资本市场体制趋于成熟，外资对国内资本市场的关注度提升。在 2020 年 5 月 7 日央行、外管局联合印发的《境外机构投资者境内证券期货投资资金管理规定》中，政策端再度提出要"落实取消合格境外机构投资者和人民币合格境外机构投资者境内证券投资额度管理要求"，并对合格投资者跨境资金汇出入和兑换实行登记管理。

除资金层面外，后续金融市场开放有望"由点到面"铺开。2020 年 5 月 14 日，中国人民银行、中国银保监会、中国证监会、国家外管局发布《关于金融支持粤港澳大湾区建设的意见》（以下简称"意见"）发布，与要素市场化配置机制方案一脉相承。意见着重强调"促进粤港澳大湾区跨境贸易和投融资便利化"，金融市场对外开放"双向发展"。回顾要素市场化配置意见，要求"逐步推进证券、基金行业对内对外双向开放，有序推进期货市场对外开放"，意见在粤港澳大湾区将金融市场的双向开放进一步落实。

“引进来”。意见首先明确“支持港澳银行等金融机构拓展在粤港澳大湾区内地的发展空间”，并对在粤港澳大湾区内地设立的金融资产投资公司和理财公司不设外资持股比例上限。其次，意见明确“扩大证券业开放”，支持在粤港澳大湾区内地依法有序设立外资控股的证券公司、基金管理公司、期货公司；并支持外资在粤港澳大湾区内地设立保险机构。

“走出去”。意见支持各类符合条件的银行通过新设法人机构、分支机构、专营机构等方式在粤港澳大湾区拓展业务；支持内地非银机构与港澳地区开展跨境业务，同时外汇管理部门也将会同证券监督管理机构试点证券期货经营机构跨境业务。国内金融机构也有望借力粤港澳大湾区平台，探索新增海外业务，增强金融行业的国际市场竞争力。

此外，意见以多种方式直接推进人民币的国际化进程。首先，文件支持设立人民币海外投贷基金，为国内企业“走出去”开展投资、并购提供投融资服务；其次，支持粤港澳大湾区内地金融机构在开展跨境业务时使用人民币进行计价结算；并在粤港澳地区推动离岸人民币市场发展；中长期有利于维护我国外汇储备的稳定性，降低企业的外汇风险。

四、加快发展技术要素市场

完善技术要素流动的市场基础制度。文件提出，“健全职务科技成果产权制度”，强化知识产权保护和运用，并试点“开展赋予科研人员职务科技成果所有权或长期使用权”；旨在保护我国先进技术成果，进一步激发科研机构、人员的研发动力。

此外，对科研项目的整体流程全面覆盖，从立项到成果全面实施完善。首先，文件提出要"改革科研项目立项和组织实施方式"，以目标、成果为导向，对项目实行多元化支持。其次，为顺畅科技成果转化过程，文件提出"加强科技成果转化中试基地建设"，并"建立市场化社会化的科研成果评价制度，修订技术合同认定规则及科技成果登记管理办法"，后续科技创新资源有望实现"快速进展""综合评价""加速转化"。

人才和资本是技术要素发展的关键要素，文件提出"培育发展技术转移机构和技术经理人"和"促进技术要素与资本要素融合发展"。在保障专业人才方面，除优秀的科研人才外，文件也对技术经理人和国家技术转移人才重点强调。近年来，我国巨大的人口红利已逐步转化为"工程师红利"，科研人才储备丰富；此次文件对技术转移和技术经理人的重要性进行强调，有望加速我国先进科研成果的转化，增强科研成果贡献经济的转化效率，为我国技术要素的市场化配置创造条件。

资本除了是技术要素的重要资源外，本身也具有"逐水草而居"的特点，加速技术要素与资本融合发展，有望使技术要素更加贴合我国产业结构升级的大趋势。文件提出"积极探索通过天使投资、创业投资、知识产权证券化、科技保险等方式推动科技成果资本化。鼓励商业银行采用知识产权质押、预期收益质押等融资方式，为促进技术转移转化提供更多金融产品服务"。

五、加快培育数据要素市场

数据要素市场化配置方面，相对于土地、劳动力、资本、技术而言，数据作为一种新的生产要素其市场化配置手段相对不成熟。意见提出了关于数据要素市场化配置的三点政策。一是推进政府数据开放共享。利用政府长期积累的大量权威数据资源，构建数据共享平台。利用数据共享平台，促进政府各地区各部门之间的联合协作。同时，数据开放会增强数据的流动性，需要制定公共数据开放和数据资源有效流动的制度规范。二是要提升社会数据资源价值。政府数据的开放共享，能将数据利用到实际中去，实现了数据的真实价值，从而促进了培育数字经济新产业、新业态和新模式的步伐。三是加强数据资源整合和安全保护。易泄漏是数据要素与传统生产要素的主要区别之一。当前在数据隐私保护和数据产权界定方面还存在困难。通过制定数据隐私保护制度和安全审查制度。推动完善适用于大数据环境下的数据分类分级安全保护制度，加强对政务数据、企业商业秘密和个人数据的保护。构建数据要素治理体系，可以确保市场公平竞争与健康运行。完善的监管体系使得数据资源有助于催生出更多新产业和新业态，从而实现经济高质量发展，为经济发展带来新动力。

数据作为数字经济最核心的资源，被意见首次纳入生产要素之中，足以说明数据作为一种生产要素在经济发展中发挥着越来越重要的作用。在互联网和大数据时代，数据具有的可复制性、共享性、非消耗性等独特性质，相较于其他生产要素势必会给经济高质量增长带来更大的可能性。

数据经济的发展是由互联网为代表的新一轮科技革命和产业革命引领，人工智能、区块链、云计算、大数据、物联网等新兴技术成为各国竞争的战略高地。近年来随着热点聚焦于数字经济，政府制定了大量的相关政策以适应行业发展的需要，包括云计算、大数据、物联网等子板块。政策内容主要涉及相关板块发展战略规划，发展目标以及对相关板块的监管。

表5-4 云计算、大数据和物联网政策梳理

时间	发布机构	相关文件	相关政策内容
2015.1	国务院	《国务院关于促进云计算创新发展培育信息产业新业态的意见》	到2017年，实现云计算在重点领域的应用得到深化，产业链条基本健全。到2020年，云计算成为我国信息化重要形态和建设网络强国的重要支撑
2015.8	国务院	《促进大数据发展行动纲要》	加快政府数据开放共享，推动资源整合，提升治理能力。推动产业创新发展，培育新兴业态，助力经济转型。强化安全保障，提高管理水平，促进健康发展
2016.3	环境保护部办公厅	《生态环境大数据建设总体方案》	通过推进数据资源全面整合共享，加强生态环境科学决策，创新生态环境监管模式，完善生态环境公共服务，统筹建设大数据平台来构建生态环境大数据总体架构即为"一个机制、两套体系、三个平台"。未来五年，将实现生态环境综合决策科学化，监管精准化，公共服务便民化

（续表）

时间	发布机构	相关文件	相关政策内容
2016. 6	国务院	《关于促进和规范健康医疗大数据应用发展的指导意见》	到 2017 年年底，基本形成跨部门健康医疗数据资源共享共用格局。到 2020 年，建成国家医疗卫生信息分级开放应用平台并依托现有资源建成 100 个区域临床医学数据示范中心
2016. 7	国土资源部	《关于促进国土资源大数据应用发展的实施意见》	到 2018 年年底，在统筹规划和统一标准的基础上，丰富与完善统一的国土资源数据资源体系，初步建成国土资源数据共享平台和开放平台。到 2020 年，国土资源数据资源体系得到较大丰富与完善。国土资源数据实现较为全面的共享和开放。国土资源大数据产业新业态初步形成
2016. 10	农业部	《农业农村大数据试点方案》	推进涉农数据共享，开展单品种大数据建设，探索市场化的投资、建设、运营机制，推动农业农村大数据应用。到 2019 年年底，实现数据共享突破，单品种大数据建设，市场化投资、建设和运营机制、大数据应用的突破
2016. 10	国务院	《“健康中国 2030”规划纲要》	全面建成统一权威、互联互通的人口健康信息平台，规范和推动“互联网 + 健康医疗”服务，创新互联网健康医疗服务模式。加强健康医疗大数据应用体系建设，推进基于区域人口健康信息平台的医疗健康大数据的开放共享、深度挖掘和广泛应用

（续表）

时间	发布机构	相关文件	相关政策内容
2016.12	国务院	《"十三五"国家信息化规划》	建立统一开放的大数据体系。推动物联网感知设施规划布局，发展物联网开发应用，深化物联网在城市基础设施和生产经营中的应用
2017.1	工业和信息化部	《大数据产业发展规划（2016—2020年）》	到2020年，技术先进、应用繁荣、保障有力的大数据产业体系基本形成。大数据相关产品和服务业务收入突破1万亿元（基于现有电子信息产业统计数据及行业抽样估计，2015年我国大数据产业业务收入2800亿元左右），年均复合增长率保持30%左右，加快建设数据强国，为实现制造强国和网络强国提供强大的产业支撑
2017.1	发改委	《物联网"十三五"发展规划》	到2020年，具有国际竞争力的物联网产业体系基本形成，包含感知制造、网络传输、智能信息服务在内的总体产业规模突破1.5万亿元，智能信息服务的比重大幅提升。推进物联网感知设施规划布局，公众网络M2M连接数突破17亿。物联网技术研发水平和创新能力显著提高，适应产业发展的标准体系初步形成，物联网规模应用不断拓展，安全的物联网体系基本成型

（续表）

时间	发布机构	相关文件	相关政策内容
2017.3	工业和信息化部	《云计算发展三年行动计划(2017—2019年)》	提出了未来三年云计算发展应采用的技术增强、产业发展、应用促进、安全保障和环境优化的五项重点行动，同时优化投资融资环境，创新人才培养模式，加强产业品牌打造，推进国际交流合作，为未来云计算发展提供保障。到2019年，实现我国云计算产业规模达到4300亿元
2017.6	工业和信息化部	《关于全面推进移动物联网（NB－IoT）建设发展的通知》	加强NB－IoT标准与技术研究，打造完整产业体系；推广NB－IoT在细分领域的应用，逐步形成规模应用体系；优化NB－IoT应用政策环境，创造良好可持续发展条件
2017.9	水利部	《关于推进水利大数据发展的指导意见》	健全水利数据资源体系，实现水利内部信息联通，推进部门之间数据共享，促进大数据开放与应用，促进新业态发展，支撑水治理体系和治理能力现代化
2017.11	国务院	《国务院关于深化“互联网＋先进制造业”发展工业互联网的指导意见》	推进工业企业内网的IP（互联网协议）化、扁平化、柔性化技术改造和建设部署。推动新型智能网关应用，全面部署IPv6。加快IPv6等核心技术攻关。促进边缘计算、人工智能、增强现实、虚拟现实、区块链等新兴前沿技术在工业互联网中的应用研究与探索

（续表）

时间	发布机构	相关文件	相关政策内容
2018.6	工业和信息化部	《工业物联网发展行动计划（2018—2020年）》	到2020年底，初步建成工业互联网基础设施和产业体系，初步建成适用于工业互联网高可靠、广覆盖、大带宽、可定制的企业外网络基础设施，企业外网络基本具备IPv6支持能力；形成重点行业企业内网络改造的典型模式
2018.8	工业和信息化部	《推动企业上云实施指南（2018—2020年）》	提出了企业上云的原则和要求，并从实施上云路径、强化政策保障、完善支撑服务等层面为推进企业上云进行指导。确定了企业上云的工作目标，到2020年，云计算应在企业生产、经营、管理中的应用广泛普及，全国新增上云企业达到100万家
2018.8	工业和信息化部、发改委	《扩大和升级信息消费三年行动计划（2018—2020年）》	通过组织开展"企业上云"、推进新型智慧城市建设、发布信息技术服务标准（ITSS）体系5.0版、建立基于互联网的"双创"平台等措施，提升信息技术服务能力，促进实体经济向数字化、网络化、智能化方向演进。到2020年，实现中小企业应用云服务快速形成信息化能力，形成100个企业上云典型应用案例
2018.9	卫建委	《国家健康医疗大数据标准、安全和服务管理办法（试行）》	加强健康医疗大数据服务管理，促进"互联网+医疗健康"发展，充分发挥健康医疗大数据作为国家重要基础性战略资源的作用

（续表）

时间	发布机构	相关文件	相关政策内容
2018. 12	工业和信息化部	《车联网（智能网联汽车）产业发展行动计划》	到2020年，实现车联网（智能网联汽车）产业跨行业融合取得突破，具备高级别自动驾驶功能的智能网联汽车实现特定场景规模应用，车联网综合应用体系基本构建，用户渗透率大幅提高，智能道路基础设施水平明显提升，适应产业发展的政策法规、标准规范和安全保障体系初步建立，开放融合、创新发展的产业生态基本形成，满足人民群众多样化、个性化、不断升级的消费需求
2019. 3	上交所	《上海证券交易所科创板企业上市推荐指引》	保荐机构应当优先推荐下列企业：符合国家战略、突破关键核心技术、市场认可度高的科技创新企业；属于新一代信息技术、高端装备、新材料、新能源、节能环保以及生物医药等高新技术产业和战略性新兴产业的科技创新企业；互联网、大数据、云计算、人工智能和制造业深度融合的科技创新企业
2019. 4	工业和信息化部	《关于开展2019年IPv6网络就绪专项行动的通知》	IPv6（互联网协议第6版）改造的三大主要目标，一是获得IPv6地址的LTE终端比例达到90%，获得IPv6地址的固定宽带终端比例达到40%；二是LTE网络IPv6活跃连接数达到8亿；三是完成全部13个互联网骨干直联点IPv6改造

（续表）

时间	发布机构	相关文件	相关政策内容
2019.4	工业和信息化部、国资委	《关于展开深入推进宽带网络提速降费支撑经济高质量发展2019专项行动的通知》	面向物流等移动物联网应用需求，进一步升级NB－IoT（窄带物联网）网络能力，持续完善NB－IoT网络覆盖。建立移动物联网发展监测体系，促进各地NB－IoT应用和产业发展。组织NB－IoT优秀应用案例征集活动，推广典型应用。鼓励行业间、产业链各方加强合作，推动车联网、工业互联网等应用规模发展，支撑智能制造
2019.6	工业和信息化部	《电信和互联网行业提升网络数据安全保护能力专项行动方案》	加快完善网络数据安全制度标准，强化行业网络数据安全管理，创新推动网络数据安全技术防护能力建设。2019年10月底前完成全部基础电信企业（含专业公司）、50家重点互联网企业以及200款主流App数据安全检查
2019.12	交通运输部	《推进综合交通运输大数据发展行动纲要（2020—2025年）》	夯实大数据发展基础，深入推进大数据共享开放，全面推动大数据创新应用，加强大数据安全保障。到2025年，构建综合交通大数据中心体系，为加快建设交通强国，助力数字经济勃兴提供坚强支撑

资料来源：工业和信息化部、发改委、卫建委等政府网站，川财证券研究所

总体来看，以数据为核心的数字经济在我国数字经济总体规模呈现持续增长的趋势，根据中国信息通信研究院测算，2018 年，我国数字经济规模达到 31.3 万亿元，名义增长 20.9%，占 GDP 比重为 34.8%。2008 年至 2018 年，我国数字经济总体规模已实现 20.6% 的年复合增长率，提升传统产业生产效率，为经济发展提供新动力。

附　录

关于构建更加完善的要素市场化配置体制机制的意见

（2020 年 3 月 30 日）

完善要素市场化配置是建设统一开放、竞争有序市场体系的内在要求，是坚持和完善社会主义基本经济制度、加快完善社会主义市场经济体制的重要内容。为深化要素市场化配置改革，促进要素自主有序流动，提高要素配置效率，进一步激发全社会创造力和市场活力，推动经济发展质量变革、效率变革、动力变革，现就构建更加完善的要素市场化配置体制机制提出如下意见。

一、总体要求

（一）指导思想。以习近平新时代中国特色社会主义思想为指导，全面贯彻党的十九大和十九届二中、三中、四中全会精神，坚持稳中求进工作总基调，坚持以供给侧结构性改革为主线，坚持新发展理念，坚持深化市场化改革、扩大高水平开放，破除阻碍要素自由流动的体制机制障碍，扩大要素市场化配置范围，健全要素市场体系，推进要素市场制度建设，实现要素价格市场决定、流动自主有序、配置高效公平，为建设高标准市场体系、推动高质量发展、建设现代化经济体系打下坚实制度基础。

（二）基本原则。一是市场决定，有序流动。充分发挥市场配置资源的决定性作用，畅通要素流动渠道，保障不同市场主体平等获取生产要素，推动要素配置依据市场规则、市场价格、市场竞争实现效益最大化和效率最优化。二是健全制度，创新监管。更好发挥政府作用，健全要素市场运行机制，完善政府调节与监管，做到放活与管好有机结合，提升监管和服务能力，引导各类要素协同向先进生产力集聚。三是问题导向，分类施策。针对市场决定要素配置范围有限、要素流动存在体制机制障碍等问题，根据不同要素属性、市场化程度差异和经济社会发展需要，分类完善要素市场化配置体制机制。四是稳中求进，循序渐进。坚持安全可控，从实际出发，尊重客观规律，培育发展新型要素形态，逐步提高要素质量，因地制宜稳步推进要素市场化配置改革。

二、推进土地要素市场化配置

（三）建立健全城乡统一的建设用地市场。加快修改完善土地管理法实施条例，完善相关配套制度，制定出台农村集体经营性建设用地入市指导意见。全面推开农村土地征收制度改革，扩大国有土地有偿使用范围。建立公平合理的集体经营性建设用地入市增值收益分配制度。建立公共利益征地的相关制度规定。

（四）深化产业用地市场化配置改革。健全长期租赁、先租后让、弹性年期供应、作价出资（入股）等工业用地市场供应体系。在符合国土空间规划和用途管制要求前提下，调整完善产业用地政策，创新使用方式，推动不同产业用地类型合理转换，探索增加混合产业用地供给。

（五）鼓励盘活存量建设用地。充分运用市场机制盘活存量土地和低效用地，研究完善促进盘活存量建设用地的税费制度。以多种方式推进国有企业存量用地盘活利用。深化农村宅基地制度改革试点，深入推进建设用地整理，完善城乡建设用地增减挂钩政策，为乡村振兴和城乡融合发展提供土地要素保障。

（六）完善土地管理体制。完善土地利用计划管理，实施年度建设用地总量调控制度，增强土地管理灵活性，推动土地计划指标更加合理化，城乡建设用地指标使用应更多由省级政府负责。在国土空间规划编制、农村房地一体不动产登记基本完成的前提下，建立健全城乡建设用地供应三年滚动计划。探索建立全国性的建设用地、补充耕地指标跨区域交易机制。加强土地供应利用统计监测。实施城乡土地统一调查、统一规划、统一整治、统一登记。推动制定不动产登记法。

三、引导劳动力要素合理畅通有序流动

（七）深化户籍制度改革。推动超大、特大城市调整完善积分落户政策，探索推动在长三角、珠三角等城市群率先实现户籍准入年限同城化累计互认。放开放宽除个别超大城市外的城市落户限制，试行以经常居住地登记户口制度。建立城镇教育、就业创业、医疗卫生等基本公共服务与常住人口挂钩机制，推动公共资源按常住人口规模配置。

（八）畅通劳动力和人才社会性流动渠道。健全统一规范的人力资源市场体系，加快建立协调衔接的劳动力、人才流动政策体系和交流合作机制。营造公平就业环境，依法纠正身份、性别等就业歧视现象，保障城乡劳动者享有平等就业权利。进一步畅通企业、社会组织人员进入党政机关、国有企事业单位渠道。优化国有企事业单位面向社会选人用人机制，深入推行国有企业分级分类公开招聘。加强就业援助，实施优先扶持和重点帮助。完善人事档案管理服务，加快提升人事档案信息化水平。

（九）完善技术技能评价制度。创新评价标准，以职业能力为核心制定职业标准，进一步打破户籍、地域、身份、档案、人事关系等制约，畅通非公有制经济组织、社会组织、自由职业专业技术人员职称申报渠道。加快建立劳动者终身职业技能培训制度。推进社会化职称评审。完善技术工人评价选拔制度。探索实现职业技能等级证书和学历证书互通衔接。加强公共卫生队伍建设，健全执业人员培养、准入、使用、待遇保障、考核评价和激励机制。

（十）加大人才引进力度。畅通海外科学家来华工作通道。在职业资格认定认可、子女教育、商业医疗保险以及在中国境内停留、居留等方面，为外籍高层次人才来华创新创业提供便利。

四、推进资本要素市场化配置

（十一）完善股票市场基础制度。制定出台完善股票市场基础制度的意见。坚持市场化、法治化改革方向，改革完善股票市场发行、交易、退市等制度。鼓励和引导上市公司现金分红。完善投资者保护制度，推动完善具有中国特色的证券民事诉讼制度。完善主板、科创板、中小企业板、创业板和全国中小企业股份转让系统（新三板）市场建设。

（十二）加快发展债券市场。稳步扩大债券市场规模，丰富债券市场品种，推进债券市场互联互通。统一公司信用类债券信息披露标准，完善债券违约处置机制。探索对公司信用类债券实行发行注册管理制。加强债券市场评级机构统一准入管理，规范信用评级行业发展。

（十三）增加有效金融服务供给。健全多层次资本市场体系。构建多层次、广覆盖、有差异、大中小合理分工的银行机构体系，优化金融资源配置，放宽金融服务业市场准入，推动信用信息深度开发利用，增加服务小微企业和民营企业的金融服务供给。建立县域银行业金融机构服务“三农”的激励约束机制。推进绿色金融创新。完善金融机构市场化法治化退出机制。

（十四）主动有序扩大金融业对外开放。稳步推进人民币国际化和人民币资本项目可兑换。逐步推进证券、基金行业对内对外双向开放，有序推进期货市场对外开放。逐步放宽外资金融机构准入条件，推进境内金融机构参与国际金融市场交易。

五、加快发展技术要素市场

（十五）健全职务科技成果产权制度。深化科技成果使用权、处置权和收益权改革，开展赋予科研人员职务科技成果所有权或长期使用权试点。强化知识产权保护和运用，支持重大技术装备、重点新材料等领域的自主知识产权市场化运营。

（十六）完善科技创新资源配置方式。改革科研项目立项和组织实施方式，坚持目标引领，强化成果导向，建立健全多元化支持机制。完善专业机构管理项目机制。加强科技成果转化中试基地建设。支持有条件的企业承担国家重大科技项目。建立市场化社会化的科研成果评价制度，修订技术合同认定规则及科技成果登记管理办法。建立健全科技成果常态化路演和科技创新咨询制度。

（十七）培育发展技术转移机构和技术经理人。加强国家技术转移区域中心建设。支持科技企业与高校、科研机构合作建立技术研发中心、产业研究院、中试基地等新型研发机构。积极推进科研院所分类改革，加快推进应用技术类科研院所市场化、企业化发展。支持高校、科研机构和科技企业设立技术转移部门。建立国家技术转移人才培养体系，提高技术转移专业服务能力。

（十八）促进技术要素与资本要素融合发展。积极探索通过天使投资、创业投资、知识产权证券化、科技保险等方式推动科技成果资本化。鼓励商业银行采用知识产权质押、预期收益质押等融资方式，为促进技术转移转化提供更多金融产品服务。

（十九）支持国际科技创新合作。深化基础研究国际合作，组织实施国际科技创新合作重点专项，探索国际科技创新合作新模式，扩大科技领域对外开放。加大抗病毒药物及疫苗研发国际合作力度。开展创新要素跨境便利流动试点，发展离岸创新创业，探索推动外籍科学家领衔承担政府支持科技项目。发展技术贸易，促进技术进口来源多元化，扩大技术出口。

六、加快培育数据要素市场

（二十）推进政府数据开放共享。优化经济治理基础数据库，加快推动各地区各部门间数据共享交换，制定出台新一批数据共享责任清单。研究建立促进企业登记、交通运输、气象等公共数据开放和数据资源有效流动的制度规范。

（二十一）提升社会数据资源价值。培育数字经济新产业、新业态和新模式，支持构建农业、工业、交通、教育、安防、城市管理、公共资源交易等领域规范化数据开发利用的场景。发挥行业协会商会作用，推动人工智能、可穿戴设备、车联网、物联网等领域数据采集标准化。

（二十二）加强数据资源整合和安全保护。探索建立统一规范的数据管理制度，提高数据质量和规范性，丰富数据产品。研究根据数据性质完善产权性质。制定数据隐私保护制度和安全审查制度。推动完善适用于大数据环境下的数据分类分级安全保护制度，加强对政务数据、企业商业秘密和个人数据的保护。

七、加快要素价格市场化改革

（二十三）完善主要由市场决定要素价格机制。完善城乡基准地价、标定地价的制定与发布制度，逐步形成与市场价格挂钩动态调整机制。健全最低工资标准调整、工资集体协商和企业薪酬调查制度。深化国有企业工资决定机制改革，完善事业单位岗位绩效工资制度。建立公务员和企业相当人员工资水平调查比较制度，落实并完善工资正常调整机制。稳妥推进存贷款基准利率与市场利率并轨，提高债券市场定价效率，健全反映市场供求关系的国债收益率曲线，更好发挥国债收益率曲线定价基准作用。增强人民币汇率弹性，保持人民币汇率在合理均衡水平上的基本稳定。

（二十四）加强要素价格管理和监督。引导市场主体依法合理行使要素定价自主权，推动政府定价机制由制定具体价格水平向制定定价规则转变。构建要素价格公示和动态监测预警体系，逐步建立要素价格调查和信息发布制度。完善要素市场价格异常波动调节机制。加强要素领域价格反垄断工作，维护要素市场价格秩序。

（二十五）健全生产要素由市场评价贡献、按贡献决定报酬的机制。着重保护劳动所得，增加劳动者特别是一线劳动者劳动报酬，提高劳动报酬在初次分配中的比重。全面贯彻落实以增加知识价值为导向的收入分配政策，充分尊重科研、技术、管理人才，充分体现技术、知识、管理、数据等要素的价值。

八、健全要素市场运行机制

（二十六）健全要素市场化交易平台。拓展公共资源交易平台功能。健全科技成果交易平台，完善技术成果转化公开交易与监管体系。引导培育大数据交易市场，依法合规开展数据交易。支持各类所有制企业参与要素交易平台建设，规范要素交易平台治理，健全要素交易信息披露制度。

（二十七）完善要素交易规则和服务。研究制定土地、技术市场交易管理制度。建立健全数据产权交易和行业自律机制。推进全流程电子化交易。推进实物资产证券化。鼓励要素交易平台与各类金融机构、中介机构合作，形成涵盖产权界定、价格评估、流转交易、担保、保险等业务的综合服务体系。

（二十八）提升要素交易监管水平。打破地方保护，加强反垄断和反不正当竞争执法，规范交易行为，健全投诉举报查处机制，防止发生损害国家安全及公共利益的行为。加强信用体系建设，完善失信行为认定、失信联合惩戒、信用修复等机制。健全交易风险防范处置机制。

（二十九）增强要素应急配置能力。把要素的应急管理和配置作为国家应急管理体系建设的重要内容，适应应急物资生产调配和应急管理需要，建立对相关生产要素的紧急调拨、采购等制度，提高应急状态下的要素高效协同配置能力。鼓励运用大数据、人工智能、云计算等数字技术，在应急管理、疫情防控、资源调配、社会管理等方面更好发挥作用。

九、组织保障

（三十）加强组织领导。各地区各部门要充分认识完善要素市场化配置的重要性，切实把思想和行动统一到党中央、国务院决策部署上来，明确职责分工，完善工作机制，落实工作责任，研究制定出台配套政策措施，确保本意见确定的各项重点任务落到实处。

（三十一）营造良好改革环境。深化“放管服”改革，强化竞争政策基础地位，打破行政性垄断、防止市场垄断，清理废除妨碍统一市场和公平竞争的各种规定和做法，进一步减少政府对要素的直接配置。深化国有企业和国有金融机构改革，完善法人治理结构，确保各类所有制企业平等获取要素。

（三十二）推动改革稳步实施。在维护全国统一大市场的前提下，开展要素市场化配置改革试点示范。及时总结经验，认真研究改革中出现的新情况新问题，对不符合要素市场化配置改革的相关法律法规，要按程序抓紧推动调整完善。

后记

时间仿如白驹过隙，个人从事金融及周期行业研究已近二十年，说长不长、说短也不短，见证过一些行业的暴涨暴跌、苦尽甘来，也亲历过金融资本市场的波峰波谷、牛熊转换，其间感触良多，思考最多、最为关切的一个问题，就是如何把握寻求经济的合理均衡发展。

首先，中国的经济建设成就无疑是巨大的，在几代领导人的掌舵下，先解决了人民群众的温饱问题，“不管白猫黑猫，能抓耗子的就是好猫”更是客观务实地解放了思想、实事求是，接下来的各项金融改革，让中国不但扛住了几轮全球金融危机的冲击，更让一些行业领域全球领先，如基建能力、原材料供给能力、部分关键技术等领域，在如此大的人口基数下，能取得如此成就，勤劳务实的中国人民应当自信。

其次，发展不是永远一帆风顺的，方向虽向上，过程几多艰辛。马克思在《资本论》中早就指出：资本害怕没有利润或利润太少就像自然害怕真空一样。一旦有适当的利润，资本就胆大起来。如果有 10% 的利润，资本就保证到处被使用；有

20%的利润，资本就活跃起来；有50%的利润，资本就铤而走险；为了100%的利润，资本就敢践踏一切人间法律；有300%的利润，资本就敢犯任何罪行。市场的开放，使得很多领域在供给不足的状态下一度蕴含了丰厚的利润，引来持续的产能投放，也富裕了一批从业者。其间发展无论对错，但当一些领域由紧缺走向完全过剩，产品价格暴跌、产业巨额亏损，靠自身市场力量走不出低谷时，完全靠“看不见的手”市场调节就已失效，更需要“看得见的手”——政府强效干预，而这个在中国的钢铁、煤炭、有色、建材、电力等领域更为迫切。我们不仅有一本经济账，还有一本环保账，如果加上这本“账”，供给侧结构性改革就显得更加必要，且实事求是、着眼长远。

再次，当前全球经济随着地缘政治影响、中国崛起而充满变数，在世界经济增长速度放缓、贸易摩擦加剧的背景下，新兴市场的外部发展环境正在起变化，全球各国经济都站在了十字路口上。中国在一些特定领域开始做“减法”就变得相当必要，主要集中在产能过剩领域；同时，我们也要做“加法”，尤其是在科技、金融两大关键领域。中国资本市场如何更有效地在“加减法”之间合理发挥作用，也是中国经济均衡发展之路上需要重点思考的一个问题。金融已被提升到国家核心竞争力的高度，接下来更重要的是实现金融服务实业的目标，最终，实业方能兴邦。

最后，相较于行业成熟、盈利稳定的传统经济，新兴产业也有着直接融资需求。遵循经济发展的周期趋势，5G、人工智能的全新信息时代有望加速到来，如我国“半导体自主可控”“芯片国产替代”及相关科技领域的自主研发在经济发展中的重要战略地位都不会改变，且会对传统产业产生深远影响，如“泛在电力物联网”的提出对传统电力行业的变革。着眼当前国际形势，无论贸易局势如何变化，新兴产业都是推动经济高质量发展，拉动“中国制造”转向“中国创造”的关键力量，金融供给侧结构性改革如何打通资金传导链条，也是值得重点思考的。

除此之外，在前期改革的经验总结上，也有一些问题需要我们正视，一些地方的供给侧结构性改革执行过程中，存在以环保搬迁名义对企业“一刀切”，不能科学长远规划、合理布局等问题。如一些地方为了治理钢铁行业的绿色发展问题，简单地将内陆产能往沿海重建搬迁，同时企业层面绿色金融支持力度又不够，让企业生产经营压力骤增，苦不堪言。大规模地将企业从内陆迁往海边就解决问题了么？不尽然，也会带来债务扩张、物流成本大幅提升、海洋环境污染等一系列的新问题，以及重建过程中的资源浪费。其实相关过程完全可以通过原有内陆厂区环保设施大幅升级改造完成，德国、日本、韩国等发达国家这方面的经验充足可借鉴，完全可以实现厂区和城市绿色共存。

本书拙以成文，带着对上述问题的思考，结合中国改革开放、经济建设由高数量转型高质量的大背景，从理论和方法两个角度，对中国经济的发展做出了相关梳理，强调了将实业与金融两大供给侧结构性改革相结合的重要意义，要素市场化结构调整、新基建则是产业提升的着力点、新方向，也是国家经济合理调控、均衡发展的重要选择。

对本书撰写过程中，陈琦、周文仪、王一棠、杨欧雯、苟慧伦、褚峥、张卓然、王磊等同志的工作表示诚挚的感谢！